中国語作文添削と指導
―タグ付けプログラム TNR

于　康

田中良

使用許諾

本書に添付されたCDに同梱されているソフトウェアの金額は本書には含まれない。本ソフトの著作権は田中良と于康に帰属する。本ソフトに関し、著作権者の許可なく無断で複製、譲渡、転売、改変、および目的外の使用をすることを禁ずる。本ソフトの使用によって生じるあらゆる直接的、間接的損害および不具合に関しては、著作権者は一切の責任を負わないものとする。また、無断での改変、複製されたソフトの使用によって生じたいかなる、直接的、間接的損害および不具合に関しては、著作権者は一切の責任を負わないものとする。

前書き

　帰納法を中心とする研究者にとっては、用例が命です。用例がなければ、帰納法は機能しません。昔は用例の収集はほとんどが手作業だったので、研究を始める前に、用例の収集で疲れてしまうことが多々ありました。この悩みを解消するために、コーパスの開発が急務になり、今は、ネット上で公開されているコーパスは非常に容易に入手できるようになりました。それより、用例の収集が容易くなり、今では全然問題にはなっていません。

　しかし、用例の収集という問題は解決されましたが、また新しい悩みが増えました。何千や何万という用例を目の前にして、その用例の分析方法に迷って途方に暮れてしまうことです。沢山の用例の中から規則性を見いだすためには、集計が必要になってきます。集計の対象はタグです。つまり、用例において必要なところにタグを付与して、専門のソフトでタグを集計して分析することができれば、規則性を見いだすことにつながるのです。しかし、これまでは、一々手作業で入力しながらタグ付与していかなければならなかったので、誤用の研究はなかなか進みませんでした。

　タグ付きのコーパスを公開すれば、問題解決になると思われる方がいるかもしれません。しかし、タグ付きのコーパスの公開はまず著作権の問題をクリアしなければなりません。仮に著作権の問題がクリアできたとしても、付与されたタグは必ずしも全員のニーズに応えるものではないので、使いものにならないという声も聞こえそうです。

　本当の解決の方法は、タグを付与するために作られたツールを公開することでしょう。道具を公開すれば、だれでも使えるので、作成したものは各自にとって使い勝手がよく、それぞれのニーズに対応することができます。今回、学習者や教育者、研究者のニーズに応えるため、私共は、TNR_ChineseErrorCorpus.WTの公開に踏み切りました。このソフトには、2つのソフトが含まれています。1つは作文の添削を行うためのソフトです。もう1つは分析・集計用のタグを付与するためのソフトです。この2つのソフトをうまく使いこなせば、ソフトを使って作文の添削を行い、添削後の結果が自動的に正誤タグに変換され、その正誤タグに分析・集計用のタグを付与することが、それほど手間暇なく、スムーズに行うことができます。

　道具を公開せずに自分だけで使える道具を使って勝負するのはアンフェアではないでしょうか。勝負するべきものは、道具ではなく、対象解析のアイディアです。このソフトの公開によってすこしでも中国語教育、中国語の文法研究、中国語の誤用研究、中日の対照研究にお役に立てば、それに越した喜びはありません。

于　康

2014年1月15日

目次

前書き

第1章 TNR_ChineseErrorCorpus .WT は何ができるか　　1
1.1 中国語の作文の添削や中国語の誤用研究には何が必要か／ 2
1.2 TNR_ChineseErrorCorpus .WT は何ができるか／ 3
 1.2.1 作文の添削／ 4
 1.2.2 添削の内容をワンクリックで正誤タグの形式に自動的に変換／ 5
 1.2.3 自動変換された正誤タグの箇所にワンクリックで分析・集計用の文字タグを付与／ 5
 1.2.4 学説別のタグリストからタグを選択し、クリックするだけでタグを付与／ 6
 1.2.5 タグの定義、典型例、常用語の確認／ 9
 1.2.6 タグの自動判別／ 10
 1.2.7 検索／ 11
1.3 まとめ／ 12

第2章 タグの表示と必要なソフト　　15
2.1 タグの種類と表示方法／ 16
 2.1.1 タグの種類／ 16
 2.1.2 タグの記録と表示方法／ 16
  2.1.2.1 「データの出典に関する内容」の記録と表示方法／ 16
  2.1.2.2 「誤用に関する内容」の表示方法／ 18
2.2 パソコンのスペックと必要なソフト及びソフトの入手方法／ 19
 2.2.1 パソコンのスペック／ 19
 2.2.2 必要なソフトと入手方法／ 19
  2.2.2.1 Java ／ 20
  2.2.2.2 秀丸エディタ／ 21
  2.2.2.3 サクラエディタ／ 22
  2.2.2.4 ひまわり用データ作成ツール『えだまめ』／ 23
  2.2.2.5 全文検索システム『ひまわり』／ 25
2.3 まとめ／ 28

第3章 TNR_ChineseErrorCorpus.WT 内の各ソフトの機能とフォルダーの設置　　29
3.1 TNR_ChineseErrorCorpus.WT に含まれるソフト等とその機能について／ 30
3.2 添削用作文のファイルを保存するためのフォルダーの設置／ 31
 3.2.1 フォルダーの設置／ 32
 3.2.2 添削が必要な作文のファイルの設置したフォルダーへの保存と移動／ 34
  3.2.2.1 ファイルの保存／ 34
  3.2.2.2 ファイルの移動／ 37
3.3 まとめ／ 37

第4章 タグリストの内容と新しいタグの追加及びタグリストの新規作成　　39
4.1 分析・集計用のタグリストの使用／ 40

- 4.1.1 タグリストの各機能／44
- 4.1.2 ワンクリックでのタグ付与／44
- 4.1.3 タグの定義、典型例、常用語の確認／46
  - 4.1.3.1 タグの定義、典型例、常用語のすべてが表示される場合／46
  - 4.1.3.2 タグの定義と典型例だけが表示される場合／47
  - 4.1.3.3 タグの定義と常用語だけが表示される場合／47
  - 4.1.3.4 典型例だけが表示される場合／48
  - 4.1.3.5 常用語だけが表示される場合／48
- 4.1.4 タグの自動判別／48
  - 4.1.4.1 タグ付与が必要な語を選択して「自動判別」を行う方法／49
    - 4.1.4.1.1 正誤タグを選択して「自動判別」を行う方法／50
    - 4.1.4.1.2 正誤タグの一部を選択して「自動判別」を行う方法／51
  - 4.1.4.2 判別が必要な語を入力して「自動判別」を行う方法／53
- 4.2 新しいタグの追加／55
  - 4.2.1 タグリストの最下部に新しいタグの追加／56
    - 4.2.1.1 すべてのタグリストの最下部に同内容の新しいタグの同時追加／56
    - 4.2.1.2 それぞれのタグリストの最下部にそれぞれ別々の新しいタグの追加／61
      - 4.2.1.2.1 "指定のタグリストの最下部だけに新しいタグを追加する方法／61
      - 4.2.1.2.2 すべてのタグリストの最下部にそれぞれ別の新しいタグを追加する方法／62
      - 4.2.1.2.3 すべてのタグリストの最下部にそれぞれ別の新しいタグや同内容の新しいタグを同時に追加する方法／64
  - 4.2.2 既存のタグリストの指定の行に新しいタグの追加／66
    - 4.2.2.1 両タグリストにおける共通の指定の行に同内容の新しいタグを追加する方法／66
    - 4.2.2.2 それぞれのタグリストの指定の行にそれぞれ別の新しいタグを追加する方法／68
  - 4.2.3 既存のタグリストの指定の行と列に新しいタグの追加／70
    - 4.2.3.1 すべてのタグリストにおける共通の指定の行と列に同内容の新しいタグを追加する方法／70
    - 4.2.3.2 それぞれのタグリストの指定の行と列にそれぞれ別の新しいタグを追加する方法／72
- 4.3 タグリストの新規作成／74
- 4.4 タグリストの分類名の作成／77
- 4.5 タグの定義、典型例、常用語の確認やタグ自動判別の機能を付加する方法／79
  - 4.5.1 新規タグリスト"趋向补语"の作成／79
    - 4.5.1.1 新規タグリスト"趋向补语"の作成の手順／81
    - 4.5.1.2 同名のタグの定義、典型例、常用語の表示方法／83
  - 4.5.2 タグの定義、典型例、常用語の表示方法とタグの自動判別の方法／87
- 4.6 まとめ／91

第5章 作文添削の手順と正誤タグの自動変換 _____ 93
- 5.1 作文添削の手順／94
  - 5.1.1 誤用の判定基準／94
  - 5.1.2 フォルダー作成の場所／95
  - 5.1.3 フォルダー作成の条件／95
  - 5.1.4 ファイルの保存形式とエンコードの指定／96
    - 5.1.4.1 テキストエディタ／96
    - 5.1.4.2 ファイルの保存形式の置き換え方／97

5.1.5　ファイルの命名／ 102
5.1.6　作文の読み込み／ 104
5.1.7　作文の添削方法／ 106
　5.1.7.1　「表現の間違い」の添削方法／ 106
　5.1.7.2　「不使用」の添削方法／ 108
　5.1.7.3　「過剰使用」の添削方法／ 111
5.1.8　添削した内容の書き直しや削除の方法／ 113
　5.1.8.1　添削した内容を書き直す方法／ 113
　5.1.8.2　添削した内容を削除する方法／ 114
　　5.1.8.2.1　添削した内容を１つずつ戻して削除する方法／ 114
　　5.1.8.2.2　添削内容を対応関係ごと削除する方法／ 116
5.1.9　コメントの記入方法／ 119
5.1.10　作文の添削結果／ 121
5.2　正誤タグの自動変換／ 123
5.3　MS-Word の添削結果を TNR_WritingCorrection に変換する手順／ 126
　5.3.1　MS-Word の添削のパターン／ 126
　5.3.2　「取り消し線添削法」で添削した作文の変換方法／ 128
　5.3.3　「校閲添削法」で添削した作文の変換方法／ 133
5.4　まとめ／ 138

第 6 章　正誤タグに分析・集計用のタグ付与　141

6.1　タグ付与の方法／ 142
6.2　タグ付与の目的／ 143
6.3　研究用のタグ付与の方法／ 144
　6.3.1　正誤タグが付いている箇所に１つの分析・集計用のタグを付与する方法／ 144
　6.3.2　正誤タグが付いている箇所に複数の分析・集計用のタグを付与する方法／ 150
　　6.3.2.1　１つのタグリストを使用して複数のタグを付与する方法／ 151
　　6.3.2.2　複数のタグリストを使用して複数のタグを付与する方法／ 154
6.4　タグリストにないタグを付与する方法／ 158
　6.4.1　手動でタグを入力する方法／ 159
　6.4.2　タグリストに追加してワンクリックでタグを付与する方法／ 161
6.5　タグの修正と削除の方法／ 162
　6.5.1　付与したタグに新しいタグを追加する方法／ 162
　6.5.2　付与したタグを削除して新しいタグを付与する方法／ 165
　6.5.3　付与したタグを削除する方法／ 167
　　6.5.3.1　個別のタグを削除する方法／ 167
　　6.5.3.2　文章内のすべてのタグを削除する方法／ 168
6.6　まとめ／ 171

第 7 章　オープンソフトを使ったタグ付きの誤用コーパスの制作　173

7.1　必要なソフト／ 174
7.2　『えだまめ』でテキスト形式のファイルを変換する方法／ 175
　7.2.1　形式変換に使用するファイル／ 175
　7.2.2　形式変換の手順／ 175
7.3　『ひまわり』でタグ付きの誤用コーパスを作成する方法／ 179

7.4　検索の方法／ *183*
7.5　検索結果の保存／ *185*
　7.5.1　検索の結果を選択して保存する方法／ *185*
　7.5.2　検索結果を一括して保存する方法／ *187*
7.6　TNR_ChineseErrorCorpusConc2.0 への道／ *189*
　7.6.1　検索方法に関するニーズ／ *190*
　7.6.2　検索結果表示に関するニーズ／ *195*
　7.6.3　TNR_ChineseErrorCorpusConc2.0 へ／ *198*
7.7　まとめ／ *199*

後書き

第1章

TNR_ChineseErrorCorpus .WT は何ができるか

主な内容：
- 1.1　中国語の作文の添削や中国語の誤用研究には何が必要か
- 1.2　TNR_ChineseErrorCorpus .WT は何ができるか
  - 1.2.1　作文の添削
  - 1.2.2　添削の内容をワンクリックで正誤タグの形式に自動的に変換
  - 1.2.3　自動変換された正誤タグの箇所にワンクリックで分析・集計用の文字タグを付与
  - 1.2.4　学説別のタグリストからタグを選択し、クリックするだけでタグを付与
  - 1.2.5　タグの定義、典型例、常用語の確認
  - 1.2.6　タグの自動判別
  - 1.2.7　検索
- 1.3　まとめ

【重要なポイント】

1. 本書は、TNR_ChineseErrorCorpus .WT を対象とする。

   分析・集計用のタグリストは2種類ある。1つは、刘月华・潘文娯・故韡共著の《实用现代汉语语法增订本》（商務印書館 2001）に基づいて作ったタグリストである。もう1つは、张斌主編の《现代汉语描写语法》（商務印書館 2010）に基づいて作ったタグリストである。

2. 分析・集計用のタグは、中国語学を研究対象としない学習者や中国語教員のための「学習用」のタグと、中国語学を研究対象とする学習者や研究者のための「研究用」のタグを分けて設けている。

3. TNR_ChineseErrorCorpus.WT の中の TNR_ChineseWritingCorrection は、単独で中国語の作文の授業にも使うことができる。

日本語母語話者の中国語学習者を対象に中国語を教えたり、誤用の研究を行ったりする立場に立つと、文や文章の添削や誤用の傾向性や規則性を見いだすためのデータ処理が必要になってくる。

　添削とは、学習者が作った文や文章を直すということであり、レトリックよりも、文法表現の正確さを重視して行われる。データの処理とは、添削した言語データにより詳細な付加情報（タグ）を付与し、タグ付与のコーパスを作成した上で、研究の対象を絞ってキーワードで検索して集計することであり、それによって誤用の傾向性や規則性を見いだすのである。

　文や文章の添削については、これまでは、またいまでもそうであるが、朱筆添削がほとんどであるように、手作業に頼らざるを得ない部分が多い。仮にWordの校閲機能を使って添削を行うとしても、添削したものは学習者に返却してしまうだけで、以後のデータの処理にはなかなか結びつかないのが現状であろう。

　添削したものは、誤用のデータとして処理する場合、これまでの方法では、手作業によりパソコン上でその誤用のデータを入力しなければならない。タグを付与する場合は、手作業で1つずつ何らかの印を付けたり書き込みをしたりした上で、目視でその印や書き込まれた結果から誤用の傾向性や規則性を見いだすというのが主な手法であろう。

　以上のことが原因であるためか、日本語母語話者の中国語学習者の中国語教育においては、添削が敬遠され、添削済みのデータも生かされないままになっているので、中国語の誤用研究はまだまだ低空飛行を抜けていないといえよう。出現した誤用例を単体で独立させて見た場合、つまり、収集された誤用例を集計し、出現数の多さを加味しない場合、それは必ずしも日本語母語話者の中国語学習者の典型的な誤用とは言えなく、学習者の誤用の傾向性を表すものでもない可能性が高い。場合によっては、非典型例や少数の学習者にしか見られない周辺的な誤用例であるかもしれない。

　そこで、この章において、中国語の作文の添削や中国語の誤用研究には何が必要かという現場のニーズを明らかにした上で、それらのニーズに応えるために開発したソフトは何ができるかを中心に述べていきたい。

1.1　中国語の作文の添削や中国語の誤用研究には何が必要か

　作文の添削やデータの処理がいずれも手作業に頼らざるを得ないという現状を打開しなければ、誤用研究はなかなか前には進まず、掘り下げることもできない。現状打開を図るために、手作業ではなく、コンピューター上で扱えるソフトを使って中国語の作文の添削や誤用データの処理を行う場合は何が必要なのかについて、学習者や教員、研究者の声を聞かなければならない。つまり、学習者や教員、研究者のニーズに応えるような対策を講じれば、問題解決に結びつくのである。

　リサーチした結果、次のような声が聞かれた。

①作文を添削するためのソフトがほしい。
②添削した内容が自動的に正誤タグの形式に変換されるソフトがほしい。
③自動変換された正誤タグの箇所に分析・集計用のタグの付与ができるソフトがほしい。
④正誤タグや分析・集計用のタグ付与は、記号ではなく、文字で扱えるソフトがほしい。
⑤タグリストからクリックするだけでタグが付与されるソフトがほしい。
⑥分析・集計用のタグ付与をする際に、学説別にタグリストを選択できるソフトがほしい
⑦タグの定義、典型例、常用語を確認することができるソフトがほしい。
⑧タグの判断に迷う場合もあるので、タグを自動判別することができるソフトがほしい。
⑨タグの検索や集計ができるソフトがほしい。
⑩自動添削や自動タグ付与のソフトがほしい。

⑩については、現在のプログラムの技術ではなかなかクリアできそうもないが、①～⑨なら、少々難しいところがあるとしても、クリアできそうである。

1.2　TNR_ChineseErrorCorpus.WT は何ができるか

①～⑨の課題をクリアするために、私共は、正誤タグ自動変換機能付きの作文添削ソフト、タグリスト付きの分析・集計用タグ付与ソフト、タグ付与済みのデータを一括して処理できるコンコーダンサーの3種類のソフトを開発し、試行錯誤を経て、2013年の秋に以上の3つのソフトを含む TNR_ChineseErrorCorpus を完成した。

TNR_ChineseErrorCorpus は、用途別に2種類ある。

①TNR_ChineseErrorCorpus.WT
②TNR_ChineseErrorCorpus.WTC

①と②の違いは、前者にはコンコーダンサーTNR_ChineseErrorCorpusConc2.0 が含まれないのに対し、後者には含まれるという点である。コンコーダンサーとは、コーパスからのデータ検索の機能を含む複合的なデータ処理のソフトである。

コンコーダンサーTNR_ChineseErrorCorpusConc2.0 は、多種多様な機能を持つため、本書だけではなかなか説明しきれない。従って、両ソフトの間に見られる因果関係を踏まえ、本書では作文添削ソフトやタグ付与ソフトだけを含む TNR_ChineseErrorCorpus.WT を中心に述べ、コンコーダンサーも含む TNR_ChineseErrorCorpusConc2.0 は、姉妹編として次に刊行することとする。

TNR_ChineseErrorCorpus.WT は、主に次のような機能を持っている。

①作文の添削ができる

②添削結果はワンクリックで正誤タグの形式に自動的に変換される
③自動変換された正誤タグの箇所にワンクリックで分析・集計用の文字タグが付与される
④学説別のタグリストからタグを選択し、クリックするだけでタグが付与される
⑤タグの定義、典型例、常用語の確認ができる
⑥タグの自動判別ができる
⑦検索ができる

以下において、具体例を挙げながら、それぞれの機能を紹介する。

1.2.1 作文の添削

作文添削ソフト **TNR_ChineseWritingCorrection** を使って作文の添削ができる。このソフトは **TNR_ChineseErrorCorpus .WT** の中に含まれている。図1-1のように、左側が作文表示区域であり、右側が添削の作業区域である。

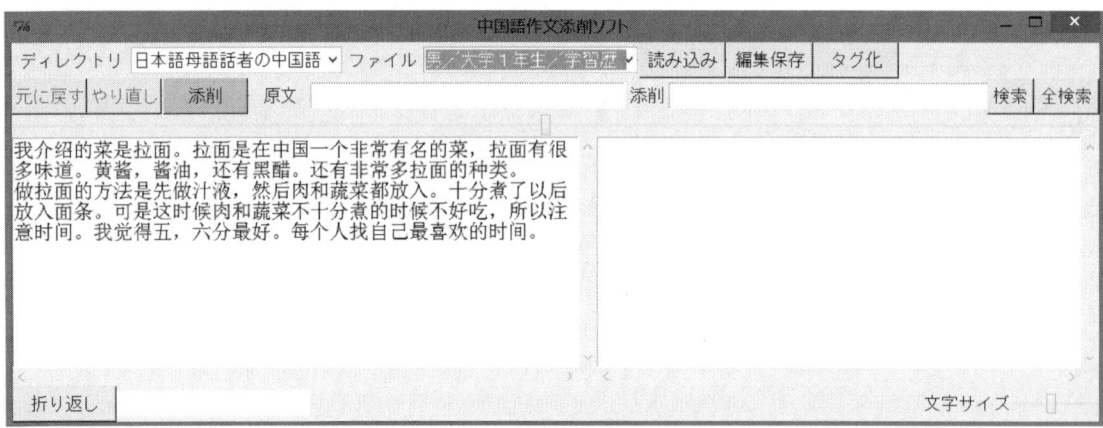

図1-1

作文の第1パラグラフを例にすれば、"我介绍的菜是拉面。拉面是在中国一个非常有名的菜，拉面有很多味道。黄酱，酱油，还有黑醋。还有非常多拉面的种类。"という文章には、表現のエラー、不使用、過剰使用などといった誤用が容易に観察される。誤用と思われるところを選択して、添削を行えば、図1-2になる。右側の作業区域に表記される内容が添削後の結果である。

【第1章】TNR_ChineseErrorCorpus.WT は何ができるか

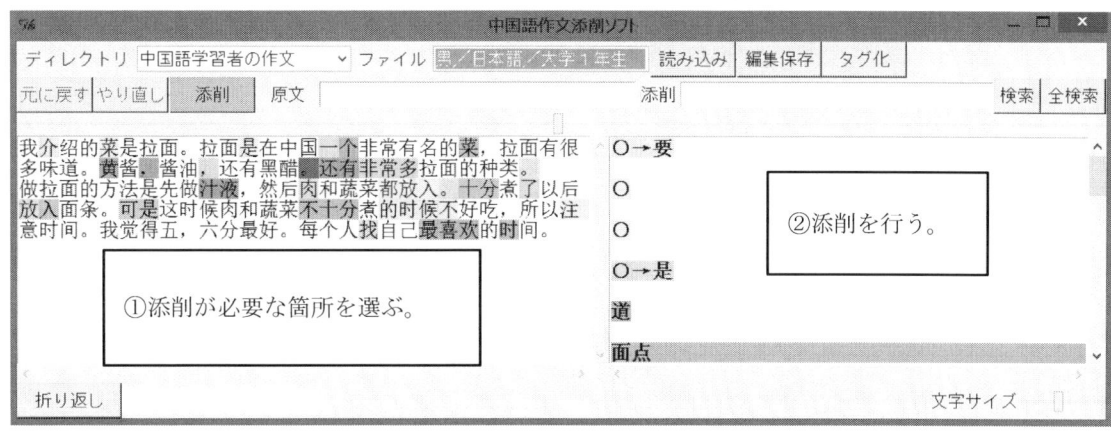

図 1-2

1.2.2 添削の内容をワンクリックで正誤タグの形式に自動的に変換

添削したところは、「誤用→正用」という形で、正誤のタグに自動的に変換し付与される。正誤タグの付与は手作業ではなく、ワンクリックで、図1-3のように自動的に行われる。

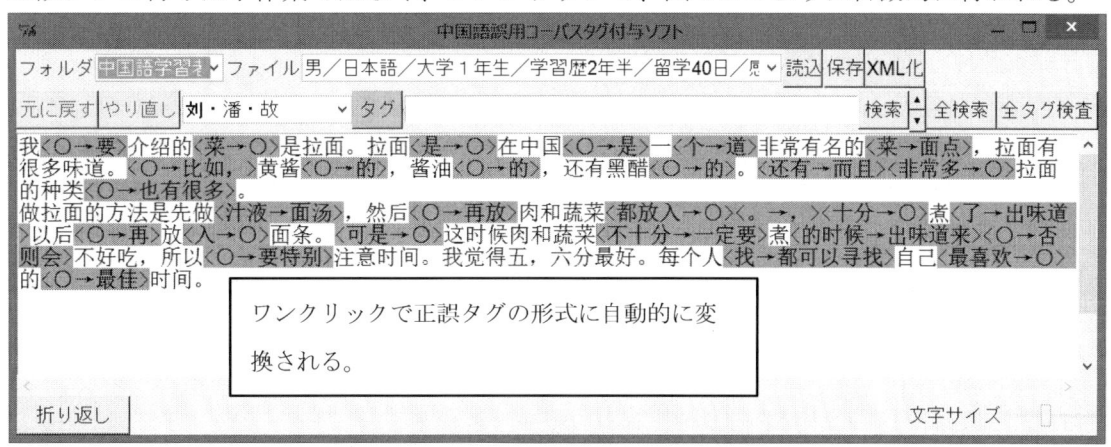

図 1-3

1.2.3 自動変換された正誤タグの箇所にワンクリックで分析・集計用の文字タグを付与

正誤タグの付与により、どこがどのように間違っているか、どこがどのように直されているかを確認することができるが、それだけでは誤用の傾向性をすぐに見いだすための研究材料にはならない。誤用の傾向性を見いだすためには、分析・集計用のタグを付与しなければならない。分析・集計用のタグとは、統語レベルのタグや意味レベルのタグのことである。

このソフトは、正誤タグの箇所にさらに分析・集計用のタグを付与することができる。図1-4のようにタグリスト付きのタグ付与ソフトを使用すれば、記号ではなく、文字で表示される分析・集計用のタグが付与できる。

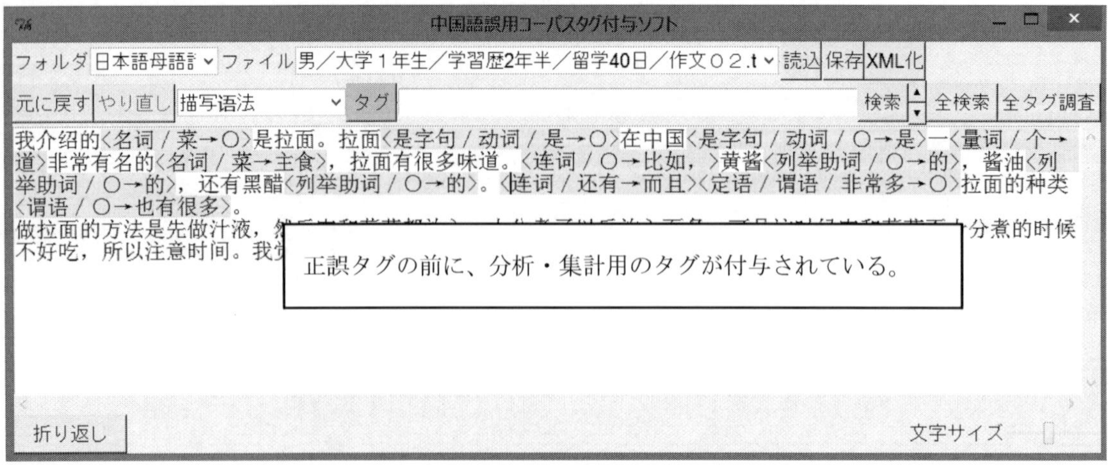

図 1-4

タグ付与後の図 1-4 の内容を書き写すと、次のようになる。

我介绍的<u>名词</u> / 菜→○>是拉面。拉面<<u>是字句</u> / <u>动词</u> / 是→○>在中国<<u>是字句</u> / <u>动词</u> / ○→是>一<<u>量词</u> / 个→道>非常有名的<<u>名词</u> / 菜→主食>，拉面有很多味道。<<u>连词</u> / ○→比如，>黄酱<<u>列举助词</u> / ○→的>，酱油<<u>列举助词</u> / ○→的>，还有黑醋<<u>列举助词</u> / ○→的>。<<u>连词</u> / 还有→而且><<u>定语</u> / <u>谓语</u> / 非常多→○>拉面的种类<<u>谓语</u> / ○→也有很多>

下線部が、分析・集計用のタグである。"名词"と記したものが名詞使用の間違い、"连词"と記したものが接続詞使用の間違いであり、それぞれの誤用の内容をタグとしている。

1.2.4　学説別のタグリストからタグを選択し、クリックするだけでタグを付与

タグの分類は学者または学説によって異なっていて、使用者が個別に説を採用していては一貫性がなくなるので、一貫性を保つためには、ぶれのないタグの設定が求められる。

TNR_ChineseErrorCorpusTagger3.0 のタグリストは、2 種類ある。

①刘月华・潘文娱・故韡共著の《实用现代汉语语法增订本》（商務印書館 2001）に基づいて作ったタグリスト
②张斌主編の《现代汉语描写语法》（商務印書館 2010）に基づいて作ったタグリスト

2 種類のタグリストはどちらを使用するかが選択できるので、タグが混ざることはなく、タグの一貫性も保たれる。図 1-5 は、《实用现代汉语语法增订本》（「刘　　　潘略敬」）に基づくタグリストであり、図 1-6 は、《现代汉语描写语法》（「描写語法」と略す）に基づくタグリストである。

【第1章】TNR_ChineseErrorCorpus.WT は何ができるか

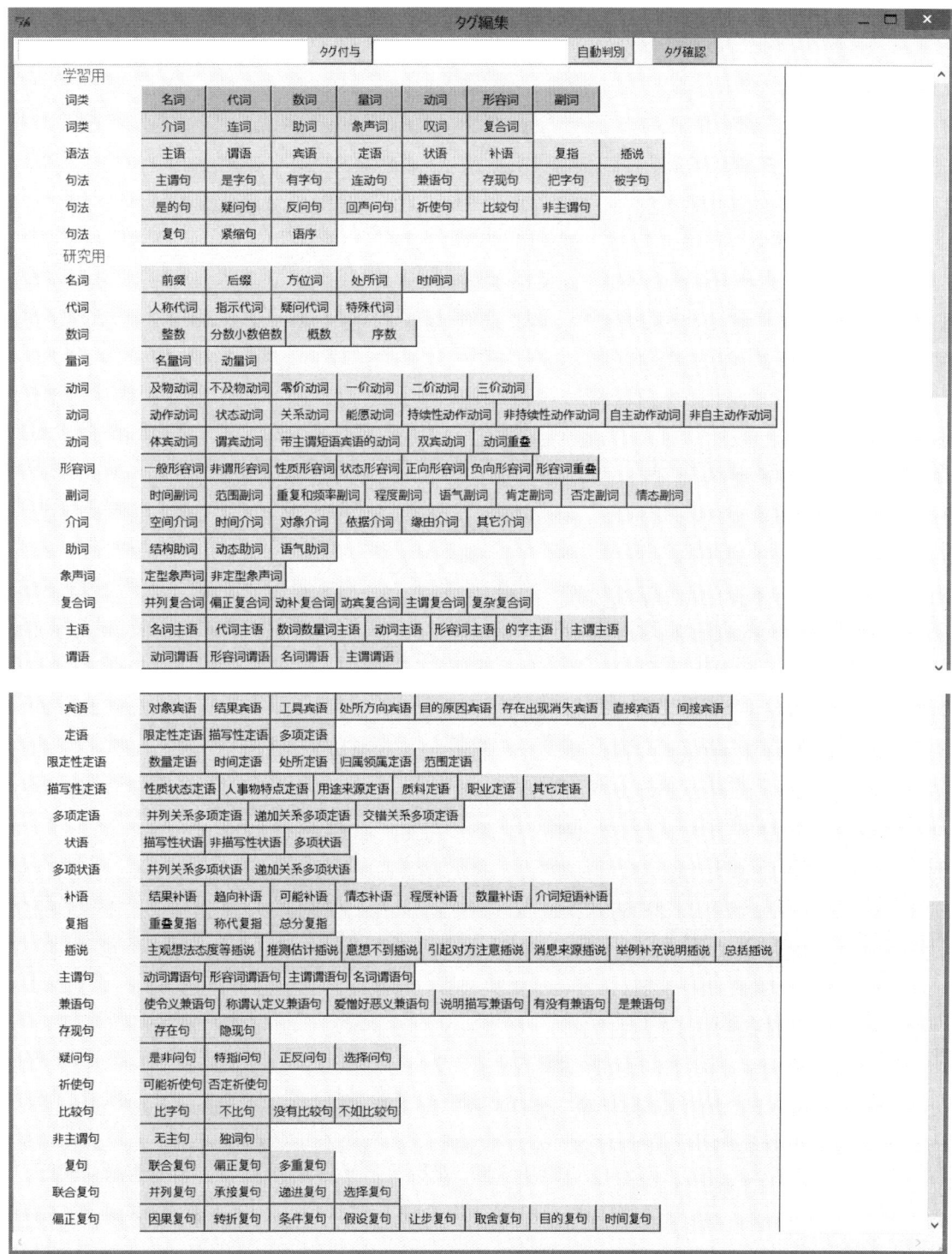

図 1-5 「刘・潘・故」

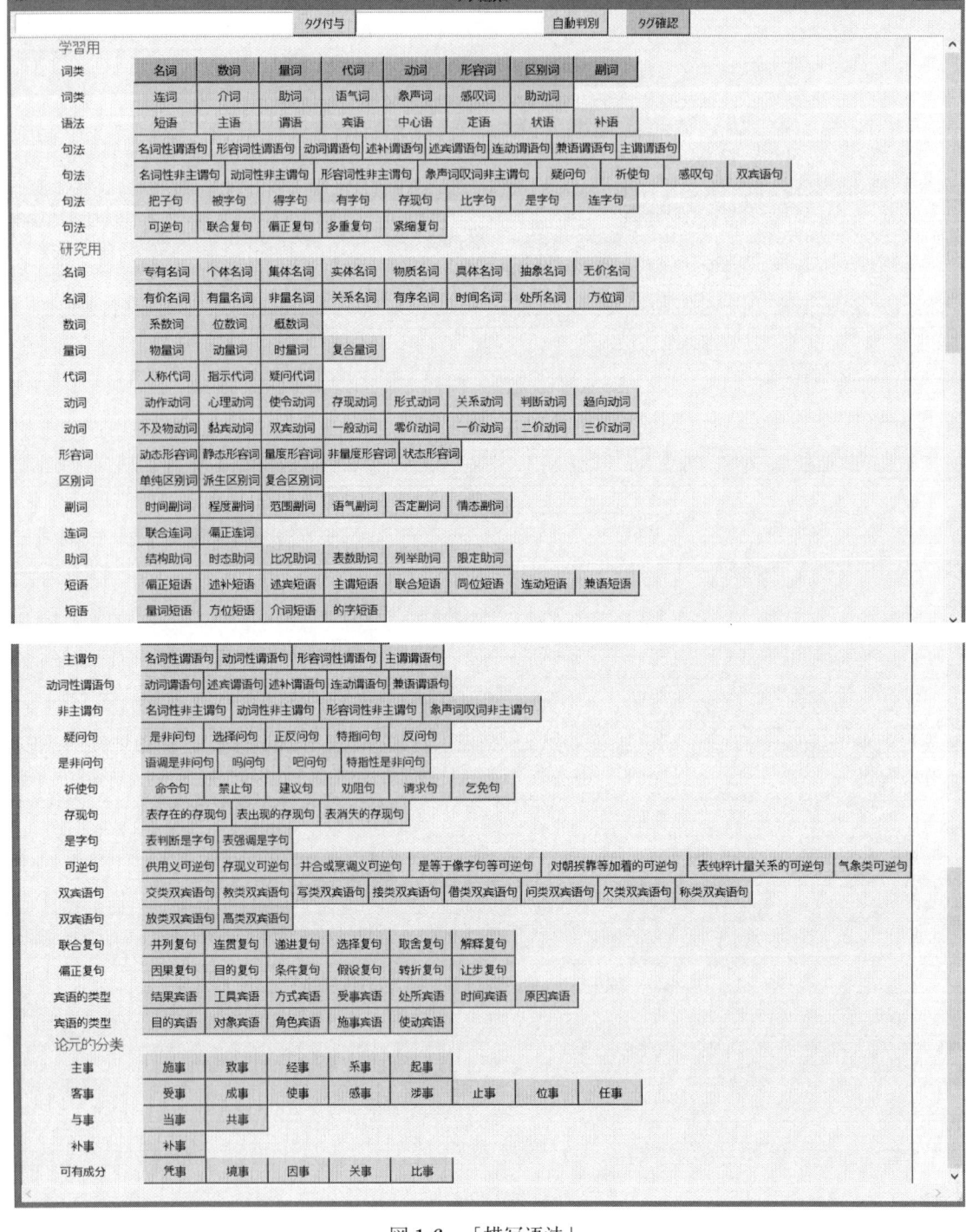

図 1-6　「描写語法」

タグリスト内のタグは、さらに、

① 「学習用」のタグ
② 「研究用」のタグ

に2分類している。「学習用」のタグは、下位分類を含まない上位の分類のみで、中国語学を研究対象としない学習者や中国語教員のためのタグである。例えば、「描写語法」の品詞分類では、"名词"や"动词"のように、上位の分類にとどまり、名詞の下位分類や動詞の下位分類は設けていない。

それに対し、「研究用」のタグは、更に下位分類を詳しく記した分類で、中国語学を研究対象とする学習者や研究者のためのタグである。例えば、"名词"という上位分類ではなく、"专有名词""个体名词""集体名词""实体名词""物质名词""具体名词""抽象名词""无价名词""有价名词""有量名词""非量名词""关系名词""有序名词""时间名词""处所名词""方位词"のように、より詳細な下位分類のタグを使う。これによって、"名词"の誤用において、どのような種類の名詞がよく間違われているかを詳細に観察することができるので、他の種類の名詞の誤用と比べながら、名詞誤用の規則性を見いだすことも可能になる。

1.2.5 タグの定義、典型例、常用語の確認

特に、「研究用」のタグにおいては、下位分類が細かく分類されているので、タグの種類も多く、どのタグをどの場合に使うべきか判断するのが難しい。そのため当該する語の典型例を確認することができれば、非常に助けになる。そこでこのソフトでは、確認したいタグをクリックすれば、そのタグの典型例が表示されるという機能を設けている。

例えば、図1-7のように、"语气副词"をクリックすれば、「"语气副词"リスト」によって"语气副词"の典型例が表示され、確認することができる。

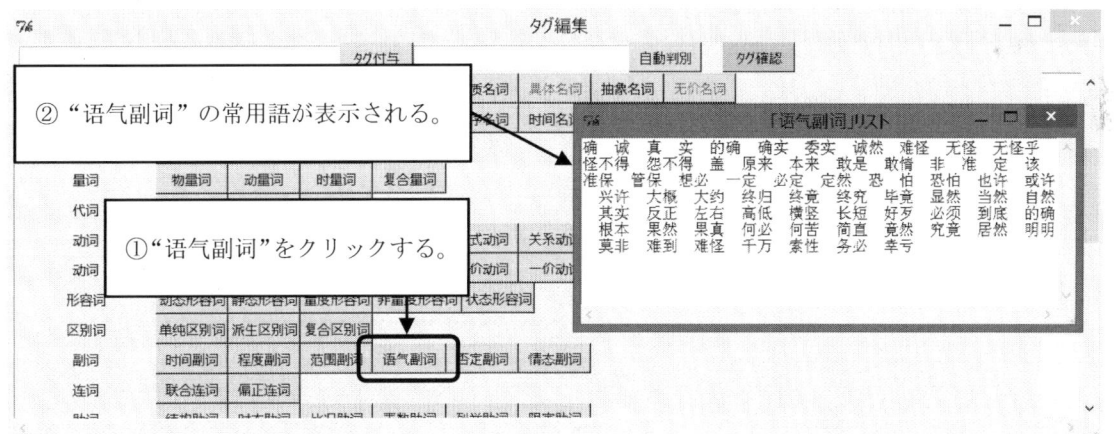

図1-7

タグの定義を確認したい場合もある。図1-8のように、予め定義が記録されているタグをクリックすれば、タグの定義、典型例、常用語が表示される。

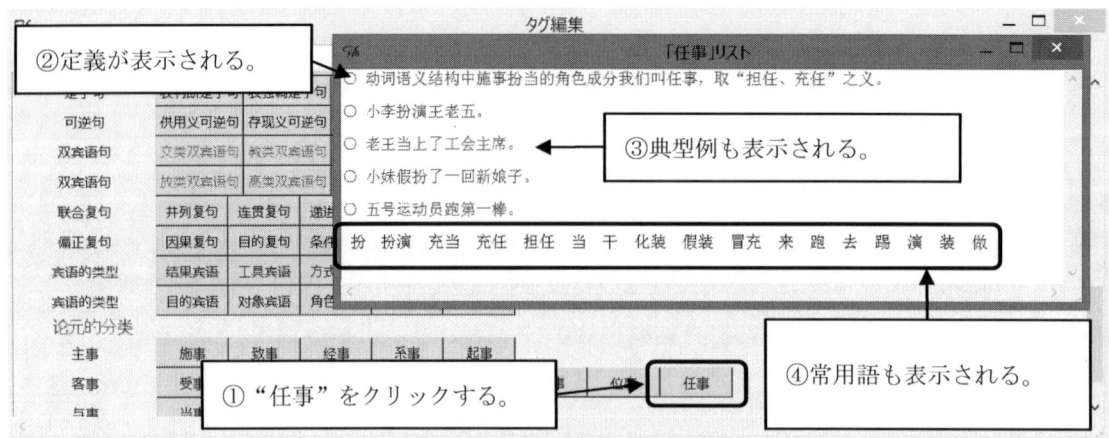

図 1-8

タグの定義、典型例、常用語の表示は、すべてのタグが備えているわけではない。つまり、確認を行っても、定義だけ、典型例だけ、常用語だけや、または、定義と典型例だけ、定義と常用語だけなどが表示される場合もあるということである。

1.2.6 タグの自動判別

付与したいタグは、タグリストの中から選択し、クリックするだけで付与することができるというのがこのソフトの特徴の1つである。しかしタグの選択は、使用者が判断するため、思い違いで選択ミスが生じてしまう可能性も否定できない。自動的にタグを判別する機能があれば、さらに手間を省くことができるだけではなく、人為的な選択ミスの軽減にもつながるであろう。タグ自動判別機能とは、タグを付与しようとする語を選択、またはその語を入力するだけで、付与されるべきタグが自動的に表示される機能のことである。

例えば、"过"にタグを付与したい。しかし、"过"はどのように分類され、どのようなタグを付与すればよいかを迷ってしまう場合、普通なら文法書を調べなければならない。それでは非常に手間暇がかかるため、タグ付与の作業はなかなかはかどらない。

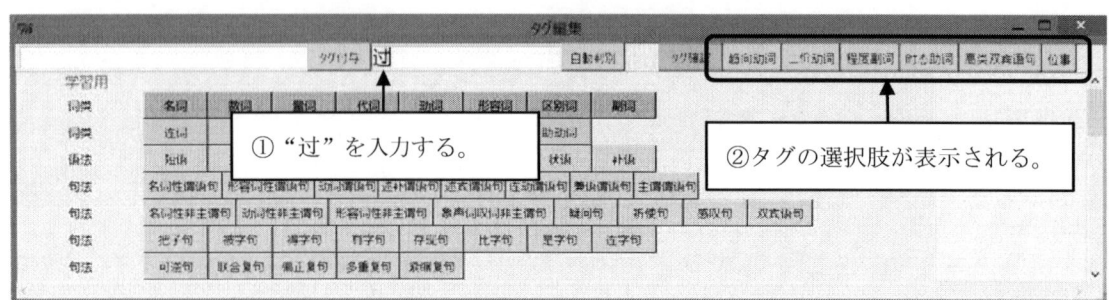

図 1-9

このソフトは、図1-9のように、"过"と入力して、「自動判別」のボタンをクリックすれ

ば、"趋向动词""二价动词""程度副词""时态助词""高类双宾语句""位事"の6つのタグの選択肢が自動的に表示され、この中から選択できるようになっている。これで作業の手間が省けるし、タグの判断ミスのゼロ化にもつながる。

1.2.7 検索

タグリストにない語はタグ自動判別機能が使えないため、現れるたびにタグを判断して付与することになる。その際、これまで作業中にどのようなタグが付与されてきたかを確認することができれば、タグ付与の一貫性が保たれる。また、高度な検索・集計機能を備えていなくても、正誤タグに変換された誤用例から特定の誤用を探し出し誤用の傾向性を即座に確認することができれば、すぐに授業に還元することができるであろう。

例えば、"再"について、これまでどのようなタグが付与されたかを確認することとする。

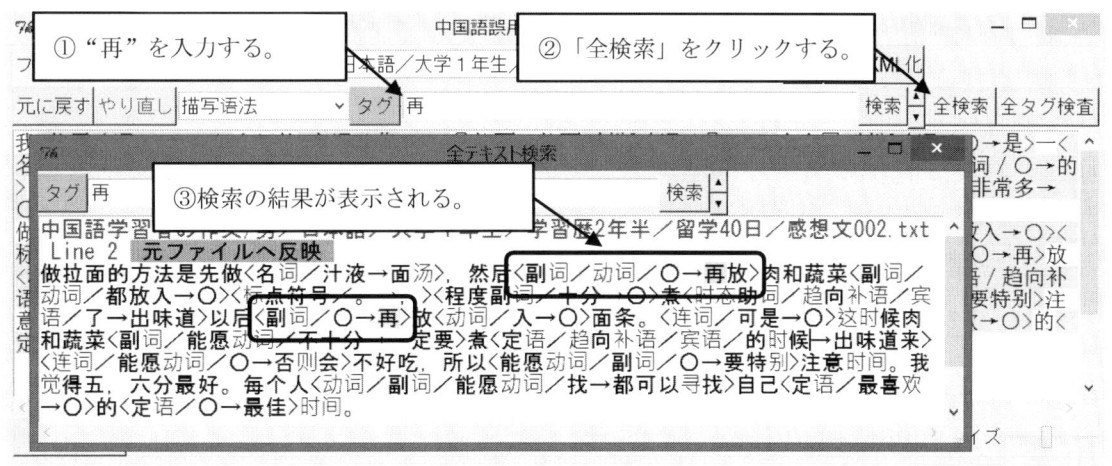

図 1-10

図 1-10 のように、"再"と入力してから、「全検索」ボタンをクリックする。「全検索」とは、フォルダーに保存されたファイルすべてを対象に検索を行うことである。すると検索の結果が表示される。例として取り上げている作文はワンパラグラフだけなので、データの量が少ないが、"再"に付与されたタグは2箇所あり、いずれも黄色の字で表示される。確認した結果、"再"には、いずれも"副词"というタグが付与されている。つまり、"再"なら、"副词"というタグを付与すればよいということがわかるのである。

次は、過剰使用の誤用を調べる。過剰使用のタグは"→○"という形で示されているので、この"→○"をキーワードとして検索すれば、過剰使用の実態は確認できる。

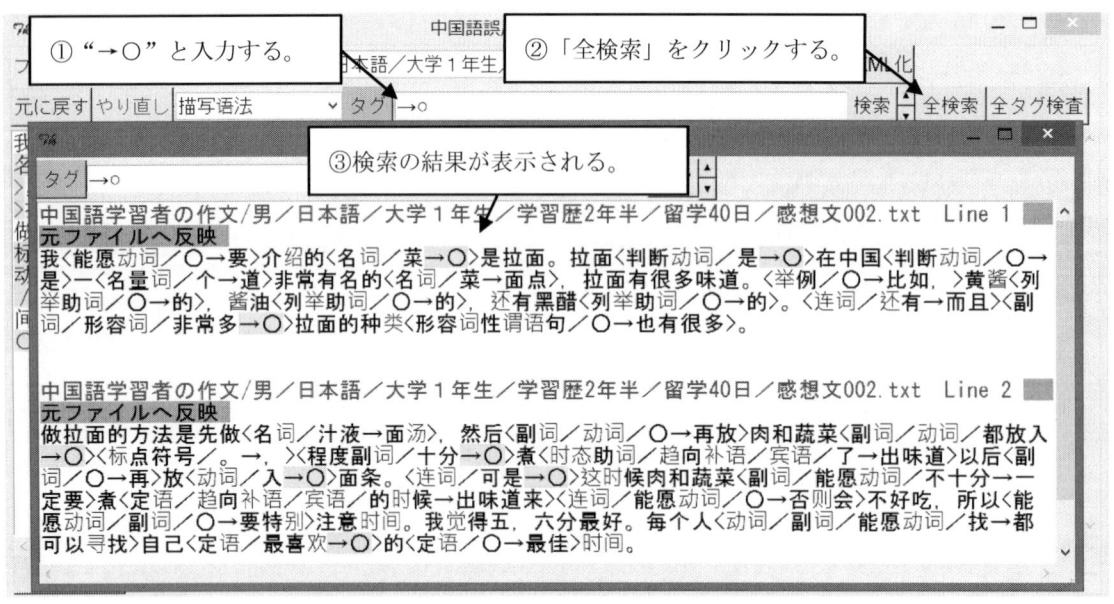

図 1-11

　図 1-11 のように、"→〇"と入力してから、「全検索」ボタンをクリックする。"→〇"の部分はいずれも黄色になって表示される。ここの検索機能は簡易機能なので、集計などはできないが、目視により、どのような場合に"→〇"という誤用がよく見られるかを確認することができる。もしこの「どのような場合」を集計しその中から規則性を見いだそうとするなら、コンコーダンサーを使わなければならない。これについては、第 7 節で詳しく述べる。

1.3　まとめ
　この章において、中国語の作文の添削や中国語の誤用研究には何が必要か、や TNR_ChineseErrorCorpus.WT は何ができるのかを中心に述べてきた。
　TNR_ChineseErrorCorpus .WT にある機能をまとめてみると、次のようになる。
　（1）作文の添削
　（2）添削の内容をワンクリックで正誤タグの形式に自動的に変換
　（3）自動変換された正誤タグの箇所にワンクリックで分析・集計用の文字タグを付与
　（4）学説別のタグリストからタグを選択し、クリックするだけでタグを付与
　（5）タグの定義、典型例、常用語の確認
　（6）タグの自動判別
　（7）検索
　以上の機能を備えているソフトであるが、これまで述べてきたように、現場からのニーズを踏まえた上で制作したものなので、使い勝手については今後更なる改善をしなければならないところがあるが、手作業で行うよりは遥かに便利なツールになっていると言えよ

う。
　特に、TNR_ChineseErrorCorpus.WT の中の TNR_ChineseWritingCorrection は、単独で作文の授業にも使うことができるので、使いこなせば、中国語学の研究だけではなく、中国語の教育にも大いに役立つものになるであろう。

第 2 章

タグの表示と必要なソフト

主な内容：
- 2.1 タグの種類と表示方法
  - 2.1.1 タグの種類
  - 2.1.2 タグの記録と表示方法
    - 2.1.2.1 「データの出典に関する内容」の記録と表示方法
    - 2.1.2.2 「誤用に関する内容」の表示方法
- 2.2 パソコンのスペックと必要なソフト及びソフトの入手方法
  - 2.2.1 パソコンのスペック
  - 2.2.2 必要なソフトと入手方法
    - 2.2.2.1 Java
    - 2.2.2.2 秀丸エディタ
    - 2.2.2.3 サクラエディタ
    - 2.2.2.4 ひまわり用データ作成ツール『えだまめ』
    - 2.2.2.5 全文検索システム『ひまわり』
- 2.3 まとめ

【重要なポイント】

1. 性別、母語、ステータス、学習歴、留学歴、作文のジャンルなどといったような「データの出典に関する内容」は、ファイル名で表示する。それに対し、「正誤の情報」、「統語レベルの情報」、「意味レベルの情報」のような「誤用に関する内容」は文中において文字タグで表示する。
2. パソコンのスペックは、近年の市販のパソコンなら、いずれも動作できる。OS が Windows® XP 以上、メモリの容量が 1GB 以上の方が望ましい。
3. 中国語版や韓国語版、英語版の Windows でも使用できるが、中国で購入したパソコンは、たまには文字化けといった現象が生じる。対応方法としては、フォルダー名やファイル名は、日本語の漢字や中国語の漢字を使わずに、英語やローマ字またはピンインなどのアルファベット文字を使うことを勧めたい。
4. Java がインストールされているかどうかを必ず確認する。
5. 『秀丸エディタ』は有料なので、代金を支払ってから使う。

> タグという用語は、いろいろな意味があり、様々な場面に用いられるため、混同しやすいものでもある。タグは、広い意味で使われるものもあれば、狭い意味で使われるものもある。第1章で触れた「正誤タグ」や「分析・集計用のタグ」は、狭い意味で使われるものである。本書では、誤用や正用のところに付与したものをいずれもタグと呼ぶ。

2.1 タグの種類と表示方法

2.1.1 タグの種類

タグの内容を大きく分けると、次のように2種類ある。

①データの出典に関する内容
②誤用に関する内容

「データの出典に関する内容」とは、作文の著者やジャンルに関する内容のことである。例えば、性別、母語、ステータス、学習歴、留学歴、作文のジャンルなどである。公刊されたものの場合、刊行物、出版社、刊行日なども含まれる。「誤用に関する内容」とは、第1章でも触れたように、正誤の情報と統語レベルの情報や意味レベルの情報のことである。つまり、どこがどのように間違っているか、どのように添削されているかを示す情報のことと、その箇所は統語レベルで見るとどのような間違いか、意味レベルで見るとどのような間違いかを示す情報のことである。

「データの出典に関する内容」においては、学習歴が非常に重要なキーワードである。学習歴を条件として検索や集計をすることによって、誤用の追跡調査ができるだけではなく、第2言語習得に見られるバックスライティングや化石化の研究にもつながる。

2.1.2 タグの記録と表示方法

2.1.2.1 「データの出典に関する内容」の記録と表示方法

TNR_ChineseErrorCorpus .WT においては、データの出典に関する内容である、性別、母語、ステータス、学習歴、留学歴、作文のジャンルなどをそれぞれタグとしてデータ内に付与する方法を採用しない。「データの出典に関する内容」は、まとめてファイル名に記入する。

なぜ「データの出典に関する内容」は、ファイル名という形で記録するかという疑問を持つ読者がいるかもしれない。理由は次のように2つある。

①普通なら、タグの情報はデータ内部へ書き込むのであるが、データを扱う際には本文中に記録される内容の始めの位置から終わりの位置までのすべての内容が、作文の作者によって実際に書かれた、もしくはそれに関するタグ内容であると見なされる。つまり、データの出典に関する内容を「タグ」の形で本文内に記録すると、それが作文

の作者によって書かれた内容であるか、外部での管理用情報であるかが判別しづらくなる。もちろんそれのケアをプログラム上で取ることは可能であるが、データの混乱が起きやすくなる方法はなるべく回避するために、本文中ではなく、本文の外へ記録する、つまり、ファイルの名前に対してそれらの情報を記録することとなった。

②本書の第7章は、国立国語研究所によって公表されている全文検索システム『ひまわり』を使った簡易な誤用コーパスの作成を説明する内容である。全文検索システム『ひまわり』で作成した誤用コーパスは、ファイル名をタグとして表示することができるからである。

図 2-1 はファイル名を用いて「データの出典に関する内容」を記録する例である。

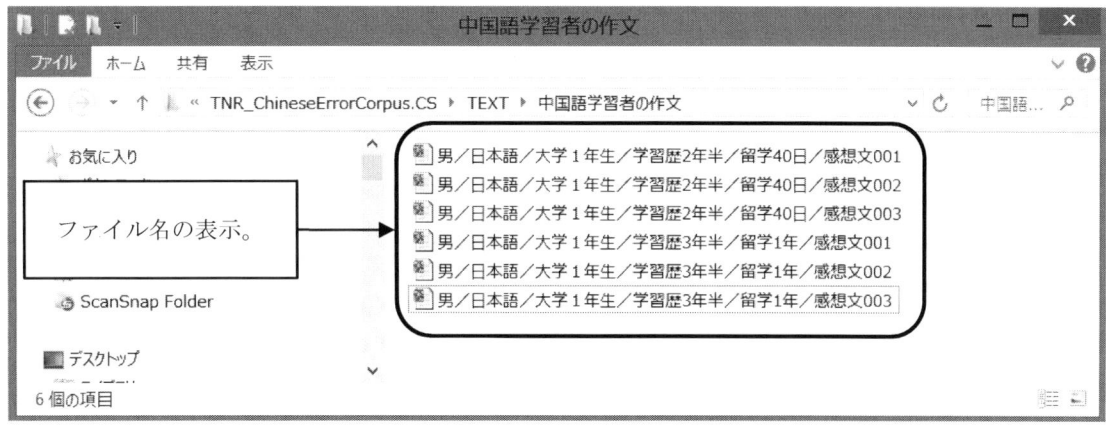

図 2-1

全文検索システム『ひまわり』で検索した用例において、ファイル名に記録した「データの出典に関する内容」は図 2-2 のようにきちんと表示されている。

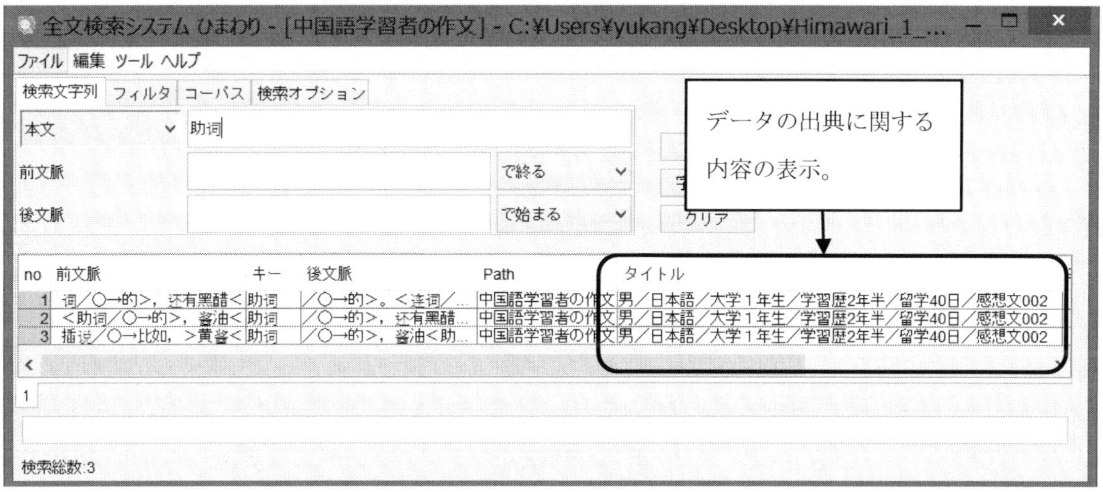

図 2-2

「男／日本語／大学１年生／学習歴２年半／留学40日／感想文002」というファイル名において、「日本語」とは、学生の母語のことであり、「学習歴」とは、中国語の学習時間のことであり、「留学」とは、中国での留学の期間のことである。文章のジャンルを示す表現の後に付与される数字は、同名ファイルが保存できないことから、それを区別するために付けるものである。

全文検索システム『ひまわり』で検索した用例を切り取ってMS-Wordなどに貼り付けると、次のようになる。

酱＜列挙助詞／〇→的＞，酱油＜列挙助詞／〇→的＞，还有黑醋＜列挙助詞／〇→的＞。
<u>日本語母語話者の中国語作文　男／大学１年生／学習歴２年半／留学40日／作文０２</u>

「日本語母語話者の中国語作文」がコーパス名で、「男／大学１年生／学習歴２年半／留学40日／作文０２」がファイル名である。このように、それぞれの用例の後に、コーパス名と「データの出典に関する内容」がきちんと表示されている。これは素人的なやり方ではあるが、意外に手軽で便利である。

2.1.2.2　「誤用に関する内容」の表示方法

「誤用に関する内容」は大きく分けると、３種類ある。

①正誤の情報
②統語レベルの情報
③意味レベルの情報

「＜名词／受事／汁液→面汤＞」を例にとると、「正誤の情報」とは、「汁液→面汤」のように、「誤用」と「正用」を示す情報のことである。「統語レベルの情報」とは、「名词」のように、「＜汁液→面汤＞」がどのような間違いかを示す文法の情報である。「意味レベルの情報」とは、「受事」のように、意味役割においてどのような間違いかを示す意味の情報である。

ファイル名に記録する「データの出典に関する内容」とは異なり、「誤用に関する内容」は、当該の場所に文字タグを付与して記録することになっている。つまり、図2-3のように「正誤の情報」、「統語レベルの情報」、「意味レベルの情報」は、＜名词／受事／汁液→面汤＞のように、文章の中において文字タグで記すのである。「正誤の情報」、「統語レベルの情報」、「意味レベルの情報」のうち、「正誤の情報」だけが自動的に変換されるものなので、添削後の段階で最初から付与されるタグであるのに対し、「統語レベルの情報」と「意味レベルの情報」は、使用者が研究の目的を踏まえ選択して付与することになる。これらは、「統語レベルの情報」だけを付与したり、「意味レベルの情報」だけを付与したり、両方付与し

たり、または両方のタグを付与した上で更に自分が作成したタグを付与したりすることが可能なので、どのようなタグを付与するかは使用者の研究の目的次第ということである。

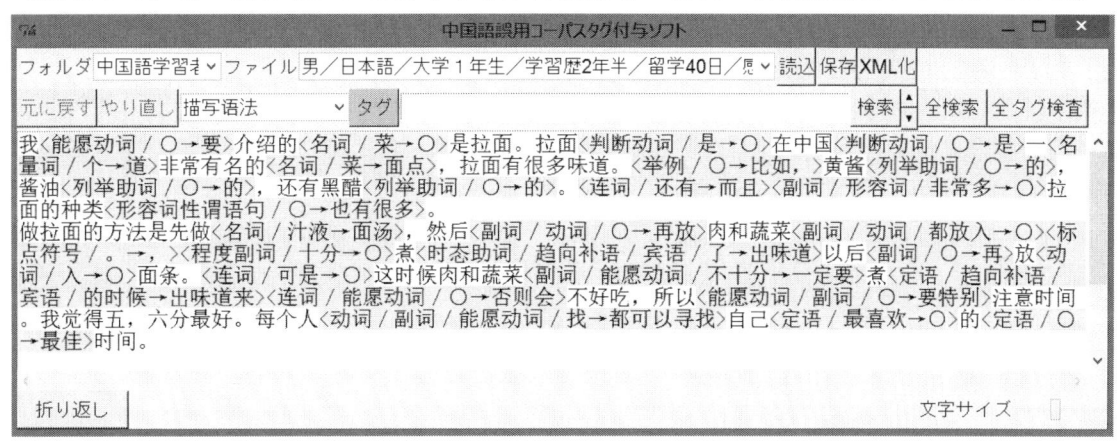

図 2-3

2.2 パソコンのスペックと必要なソフト及びソフトの入手方法

2.2.1 パソコンのスペック

パソコンのスペックとは、パソコンの性能や機能を意味するもので、おおよそ、OS の種類、CPU の種類、メモリの容量、ハードディスクの容量などを指す。

TNR_ChineseErrorCorpus.WT は、画像処理など、ハイスペックを求める内容は組み込まれていないので、文字データの処理ができるパソコンならどの機種でも十分使える。勿論、ハイスペックのパソコンであれば、それに越したことはない。

パソコンのスペックは次のようなものが望ましい。

①OS の種類：Windows® XP 以上（本書は Windows®8 を使用している）
②CPU の種類：市販のパソコンに内蔵する CPU ならどれでも使える
③メモリの容量：1GB 以上（以下でも使えるが、スピードがやや遅い）
④ハードディスクの容量：市販のパソコンに内蔵する容量なら十分使える（外付けのハードディスクや USB メモリも使える）

TNR_ChineseErrorCorpus.WT は、日本語版の Windows をベースに作っているが、中国語版の Windows でも使用できることになっている。ただし、中国で購入したパソコンは、たまには文字化けといった現象が生じるが、これは、漢字がうまく読まれていないことに起因する場合が多い。対応方法としては、フォルダー名やファイル名は、漢字を使わずに、英語やローマ字またはピンインなどのアルファベット文字を使うことを勧めたい。

2.2.2 必要なソフトと入手方法

本書は、作文の添削、正誤タグの自動変換、分析・集計用タグの付与、などによる誤用

コーパスの作成をメインの内容としているので、作業の結果タグを付与し終えた後のデータの処理を円滑に行うめには、TNR_ChineseErrorCorpus.WT というソフト以外に、次のソフトも必要である。

①Java
②秀丸エディタ、または、サクラエディタ
③えだまめ
④ひまわり

「秀丸エディタ」と「サクラエディタ」は同種類のソフトなので、同時に使用する必要はなく、どちらか1つを選択して使用すれば十分である。

2.2.2.1 Java

Java は、パソコンの基礎ソフトの1つであり、数多くのアプリケーションの動作に必要な、優先的に入れるべきソフトでもある。本書では、簡易的に誤用コーパスを扱うのに使用するソフトを全文検索システム『ひまわり』としている。その全文検索システム『ひまわり』はJava 言語で記述されているためJavaがインストールされていないと動作しない。

市販のパソコンなら、普通はJavaがインストールされている。しかし、まれにインストールされていないものもあるので、まず自分のパソコンにJavaが入っているかを確認する。

Java が入っていなければ、Java の公式HP http://www.java.com/ja/download/にアクセスして最新バージョンのJavaをダウンロードする必要がある。図2-4がダウンロードの画面である。

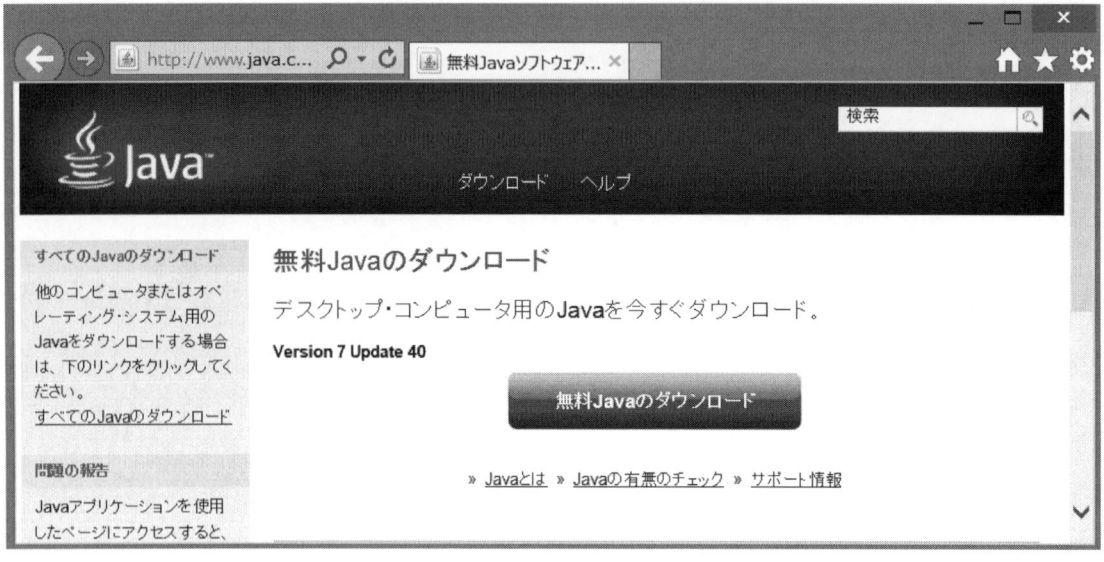

図2-4

2.2.2.2 秀丸エディタ

　本書で扱う文章の保存形式は、テキスト形式である。つまり、ファイル名の後に付与される拡張子が.txt でなければならないのである。「メモ帳」や MS-Word でもテキスト形式を扱えるが、使用できる機能は非常に限られている。

　有限会社サイトー企画が開発した『秀丸エディタ』は、最も使いやすく、正規表現も使用でき、幅広い編集機能も持つ優れたエディタなので、本書は、『秀丸エディタ』を基本的に使用するソフトとしている。

　有限会社サイトー企画の公式 HP http://hide.maruo.co.jp/software/hidemaru.html にアクセスすれば、最新バージョンの『秀丸エディタ』をダウンロードすることができる。「秀丸エディタ」は、自由にダウンロードし、試用することもできるが、無料ではない。ライセンスの料金や購入方法は、図 2-5 のように、http://hide.maruo.co.jp/swreg/discount.html にアクセスして各自で確認されたい。

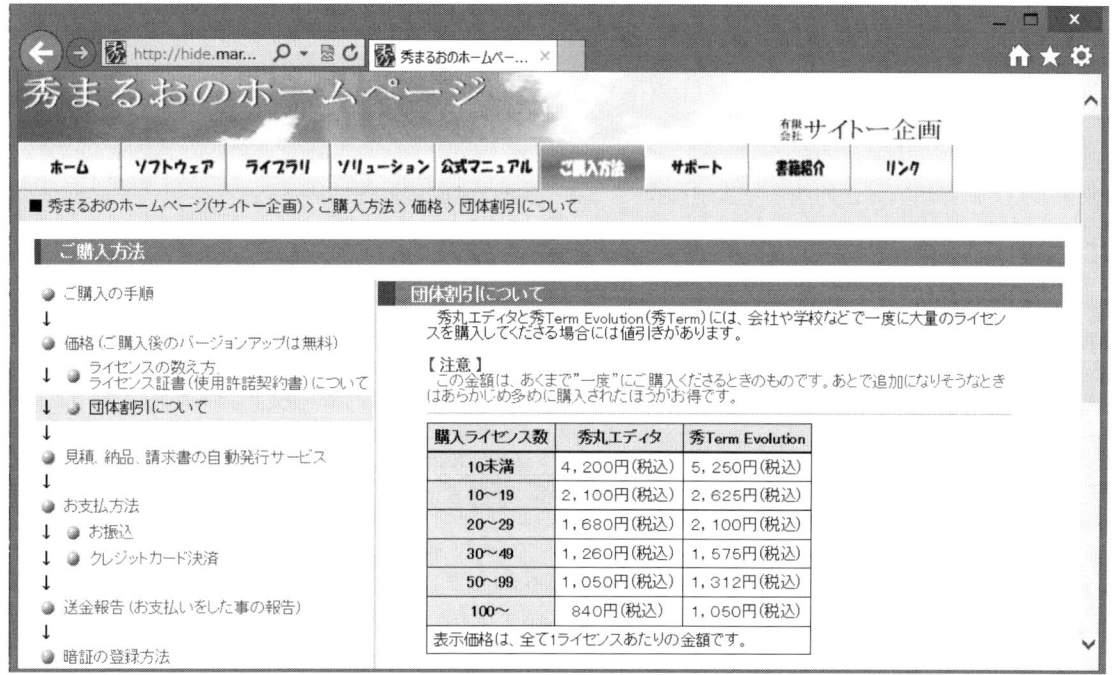

図 2-5

　『秀丸エディタ』をダウンロードした後、デスクトップにアイコンが表示される。それをクリックすれば、図 2-6 のような画面が現れる。

　『秀丸エディタ』の詳細な使い方については、有限会社サイトー企画の公式 HP に掲載されている。また、関連の書籍も市販されている。

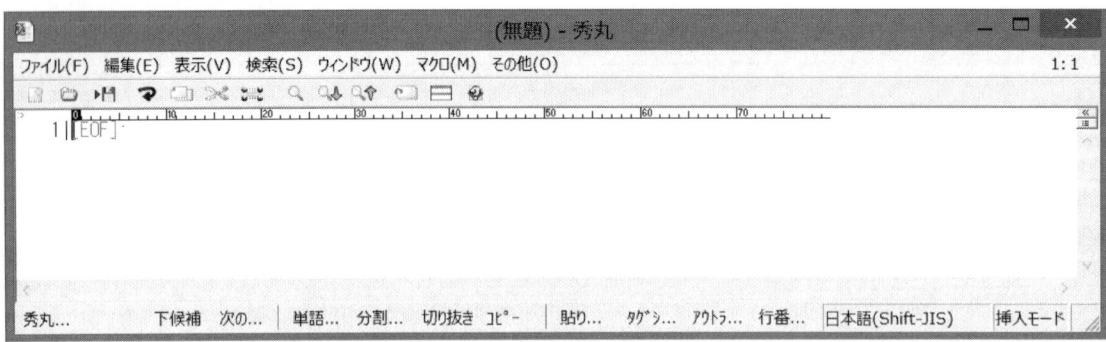

図 2-6

2.2.2.3　サクラエディタ

　機能的に、『秀丸エディタ』と同様なテキストエディタに、『サクラエディタ』というものがある。フリーウェアなので、どなたでも自由にダウンロードし無料で使用することができる。サクラエディタの「バージョン情報」に記されている内容に基づくと、『サクラエディタ』の製作者は「たけ（竹パンダ）さん」であり、コピーライターがCopyright(C)1998-2013 by Norio Nakatani & Collaborators となっている。

　『サクラエディタ』のHP を http://sakura-editor.sourceforge.net/を開くと、図 2-7 のような画面が表示される。ダウンロードのページへ行けば、『サクラエディタ』をダウンロードすることができる。

図 2-7

2.2.2.4 ひまわり用データ作成ツール『えだまめ』

簡易的に誤用コーパスを扱う場合、全文検索システム『ひまわり』ではテキスト形式のファイルはそのままでは利用できない。これは、全文検索システム『ひまわり』で扱えるファイルの形式が特殊なものだからである。

『ひまわり』で利用するためには、ファイル形式の変換が必要である。そのためのファイル形式の変換用のソフトがこの『えだまめ』である。

『えだまめ』によって『ひまわり』で扱える形式に変換できる、元のファイルの形式は、テキスト、XML、HTMLの3種類である。本書はテキスト形式を使用することとしている。

『えだまめ』のダウンロードの手順は、次のようになる。

①http://www2.ninjal.ac.jp/lrc にアクセスして、「言語データベースとソフトウェア」が現れたら、図2-8のように、画面の左側下の「ソフトウェア」というコーナーから「『ひまわり』支援ツール」を選択してクリックする。

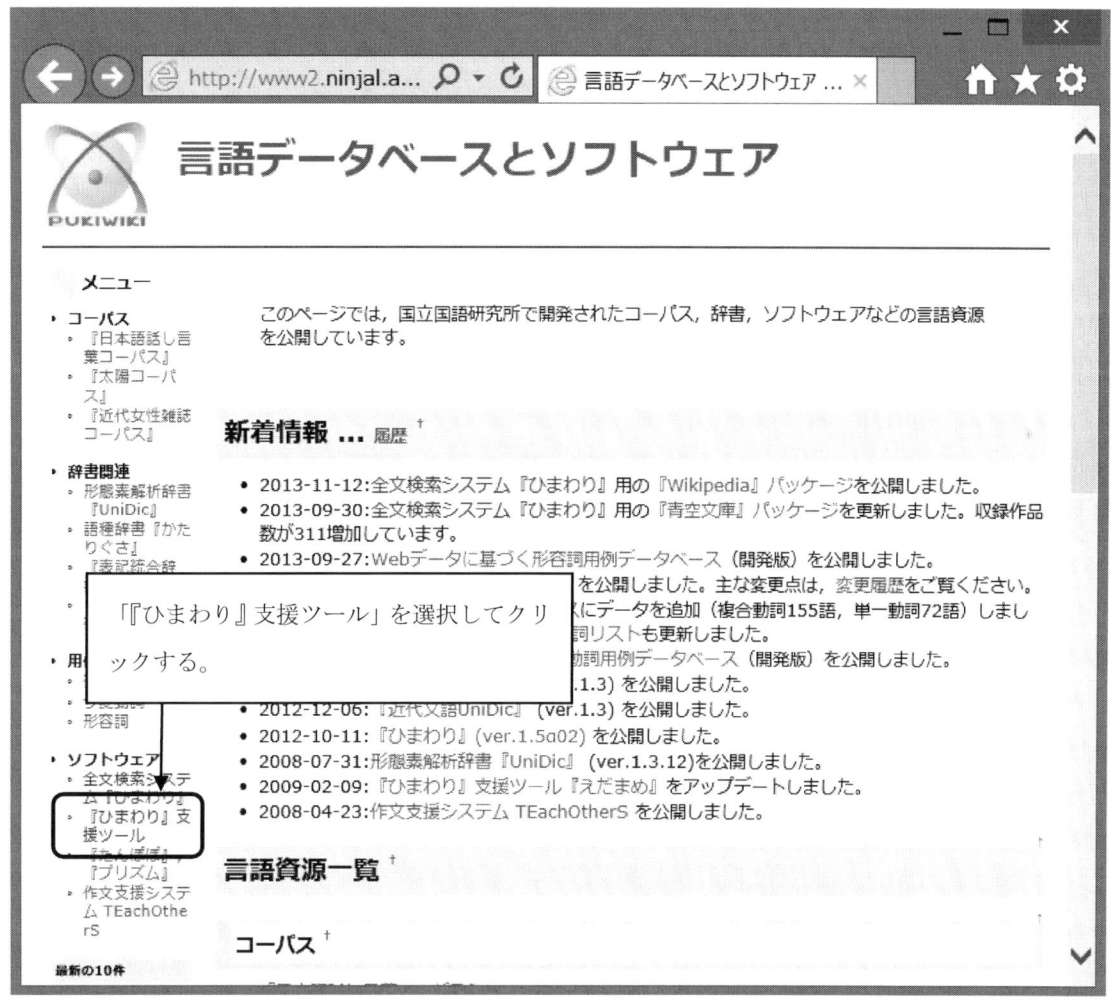

図2-8

②「『ひまわり』支援ツール」の画面で、図2-9のように「『えだまめ』のページはこちら」

を選択してクリックする。

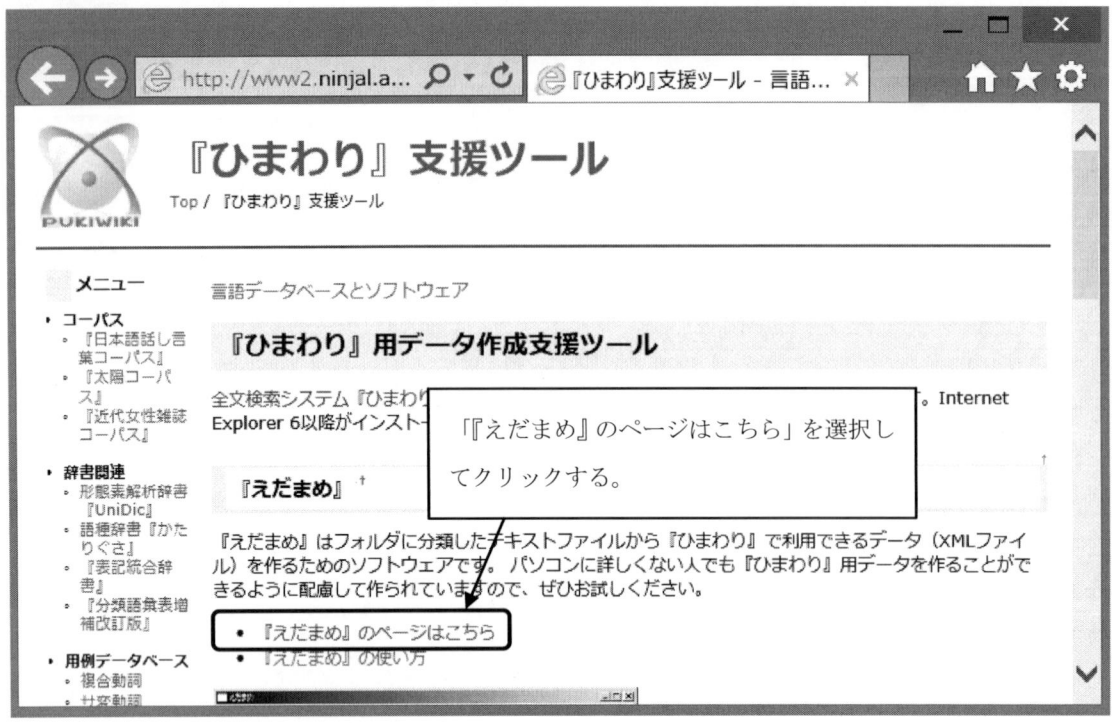

図 2-9

③「『ひまわり』支援ツール/えだまめ」が開かれる。ダウンロードのコーナーで、図 2-10 のように『えだまえ』の圧縮ファイル edamame_v21.zip を選択してダウンロードする。バージョンアップされた場合、最新版をダウンロードする。

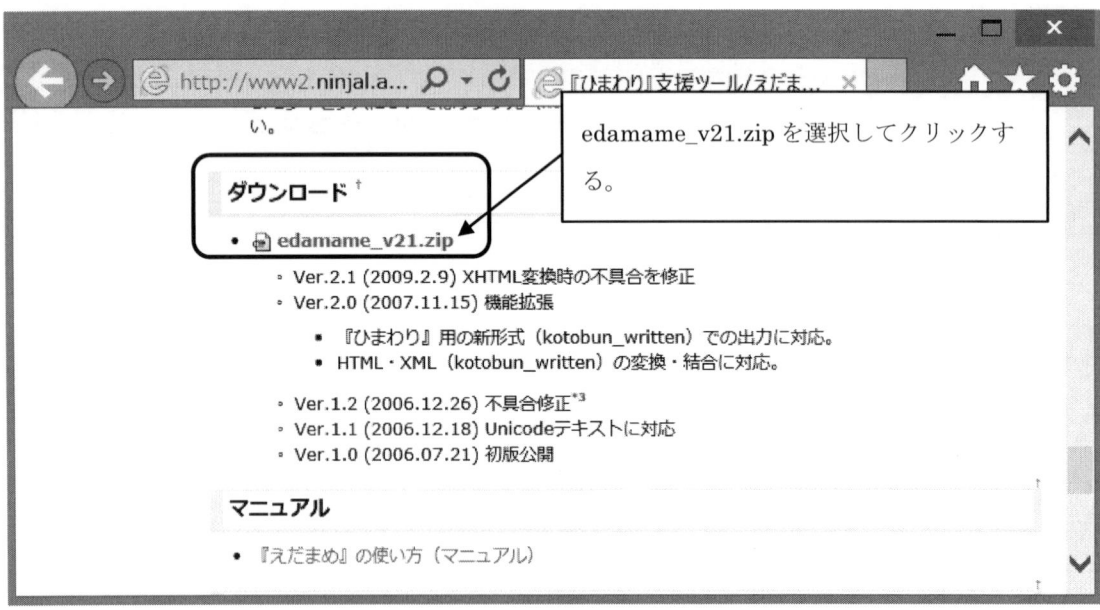

図 2-10

④ダウンロードした『えだまめ』は、圧縮されているため、解凍しなければ使えない。解凍圧縮のソフトは、普通ならパソコンに入っているが、入っていなければ、市販のソフトかフリーソフトのいずれかを入手してパソコンにインストールする必要がある。

⑤解凍した『えだまめ』は、edamame というアイコンで表示される。その『えだまめ』をデスクトップかハードディスクに移動する。

⑥ edamame をクリックして開く。

図 2-11 の画面が現れれば、フォルダー内の edamame_v21 をクリックして『えだまめ』を開く。

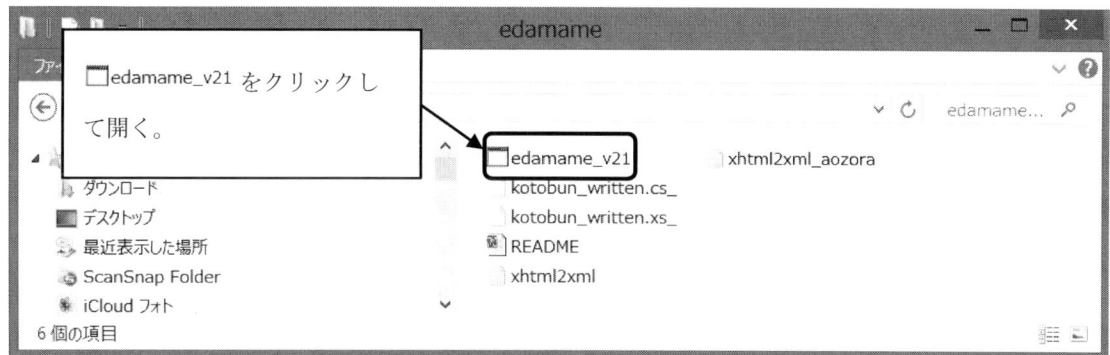

図 2-11

⑥図 2-12 が『えだまめ』のメイン画面である。この画面が表示されれば、成功である。

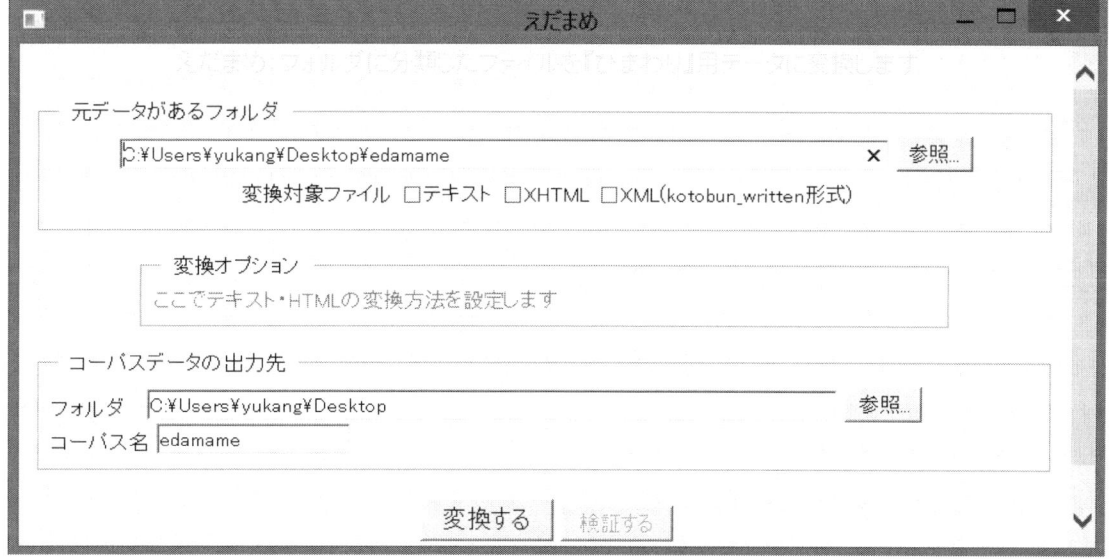

図 2-12

2.2.2.5　全文検索システム『ひまわり』

全文検索システム『ひまわり』は、「特定の文字列を高速に全文検索する機能」と「検索結果の KWIC (KeyWord In Context) 表示，および，資料に適した形で閲覧する機能」を

持っている。対応する OS については、『ひまわり』の HP では、「『ひまわり』は Java 言語で記述されており，Windows, Linux, Mac OS X などさまざまな OS 上で動作します。」と説明されている。

『ひまわり』は、日々進化している。現在では対応されてない機能もバージョンアップによって改善されることもあるので、常に HP の確認が必要であろう。

『ひまわり』のダウンロードの手順は、次のようになる。

①http://www2.ninjal.ac.jp/lrc にアクセスすると、「言語データベースとソフトウェア」が開かれる。画面の左側下の「ソフトウェア」というコーナーから図 2-13 のように「全文検索システム『ひまわり』」を選択してクリックする。

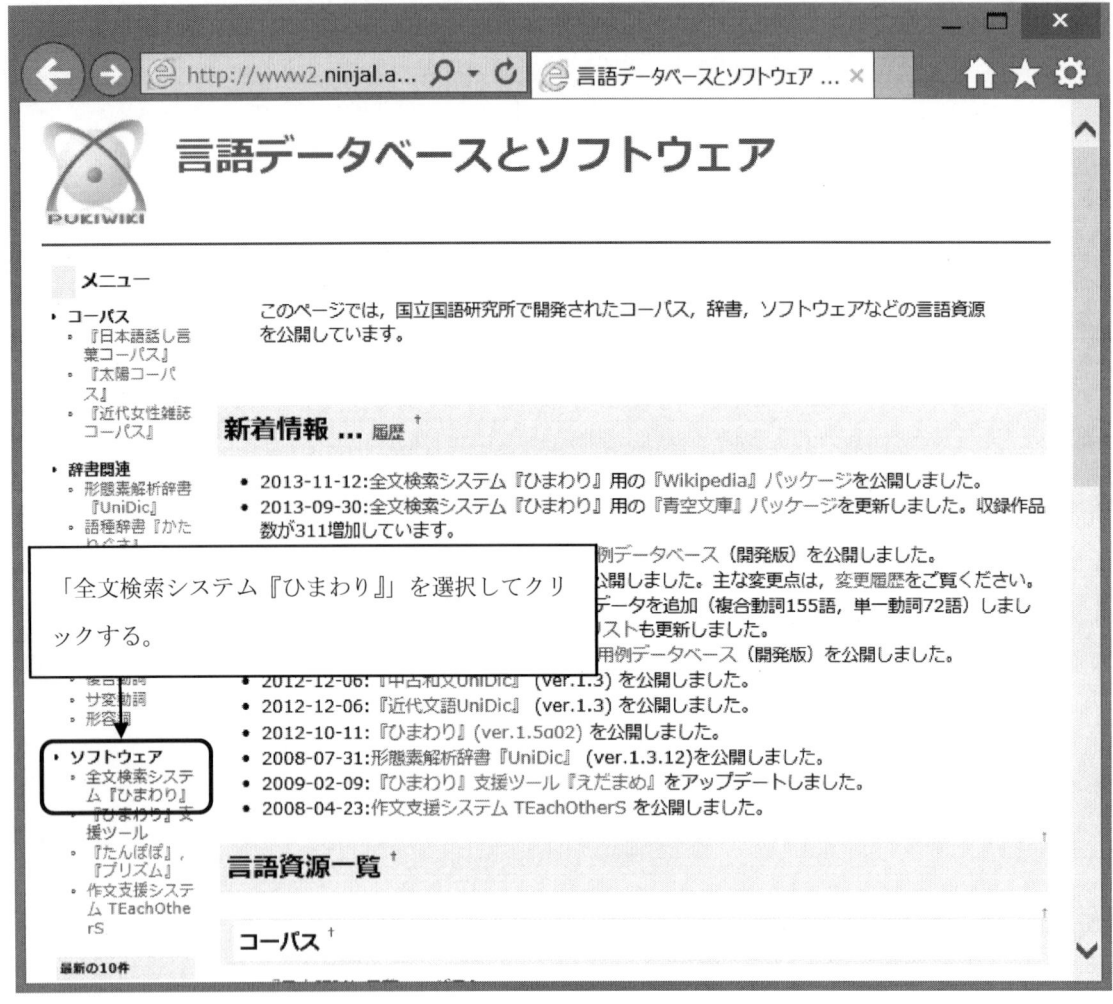

図 2-13

②全文検索システム『ひまわり』のページが表示されたら、ダウンロードのコーナーへ移動し、図 2-14 のように「ver.1.3.1 （2013-05-07）... 安定版」を選択して『ひまわり』をダウンロードする。これも『えだまめ』と同様に最新の安定版を選択する。

【第2章】タグの表示と必要なソフト

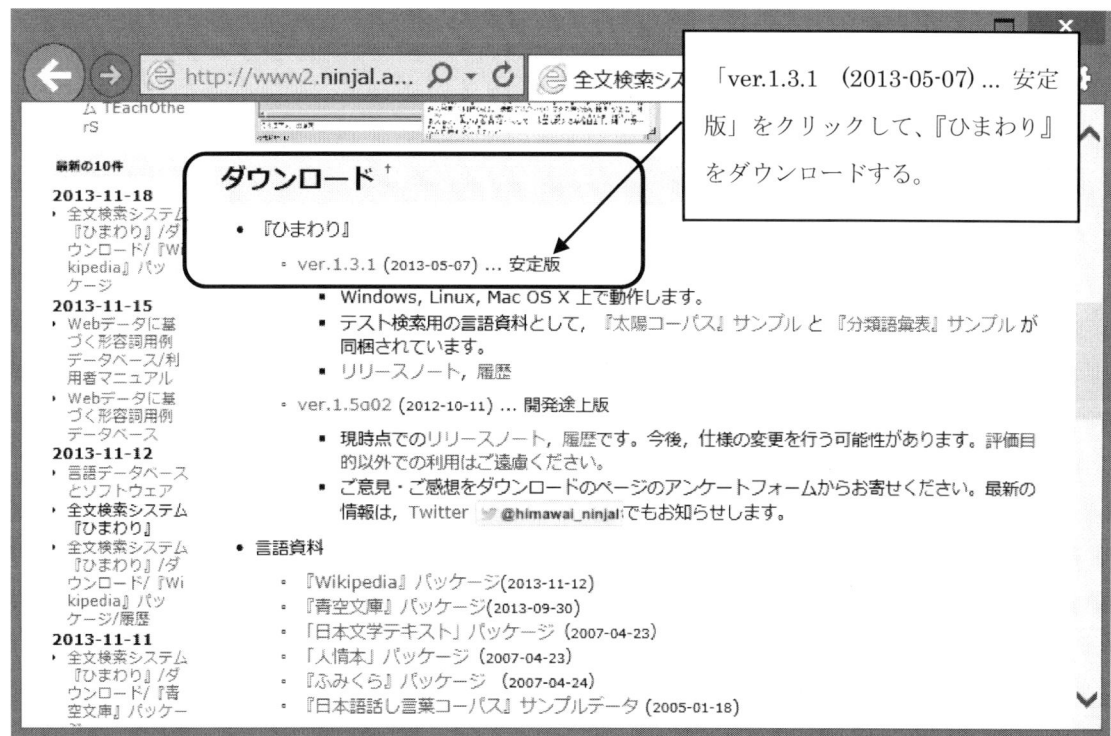

図 2-14

③ダウンロードした『ひまわり』は、圧縮されているため、解凍しなければ使えない。上述の『えだまめ』と同様の方法でソフトの解凍を行う。

④解凍した『ひまわり』は、Himawari_1_3_1 というアイコンで表示される。その『ひまわり』をデスクトップかハードディスクに移動する。

⑤ Himawari_1_3_1 をクリックして開く。

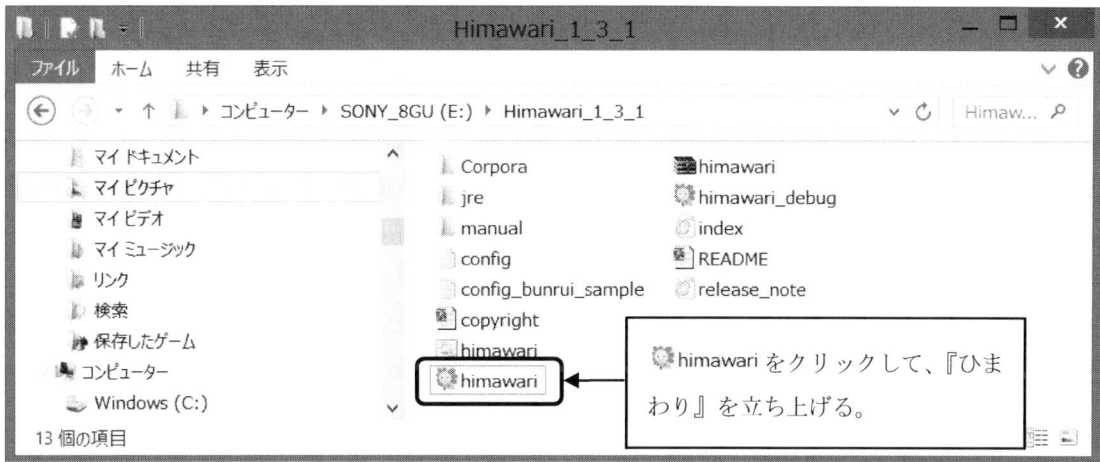

図 2-15

図 2-15 の画面が現れれば、フォルダー内の himawari をクリックして、『ひまわり』を

立ち上げる。

⑥図 2-16 のように、『ひまわり』のメイン画面が現れれば、ダウンロードは成功である。

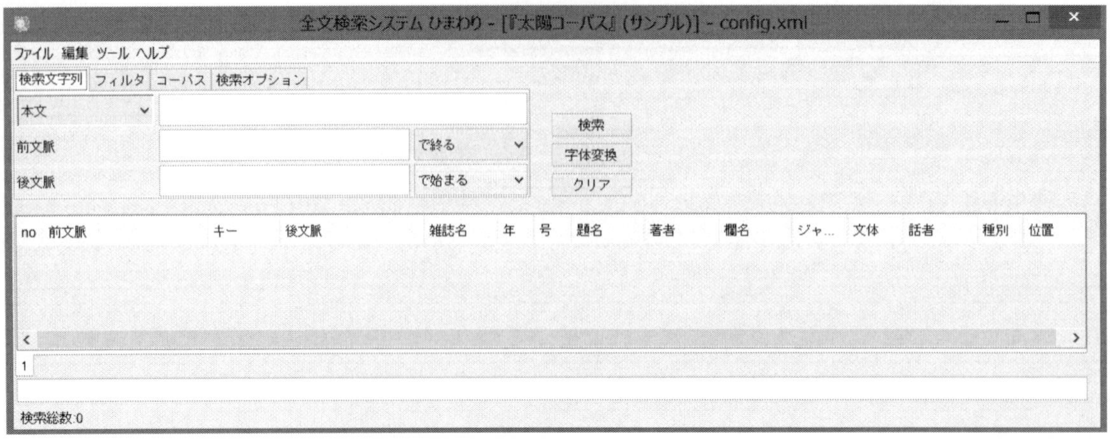

図 2-16

2.3　まとめ

この章において、「タグの種類と記録、表示方法」や「パソコンのスペックと必要なソフト及びソフトの入手方法」を中心に述べてきた。まとめて示すと、次のようになる。

（1）タグの内容は「データの出典に関する内容」と「誤用に関する内容」の2種類に分けられる。「データの出典に関する内容」は、作文の著者やジャンルに関する内容のことであり、「誤用に関する内容」は正誤の情報と統語レベルの情報や意味レベルの情報のことである。

（2）性別、母語、ステータス、学習歴、留学歴、作文のジャンルなどといったような「データの出典に関する内容」は、ファイル名で記録する。

（3）「誤用に関する内容」は「正誤の情報」、「統語レベルの情報」、「意味レベルの情報」の3種類に分けられる。これらの情報はいずれも文中において文字タグで記録する。

（4）パソコンのスペックは、近年の市販のパソコンなら、いずれも動作できる。OS は Windows® XP 以上、メモリの容量は 1GB 以上の方が望ましい。

（5）TNR_ChineseErrorCorpus .WT での作業結果のデータを円滑に扱うために、Java、『秀丸エディタ』または『サクラエディタ』、ひまわり用データ作成ツール『えだまめ』、全文検索システム『ひまわり』といったソフトも必要である。これらのソフトは、『秀丸エディタ』以外は、いずれも無料ダウンロードが可能である。

非常にまれではあるが、『えだまめ』と全文検索システム『ひまわり』が開けないこともある。その原因としては、Java の未インストロールに起因するものか、ファイアウォールかセキュリティ・ウイルス対策ソフトに起因するものだと考えられる。Java の再インストールを行うか、または、ファイアウォールかセキュリティ・ウイルス対策ソフトをしばらく off にしてみることで、問題の解決につながるかもしれない。

第 3 章

TNR_ChineseErrorCorpus .WT 内の各ソフトの機能とフォルダーの設置

主な内容：

3.1 TNR_ChineseErrorCorpus.WT に含まれるソフト等とその機能について
3.2 添削用作文のファイルを保存するためのフォルダーの設置
   3.2.1 フォルダーの設置
   3.2.2 添削が必要な作文のファイルの設置したフォルダーへの保存と移動
      3.2.2.1 ファイルの保存
      3.2.2.2 ファイルの移動
3.3 まとめ

【重要なポイント】

1. 作文添削ソフト TNR_ChineseWritingCorrection が読み取るファイルは、任意の場所ではなく、指定の場所に設置されたフォルダーの中のフォルダーに保存されなければならない。その指定場所は、TNR_ChineseErrorCorpus.WT の中の TEXT である。
2. TNR_ChineseErrorCorpus.WT の予め設置されているフォルダー名、ファイル名、ソフト名は、いずれも変更はできない。
3. TEXT に設置した新しいフォルダーの中に、さらに新しいフォルダーの設置はできない。
4. 『秀丸エディタ』でファイルを保存する際に、エンコードの種類は、Unicode（UTF8）を指定しなければ、文字化けが必ずと言っていいほど生じてしまう。

Capter 3

> TNR_ChineseErrorCorpus.WT を使って、作文の添削やタグ付与を行うには、そこに含まれるソフト、フォルダー、ファイルの機能を把握し熟知しなければ、円滑に作業を進行するのに支障が生じる可能性がある。特にファイルの保存場所は、どこでもよいように思われがちであるが、TNR_ChineseErrorCorpus.WT においては、「指定席」の場所であり、任意の場所ではない。「指定席」のフォルダーではなく、任意の場所に保存されたファイルは作文添削ソフトやタグ付与ソフトに認識されない。

3.1　TNR_ChineseErrorCorpus.WT に含まれるソフト等とその機能について

　TNR_ChineseErrorCorpus.WT には、図 3-1 のように、フォルダーが 2 つ、ファイルが 2 つ、ソフトが 2 つ含まれている。その内訳は次の通りである。

　　フォルダー：①CorpusFiles
　　　　　　　　②TEXT
　　ファイル：　①autotagchnlist
　　　　　　　　②tagchnlist
　　ソフト：　　①TNR_ChineseErrorCorpusTagger3.0
　　　　　　　　②TNR_ChineseWritingCorrection

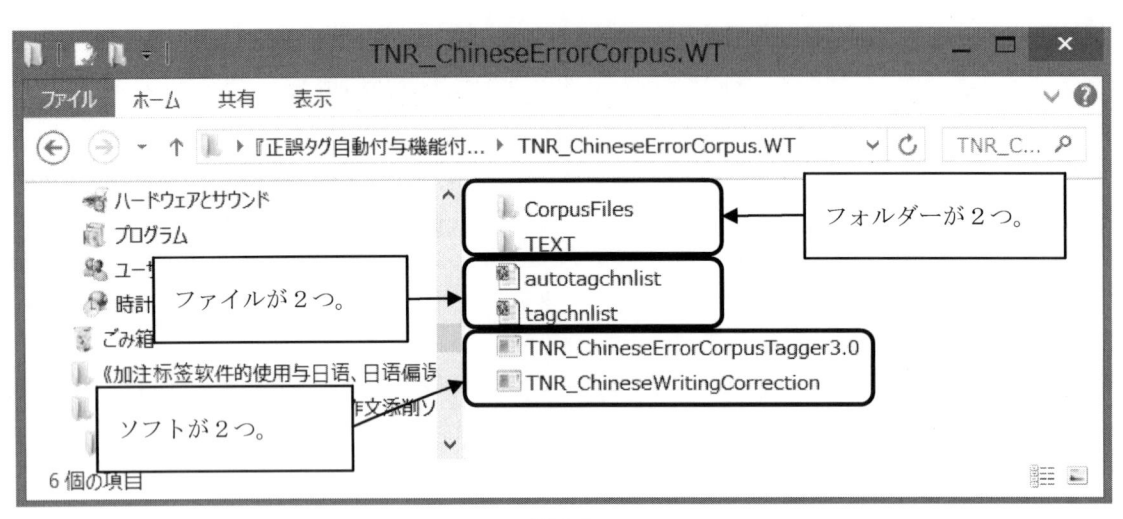

図 3-1

　フォルダー CorpusFiles は、正誤タグが付与されたファイルとそのファイルを保存するフォルダーが自動的に生成される場所である。例えば、TEXT 内に「中国語学習者の作文」というフォルダーを作り、その中にいつくかの作文のファイルが保存されているとする。作文添削ソフトを使って、作文を添削し、添削済みの作文を上書きして保存する。保存した後に、添削箇所の正誤タグへの自動変換の手続きを行えば、添削作業を施したファイルが入っているフォルダー、つまり、TEXT の中にあるフォルダー「中国語学習者の作文」

と同名のフォルダーが CorpusFiles の中に自動的に生成され、またそのフォルダーの中に、添削した作文ファイルと同名のファイルが自動的に生成される。CorpusFiles 内に生成されたフォルダーとファイルは、TNR_ChineseErrorCorpusTagger3.0 で分析・集計用のタグを付与する際に使う専用のものである。これらは確認のための目的以外は、特に開いたり、操作したりする必要がないフォルダーである。

　フォルダーTEXT は、学生の作文など、原本であるデータを保存する場所である。その中に新しいフォルダーを設置し、設置したそれぞれのフォルダーにファイルを保存する。

　ファイル autotagchnlist は、元からソフトに入っているタグ確認リストへ、新たなタグを追加するためのものである。ここに追加した内容は、「タグ確認」のボタンをクリックすれば、自動的に表示され、選択できるようになる。

　ファイル tagchnlist は、タグリストにタグを追加したり、タグリストの模様替えをするためのものである。ここに追加した内容は、タグリストに反映される。

　ソフト TNR_ChineseErrorCorpusTagger3.0 は、正誤タグの箇所に、更に分析・集計用のタグを付与するためのソフトである。

　ソフト TNR_ChineseWritingCorrection は、作文添削を行い、添削した箇所を正誤タグの形に自動的に変換するためのソフトである。

　ここで注意したいのが以上のフォルダー、ファイル、ソフトにおいては、いずれも名前の変更ができない点である。名前が変更されると、機能しない。

　なお、TEXT の使い方については本章の 3.2 で、autotagchnlist と tagchnlist の使い方については第 4 章で、TNR_ChineseWritingCorrection については第 5 章で、TNR_ChineseErrorCorpusTagger3.0 の使い方については第 6 章で詳細に述べる。

3.2　添削用作文のファイルを保存するためのフォルダーの設置

　TNR_ChineseWritingCorrection は、添削が必要な作文を読み取る際に、任意の場所に保存されているファイルを読み取ることはできない。従って、添削が必要な作文は、指定の場所に保存しなければならない。

　フォルダーの設置から作文添削までの流れは図 3-2 のようになる。

```
┌─────────────────────────────────────┐
│         フォルダーを設置する          │
└─────────────────────────────────────┘
                    ↓
┌─────────────────────────────────────┐
│ 設置したフォルダーに添削が必要な作文のファイルを入れる │
└─────────────────────────────────────┘
                    ↓
┌─────────────────────────────────────┐
│ TNR_ChineseWritingCorrectionを使って作文の添削を行う │
└─────────────────────────────────────┘
```

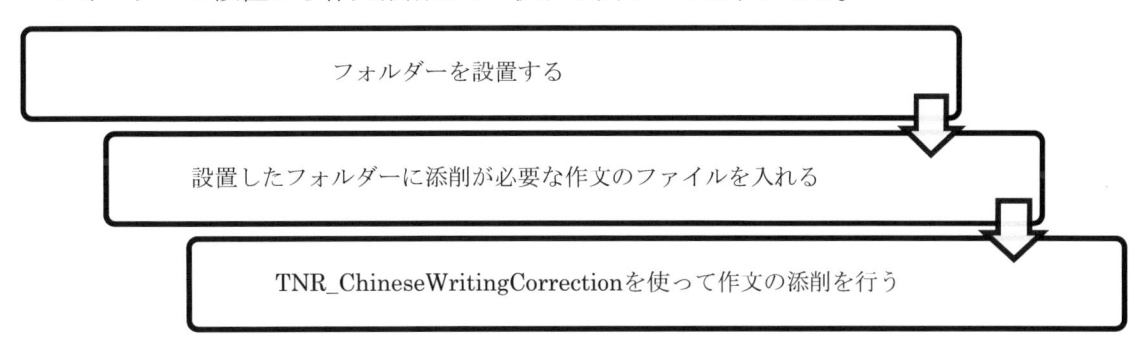

図 3-2

3.2.1 フォルダーの設置

3.1 で述べたように、TNR_ChineseErrorCorpus.WT には、予めフォルダーが2つ用意されている。そのうち、フォルダーTEXT は、学生の作文を保存する場所である。つまり、作文添削ソフト TNR_ChineseWritingCorrection が読み取れる作文のファイルは、すべてこの TEXT というフォルダーに保存しなければならないのである。

TEXT の中に、複数の新しいフォルダーの設置も可能である。例えば、第1外国語として学ぶ学生の作文と第2外国語として学ぶ学生の作文を分けて分類する場合、図3-3のように、「第1外国語の中国語」と「第2外国語の中国語」といったフォルダーを設置することになる。

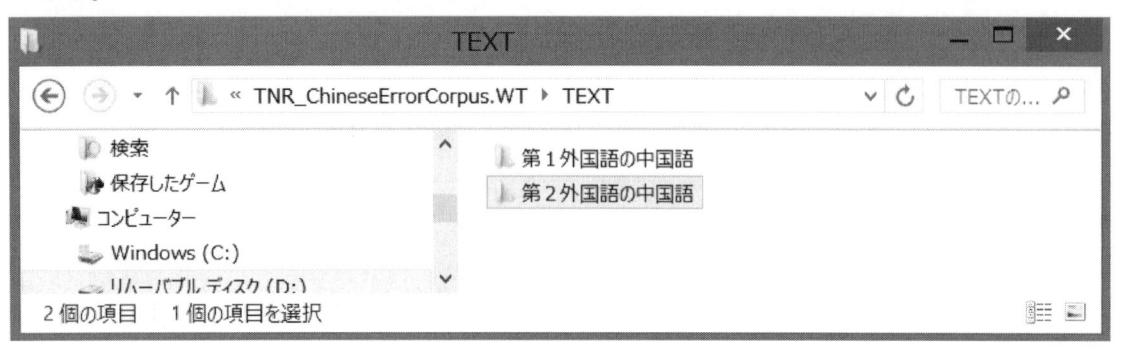

図 3-3

ここで1つ注意しなければならないことがある。それは、TEXT の中に新しいフォルダーを設置する場合、下位のフォルダーの設置は一層としなければならず、多層の設置、つまり新しく設置したフォルダーの中に、さらに新しいフォルダーを設置することはできないということである。その概念図は、図3-4のようになる。

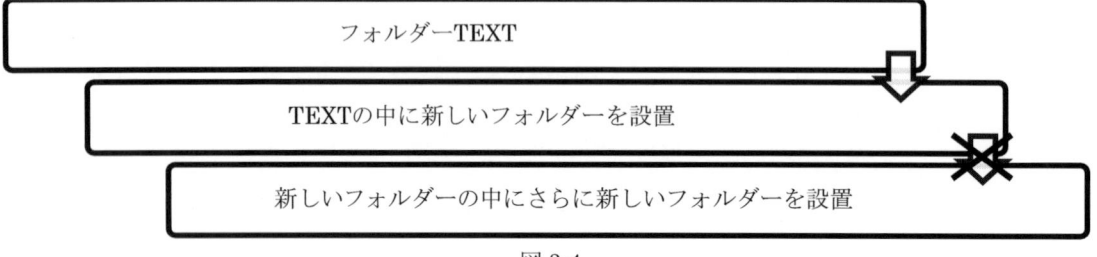

図 3-4

フォルダーの多層設置ができないので、フォルダー名やファイル名は、すこし工夫して必要な情報が反映されるようにしなければならない。

フォルダー名とファイル名の付け方や組み合わせは、複数あるが、主に次のようなものが考えられるであろう。

①大学別に、または大学間の違いを中心とするなら、大学名をフォルダー名にし、その他の情報は、ファイル名に反映させる。

例えば、「関西学院大学」と「神戸外国語大学」をフォルダー名にする場合、「関西学院大学」というフォルダーに保存するファイルの名前は次のようにすることができるであろう。

　　男／日本語／国際１年生／Ｆ１／学習歴３年半／留学０／感想文001
　　女／日本語／国際２年生／Ｆ１／学習歴５年／留学１年／感想文002
　　女／日本語／経済１年生／Ｆ２／学習歴半年／留学０／感想文003
　　男／日本語／文学２年生／Ｆ２／学習歴１年／留学０／感想文004

それに対し、「神戸外国語大学」というフォルダーに保存するファイルの名前は次のようにすることができるであろう。

　　女／日本語／１年生／Ｆ１／学習歴半年／留学０／感想文001
　　男／日本語／２年生／Ｆ１／学習歴２年／留学１年／感想文002
　　女／日本語／３年生／Ｆ１／学習歴４年／留学２／感想文003
　　男／日本語／３年生／Ｆ１／学習歴６年／留学１年／感想文004

②学習歴別に、つまり第二言語習得の追跡調査を中心とするなら、学習歴をフォルダー名にし、その他の情報は、ファイル名に反映させる。

　例えば、「学習歴１年」、「学習歴２年」、「学習歴３年」、「学習歴４年」、「学習歴５」「学習歴６年」、「学習歴７年」、「学習歴８年」などをフォルダー名にするとすれば、ファイル名は次のようにすることができるであろう。

　　男／日本語／関学国際１年生／Ｆ１／留学０／感想文001
　　女／日本語／関学国際２年生／Ｆ１／留学１年／感想文002
　　女／日本語／関学経済１年生／Ｆ２／留学０／感想文003
　　男／日本語／関学経文学２年生／Ｆ２／留学０／感想文004
　　女／日本語／神戸外大１年生／Ｆ１／留学０／感想文005
　　男／日本語／神戸外大２年生／Ｆ１／留学１年／感想文006

③第１外国語としての中国語と第２外国語としての中国語を分けることを中心とするなら、「第１外国語の中国語」と「第２外国語の中国語」をそれぞれフォルダー名にし、その他の情報は、ファイル名に反映させる。

　例えば、「第１外国語の中国語」をフォルダー名にするとすれば、ファイル名は次のようにすることができるであろう。

　　男／日本語／関学国際１年生／学習歴３年半／留学０／感想文001
　　女／日本語／関学国際２年生／学習歴５年／留学１年／感想文002
　　女／日本語／神戸外大１年生／学習歴半年／留学０／感想文003
　　男／日本語／神戸外大２年生／学習歴２年／留学１年／感想文004

それに対し、「第２外国語の中国語」をフォルダー名にするとすれば、ファイル名は次のようにすることができるであろう。

　　女／日本語／関学経済１年生／学習歴半年／留学０／感想文001

男／日本語／関学文学 2 年生／学習歴 1 年／留学 0 ／感想文 002

④究極的な方法としては、作文データのグループごとに複数の新しいフォルダーを設置せず、すべての情報をファイル名に反映させ 1 つのフォルダーの中に入れるという形で処理するというものがある。ただし、この方法は、ファイル数が少なければ特に問題にならないが、数万や数十万などになると、取り扱いにくくなるというデメリットがある。

フォルダー名は、今後の研究に大いに影響を与えるものなので、熟考してから付けることが望ましい。これは、添削作業が進み、ファイル数が増えることでファイルがある程度の量になると、フォルダー名の変更が容易にはできないからである。

3.2.2　添削が必要な作文のファイルの設置したフォルダーへの保存と移動
3.2.2.1　ファイルの保存

学生の作文の提出は、テキストファイルか MS-Word 形式のファイルかになり、また提出方法もメールでの添付か直接提出かのどちらかになるであろう。いずれにしても、作業を円滑に進めるために、電子ファイルでの提出を求める。

前にも触れたように、テキスト形式以外の形式で保存したファイルの場合、そのすべてをテキスト形式に変えなければ、作文添削ソフト TNR_ChineseWritingCorrection で読み取ることができない。ファイル形式の変換からファイルの保存までの流れは、図 3-5 のようになる。

```
┌─────────────────────────────────────────────┐
│ テキスト形式以外の形式で保存したファイルの内容をコピーして、『秀丸エディ │
│ タ』または『サクラエディタ』に貼り付ける。                        │
└─────────────────────────────────────────────┘
                    ↓
┌─────────────────────────────────────────────┐
│ TNR_ChineseErrorCorpus.WTをクリックして、フォルダーTEXTの中に        │
│ 設置されている関係のフォルダーに、ファイル名を付けた上で、保存する。 │
└─────────────────────────────────────────────┘
                    ↓
┌─────────────────────────────────────────────┐
│ エンコードは必ずUnicode（UTF-8）を指定する                       │
└─────────────────────────────────────────────┘
```

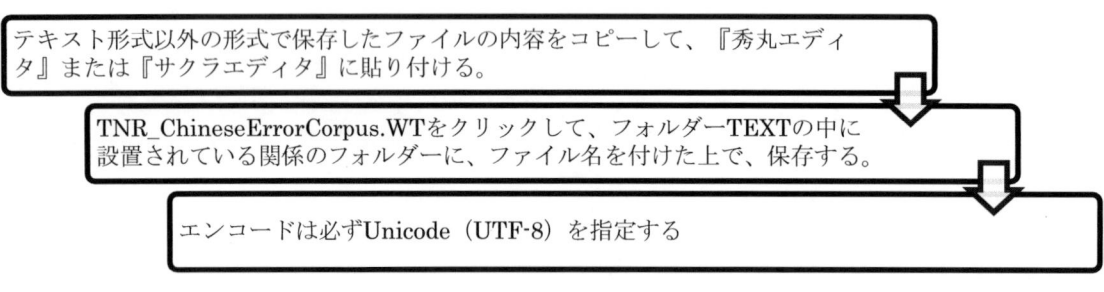

図 3-5

以下において、1 つの具体例を取りあげ、ファイル形式の変換からファイルの保存までの流れを確認する。

例えば、学生の関学太郎から提出された作文のファイルの形式が MS-Word であるとする。ファイル形式の変換作業の手順は次のようになる。

①学生の作文（Word 文章）を開く。
②『秀丸エディタ』を開く。
③学生の作文の内容をすべて選択した上でマウスの右ボタンをクリックする。メニューの中から「コピー」を選択して内容をコピーする。

【第3章】TNR_ChineseErrorCorpus.WT 内の各ソフトの機能とフォルダーの設置　●35●

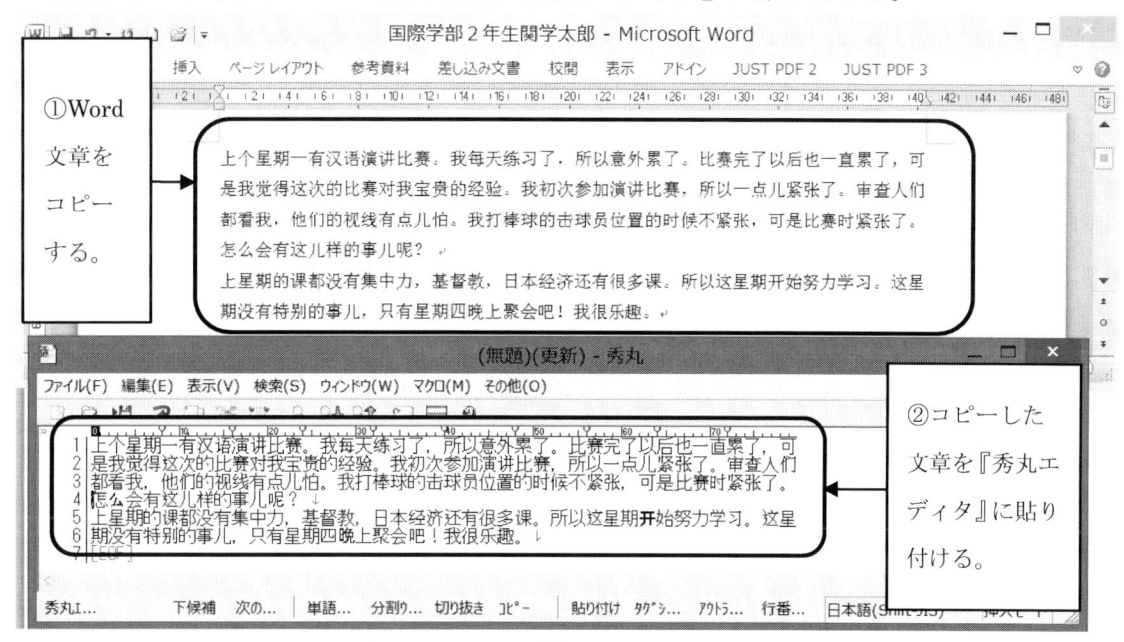

④図3-6のように、コピーした内容を『秀丸エディタ』に貼り付ける。

図3-6

⑤図3-7のように、「ファイル」をクリックして、リストの中の「エンコードの種類」を選択してクリックする。現れてきたリストの中から、Unicode（UTF8）を選択してクリックする。

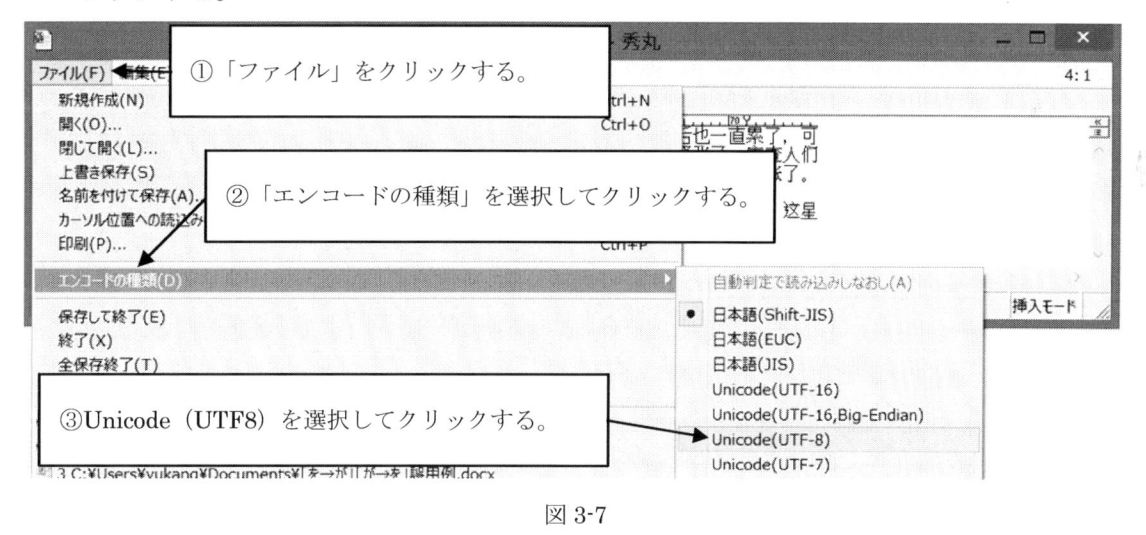

図3-7

エンコードの種類に、Unicode（UTF8）を指定しなければ、文字化けが必ずと言っていいほど生じてしまう。言い換えれば、文字化けが生じてしまった場合は、まずエンコードの種類を確認すべきであるということである。

⑥図3-8のように、「ファイル」をクリックして、リストの中の「名前を付けて保存」を選択してクリックする。

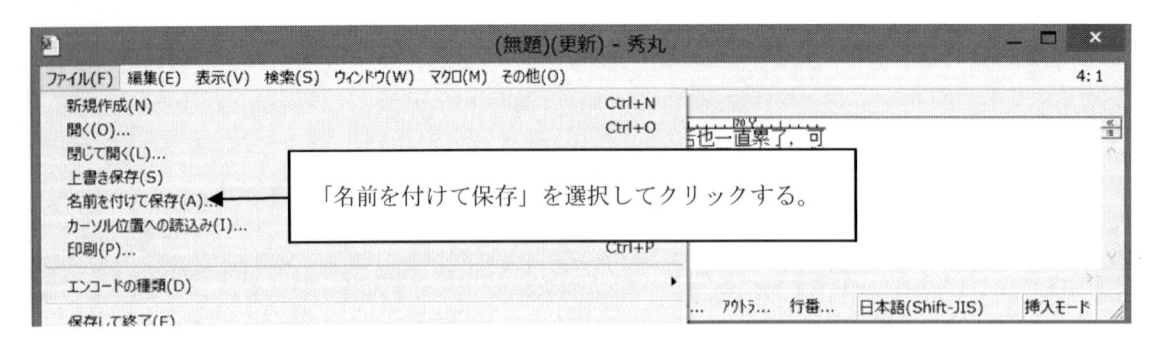

図 3-8

⑦TNR_ChineseErrorCorpus.WT をクリックして、フォルダーTEXT の中に設置されているフォルダー「第 2 外国語の中国語」を選択してクリックする。図 3-9 のように、ファイル名を付けた上で、保存する。

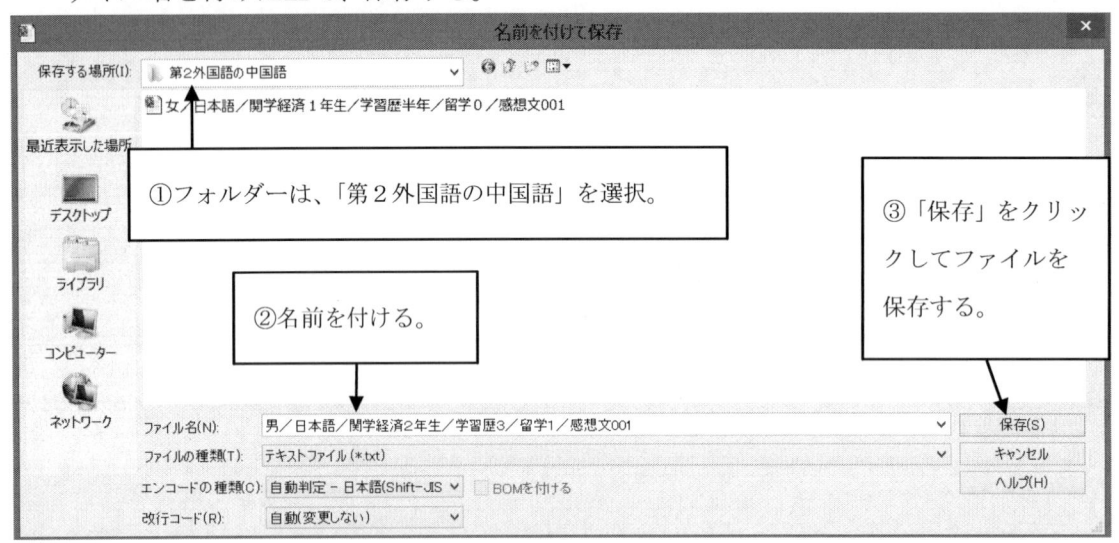

図 3-9

⑧TNR_ChineseWritingCorrection を開く。

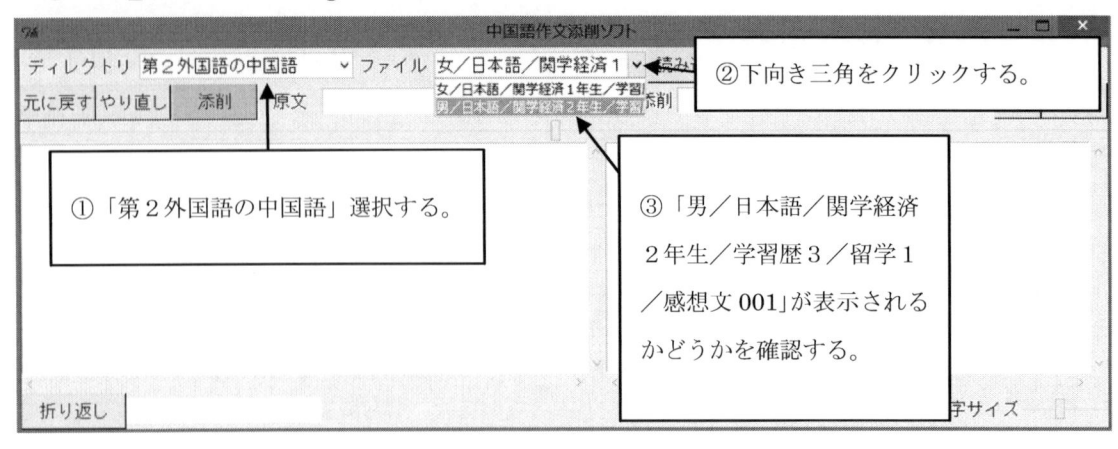

図 3-10

図 3-10 のように、「ディレクトリ」のところで「第 2 外国語の中国語」を選択し、「ファイル」のところで「男／日本語／関学経済 2 年生／学習歴 3／留学 1／感想文 001」が表示されるかどうかを確認する。表示されれば、保存は成功である。

3.2.2.2　ファイルの移動

作文のファイルは、TEXT の中に設置されたフォルダーに直接保存することもできれば、どこかのフォルダーに保存してから、まとめて TEXT の中に設置されたフォルダーに移動することもできる。まとめて移動する場合、予めハードディスクや USB メモリなどに保存しておくフォルダーとファイルは、最終的に TEXT の中に設置するフォルダー名と同名になるようにしておくことが望ましい。

ファイルを移動した後に、TNR_ChineseWritingCorrection を開き、上図 3-9 のように、「ディレクトリ」のところでフォルダーを選択して、「ファイル」のところでファイル名が表示されるかどうかを確認する。表示されれば、移動は成功である。

3.3　まとめ

この章において、TNR_ChineseErrorCorpus.WT 内の各ソフトの機能とフォルダーの設置を中心に述べてきた。まとめてみると、次のようになる。

（1）TNR_ChineseErrorCorpus.WT には、以下のものが含まれる。

　　　フォルダー：CorpusFiles と TEXT
　　　ファイル：　autotagchnlist と tagchnlist
　　　ソフト：　　TNR_ChineseErrorCorpusTagger3.0 と TNR_ChineseWritingCorrection

（2）CorpusFiles は、正誤タグが付与されたファイルとそのファイルを保存するフォルダーが自動的に生成されるフォルダーである。TEXT は、学生の作文など、原本であるデータを保存するフォルダーである。

（3）autotagchnlist は、元からソフトに入っているタグ確認リストへ、新たなタグを追加するためのファイルである。tagchnlist は、タグリストにタグを追加したり、タグリストの模様替えをしたりするためのファイルである。

（4）TNR_ChineseErrorCorpusTagger3.0 は正誤タグの箇所に更に分析・集計用のタグを付与するためのソフトである。TNR_ChineseWritingCorrection は作文添削を行い、添削した箇所を正誤タグの形に自動的に変換するためのソフトである。

（5）作文添削ソフト TNR_ChineseWritingCorrection が読み取れるファイルは、任意の場所ではなく、指定の場所に設置されたフォルダーの中のフォルダーに保存されなければならない。その指定場所は、TNR_ChineseErrorCorpus.WT の中の TEXT である。

（6）TNR_ChineseErrorCorpus.WT において予め設置されているフォルダー名、ファ

イル名、ソフト名は、いずれも変更はできない。
（7）TEXT に設置した新しいフォルダーの中に、さらに新しいフォルダーの設置はできない。
（8）『秀丸エディタ』または『サクラエディタ』でファイルを保存する際に、エンコードの種類は、Unicode（UTF-8）を指定しなければ、文字化けが必ずと言っていいほど生じてしまう。

第 4 章

タグリストの内容と新しいタグの追加及びタグリストの新規作成

主な内容：

4.1 分析・集計用のタグリストの使用
　4.1.1 タグリストの各機能
　4.1.2 ワンクリックでのタグ付与
　4.1.3 タグの定義、典型例、常用語の確認
　4.1.4 タグの自動判別
4.2 新しいタグの追加
　4.2.1 タグリストの最下部に新しいタグの追加
　4.2.2 既存のタグリストの指定の行に新しいタグの追加
　4.2.3 既存のタグリストの指定の行と列に新しいタグの追加
4.3 タグリストの新規作成
4.4 タグリストの分類名の作成
4.5 タグの定義、典型例、常用語の確認やタグ自動判別の機能を付加する方法
4.6 まとめ

【重要なポイント】

1. LIST、NEWLIST、label などの英文字や「=」「" "」などの記号は、必ず半角にする。
2. 2つ以上の同名のタグにそれぞれ別々な定義、典型例、常用語を書き込むことができないため、その場合は、特殊な処理方法が必要である。
3.「新しいタグの追加」、「タグリストの新規作成」、「タグリストの分類名の作成」にはいずれも tagchnlist というファイルを使わなければならないのに対し、定義、典型例、常用語や自動識別の対象となる語には、いずれも autotagchnlist というファイルを使わなければならない。
4. 定義や典型例に関する内容は、文末に「。」か「？」か「！」を付ける。
5. 常用語の記録の際、語と語の間には「。」を付けず、半角スペースを空ける。
6.『秀丸エディタ』でファイルを保存する際に、エンコードの種類は、Unicode（UTF-8）を指定しなければ、文字化けが必ずと言っていいほど生じてしまう。

Capter 4

ここで言うタグリストは、集計という手法で誤用のデータから誤用の傾向性や規則性を見いだすために、添削結果が自動的に変換された正誤タグの箇所に分析・集計用のタグを付与する際に使うものである。タグリストの種類は大きく分けると2種類ある。1つは、統語レベルや意味レベルのタグリストであり、もう1つは、誤用類型のタグリストである。「統語レベルや意味レベルのタグリスト」とは、"介词""使令动词""语气副词""兼语短语""主语""结果宾语""方式宾语""把字句""祈使句""施事""受事""关事"といった語彙、文法、構文や文における成分の意味役割を中心とするものであり、「誤用類型のタグリスト」とは、"标点缺失""漏字""词序颠倒""主语残缺""补语多余""述补搭配不当""主宾搭配不当""句式揉杂""未完句""指代错误"といった間違いのタイプを中心とするものである。本書は、統語レベルや意味レベルのタグリストをメインのタグリストとしているが、自分でのタグリストの作成という節においては、誤用類型のタグリストの作成方法を述べる。

　本書で使う統語レベルや意味レベルのタグリストは、刘月华・潘文娱・故韡共著の《实用现代汉语语法增订本》(商務印書館2001)に基づいて作ったタグリストと、张斌主編の《现代汉语描写语法》(商務印書館2010)に基づいて作ったタグリストとの2種類である。タグリストに提示されるタグを選択してクリックすると、指定された箇所にタグが付与される。

　しかし、タグリストは、主要な分類を網羅的に示してはいるが、すべてではない。読者の中には、既成のタグリストに満足する方もいれば、タグリストの中に含まれないタグや自分の研究に必要なタグを増やしたり、2説のタグリストとは別に、自分のオリジナルのタグリストを作ったりするという方もいるかもしれない。

　これらの要望に応えるために、本書のソフトは、新しいタグの追加やタグリストの新規作成といった機能を設けている。新しいタグの追加では、タグリストの最下部、既存のタグリストの指定の行、既存のタグリストの指定の列といった、3種類の位置の指定による追加の方法がある。

　以下は、「分析・集計用のタグリストの使用」、「新しいタグの追加」、「タグリストの新規作成」を中心にそれぞれの操作方法について詳細に述べる。

4.1　分析・集計用のタグリストの使用

　TNR_ChineseErrorCorpus.WT には、TNR_ChineseErrorCorpusTagger3.0 というタグ付与ソフトが入っている。「分析・集計用のタグリストの使用」、「新しいタグの追加」、「タグリストの新規作成」は、いずれもこのソフトにおいて行う。

　まず、TNR_ChineseErrorCorpusTagger3.0 を選択してダブルクリックする。表示された画面において、次の作業を行って正誤タグが付与された作文を開く。

　①「フォルダ」の右横の下向き三角をクリックする。図4-1のように、表示されるフォルダリストから添削済み・正誤タグ付与済みの作文を保存するフォルダを選択する。

【第4章】タグリストの内容と新しいタグの追加及びタグリストの新規作成

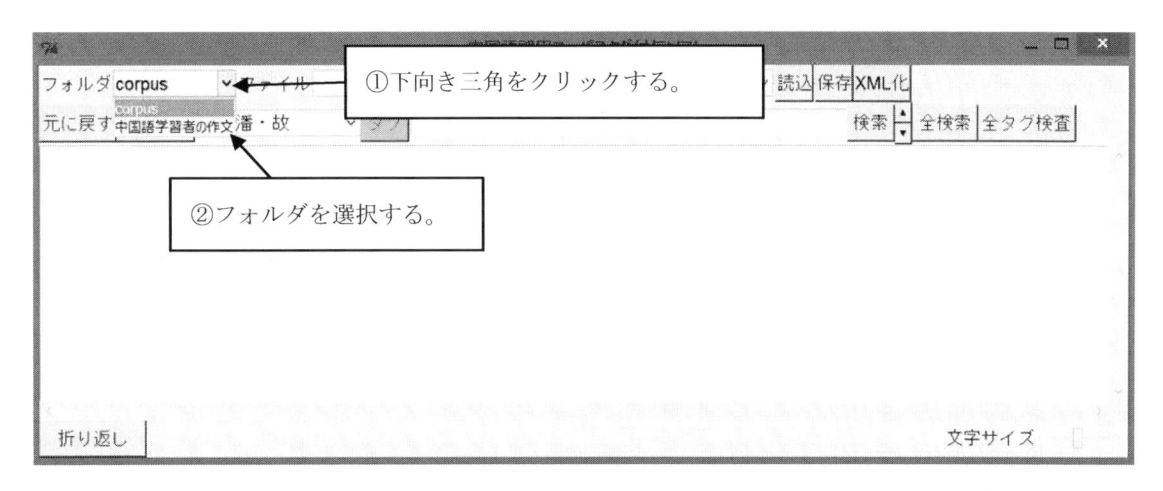

図 4-1

②「ファイル」の右横の下向き三角をクリックする。図 4-2 のように、表示されるファイルリストからタグ付与が必要な作文を選択する。

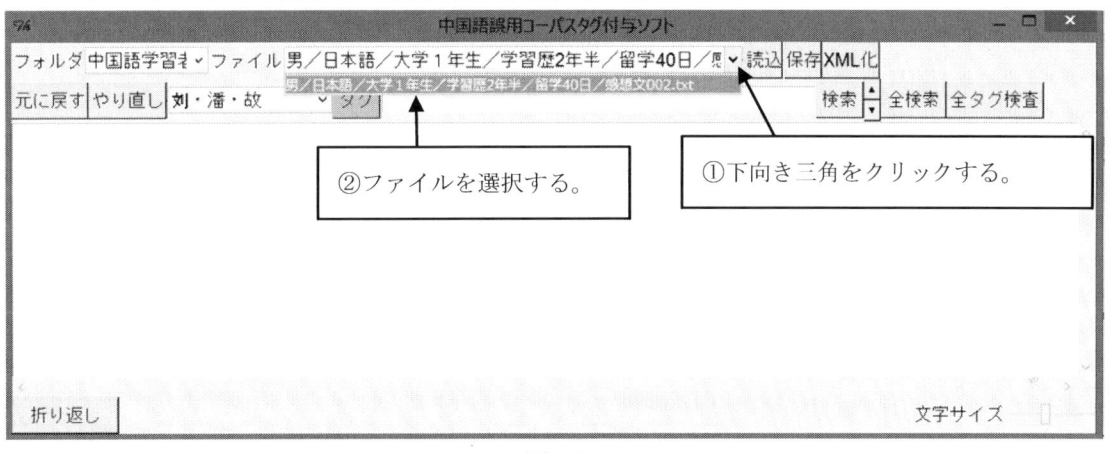

図 4-2

③「読込」をクリックする。図 4-3 のように、選択された作文が表示される。

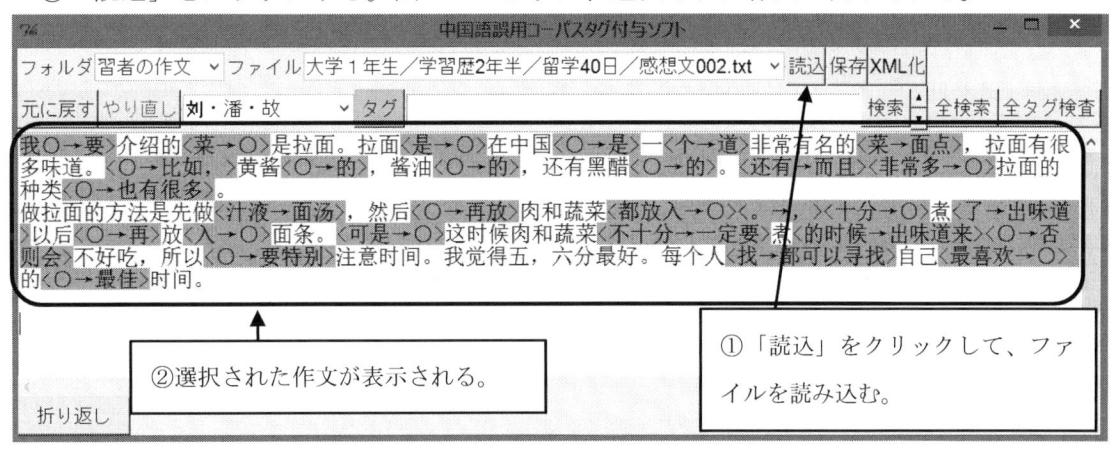

図 4-3

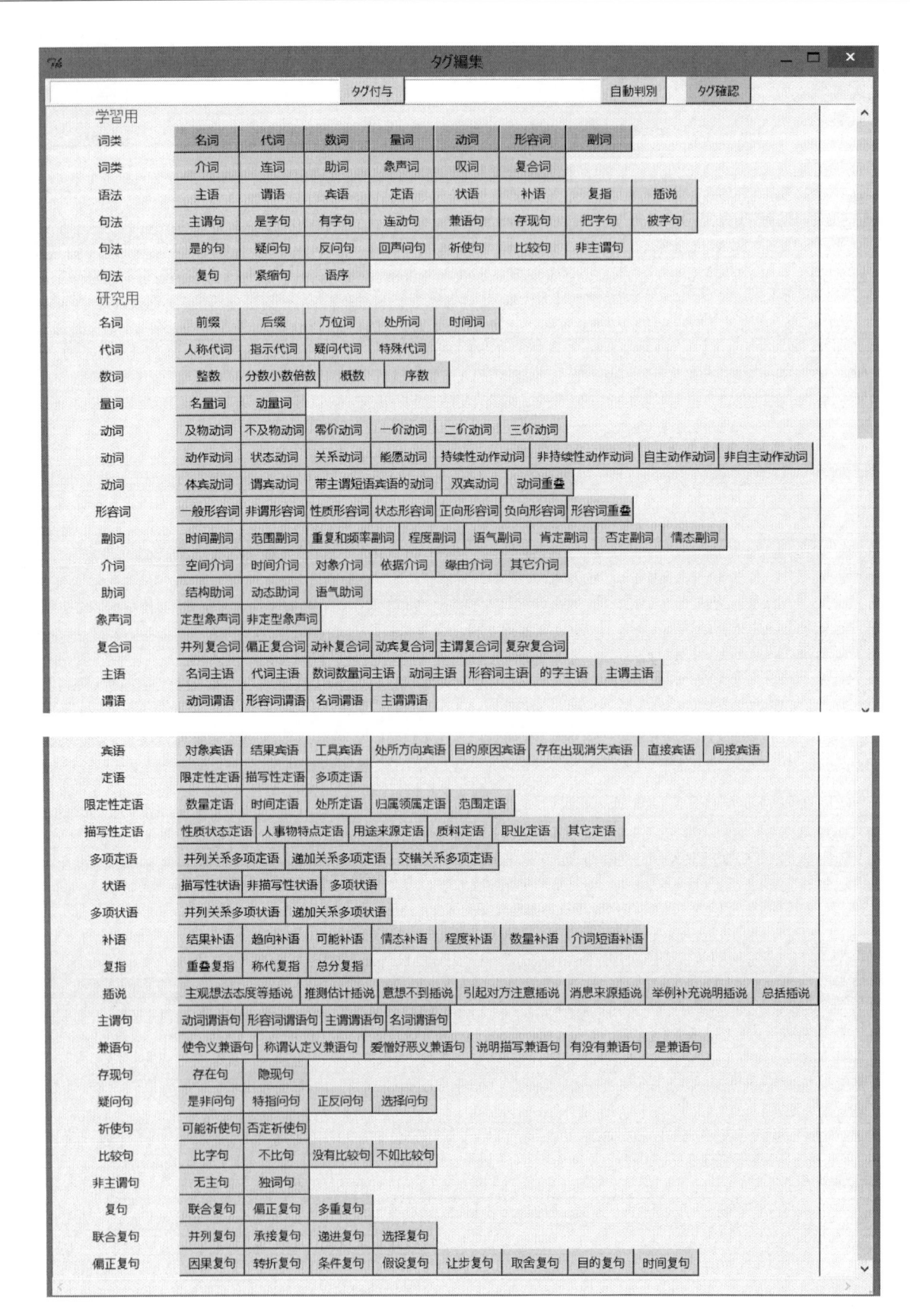

図 4-4 「刘・潘・故」

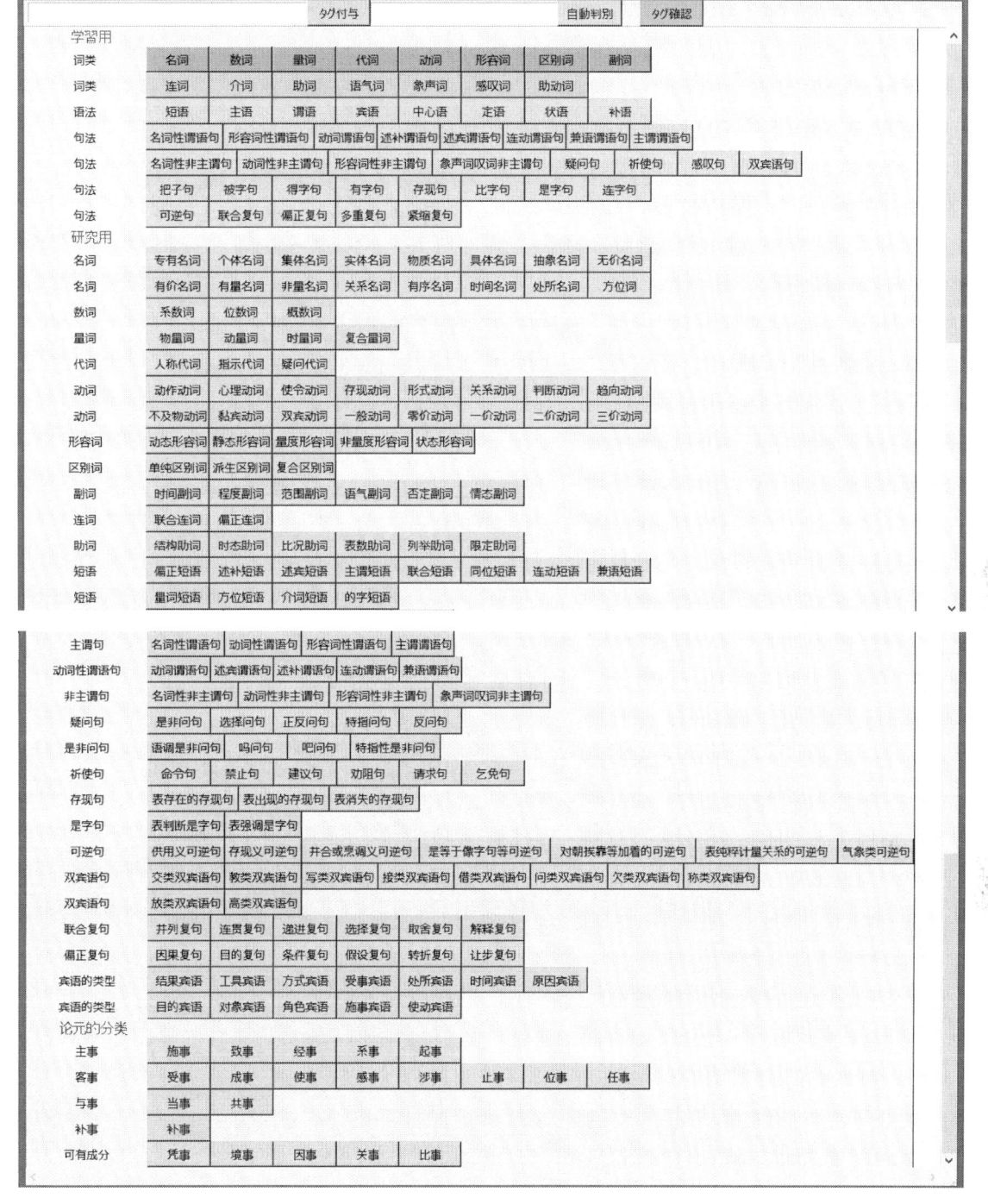

図 4-5　「描写语法」

ファイルを読み込んだ後、下向き三角をクリックして、タグリストを選択する。前述のように、本書のタグ付与ソフト TNR_ChineseErrorCorpusTagger3.0 にはすでに 2 つのタグリストが入っている。タグリストが表示されれば、その中から必要なタグリストを選択して、「タグ」ボタンをクリックする。「刘・潘・故」を選択すれば、図 4-4 になり、「描写

語法」を選択すれば、図 4-5 になる。

4.1.1　タグリストの各機能
　各タグリストには、次のように、3つの機能が備わっている。

　　①ワンクリックでのタグ付与
　　②タグの定義、典型例、常用語の確認
　　③タグの自動判別

　以下は、タグリスト「描写語法」を例として、各機能について説明する。

4.1.2　ワンクリックでのタグ付与
　「ワンクリックでのタグ付与」とは、タグボタンをクリックするだけでタグが付与されるという機能である。例えば、タグ付与が必要な箇所に"判断動詞"というタグを付与するとしよう。
　まず、読み込まれた作文において、タグ付与が必要な箇所を範囲選択し、「タグ」ボタンをクリックする。次に、タグリストを選択し、図 4-6 のようにタグリストから"判断動詞"というタグを選択して、「タグ付与」ボタンをクリックする。

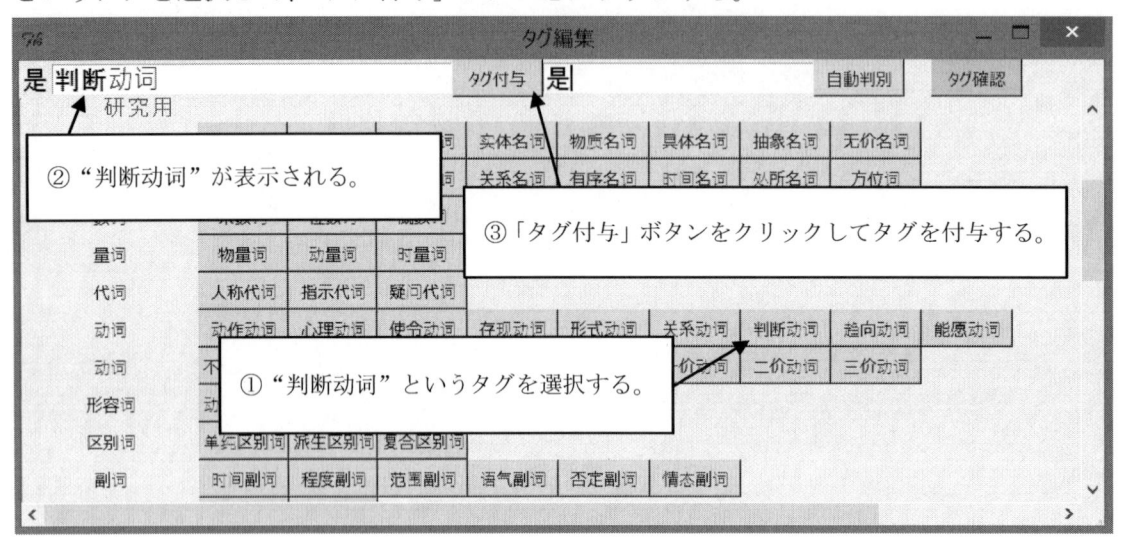

図 4-6

　選択されたタグは、図 4-7 のようにタグ付与が必要な正誤タグの箇所に付与される。

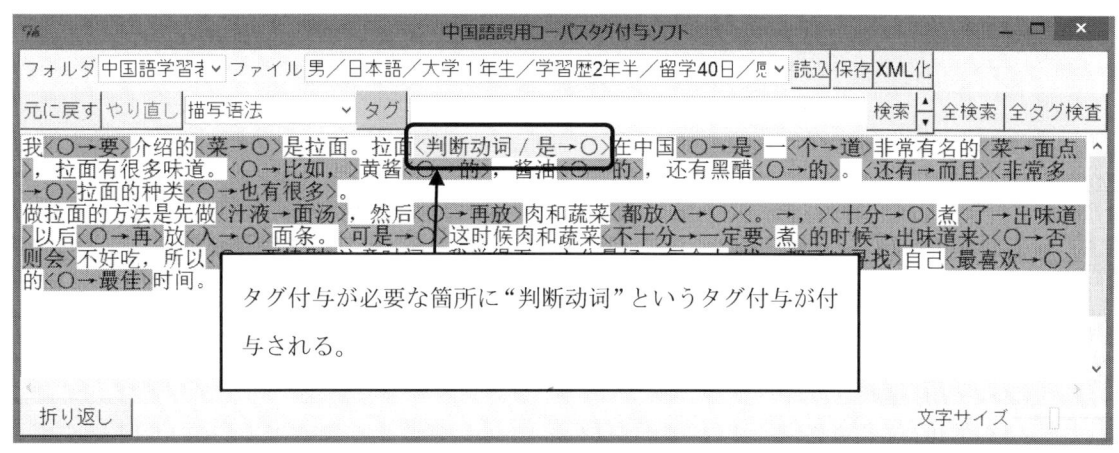

【第4章】タグリストの内容と新しいタグの追加及びタグリストの新規作成　●45●

図 4-7

　1箇所の誤用に複数のタグを付与する場合、例えば、間違った箇所が"名詞"の間違いでもあり、"量詞"の間違いでも"物量詞"の間違いでもあるという場合は、図 4-8 のように"名詞"、"量詞"、"物量詞"のタグを順次にクリックした上で「タグ付与」ボタンをクリックする。

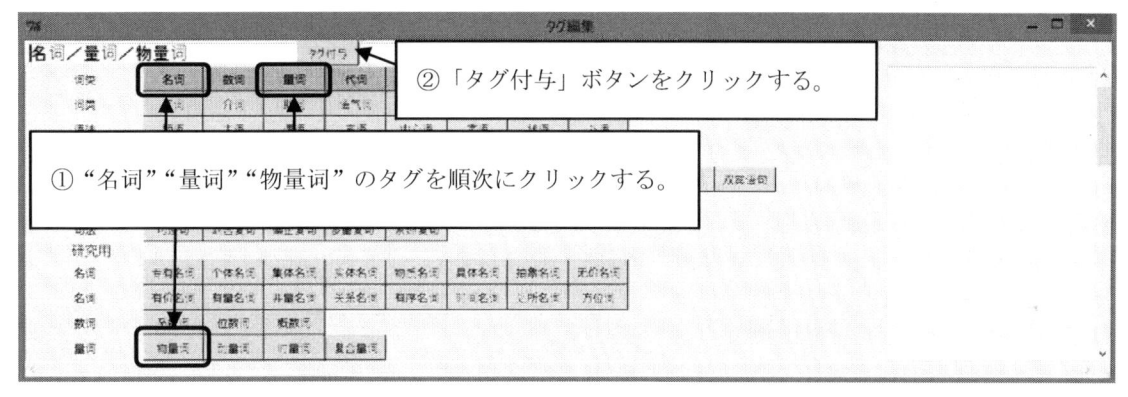

図 4-8

　図 4-9 のように、複数のタグが付与される。タグとタグの間に"／"が自動的に挿入され、タグが区切られる。

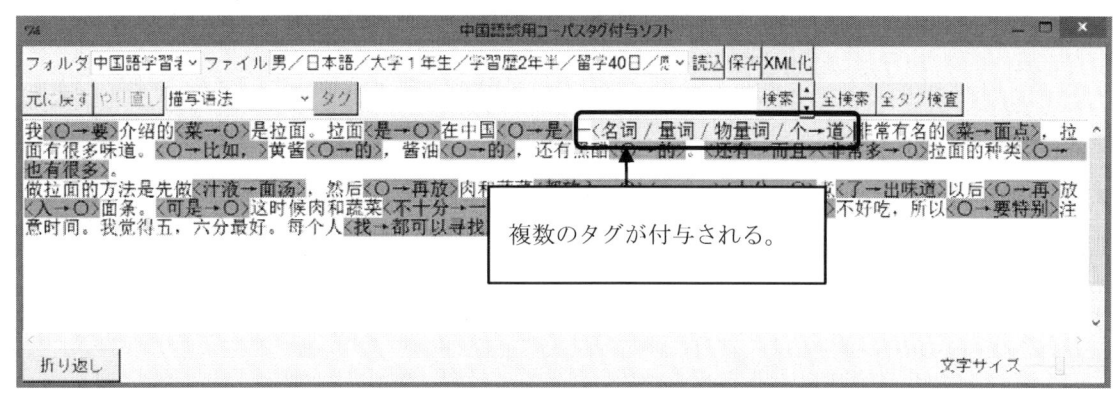

図 4-9

4.1.3 タグの定義、典型例、常用語の確認

タグ付与の作業において、時々、タグの定義、典型例、常用語を確認しなければならない場合がある。「タグの定義、典型例、常用語の確認」とは、タグリストのボタンをクリックするだけで、そのタグの定義、典型例、常用語が表示され、それぞれの内容を確認できる機能である。

タグの定義、典型例、常用語の確認が必要な場合は、タグリストを開いて、右上の「タグ確認」ボタンをクリックすれば、それぞれの内容を確認することができる。「タグ確認」ボタンをクリックすると、図 4-10 のように、一部のタグボタンの色が変わる。

タグ付与もタグの定義、典型例、常用語の確認も同一のタグリストを使用し似たような操作をするが、タグ付与を行う場合は「タグ確認」ボタンは使わないのに対し、タグの定義、典型例、常用語の確認を行う場合は、先に「タグ確認」ボタンをクリックしておかなければならないのである。

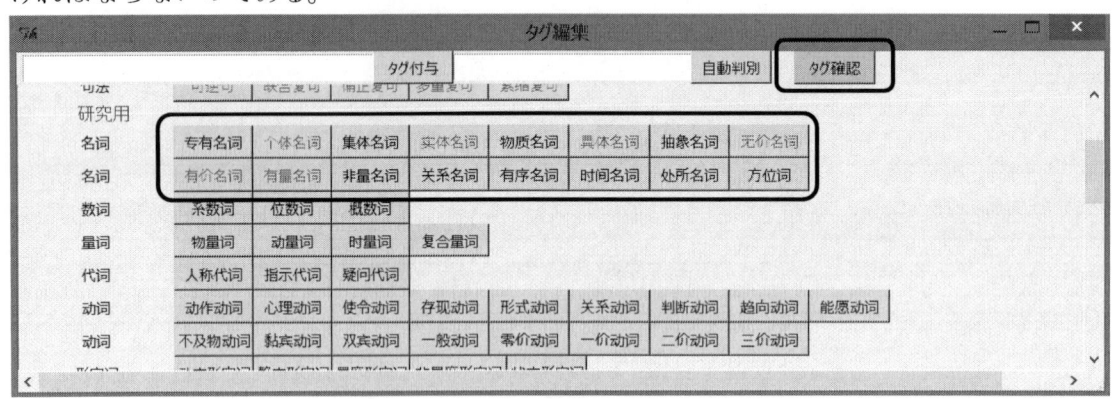

図 4-10

タグリスト中のいくつかのタグには、定義、典型例、常用語の記載があるが、すべてのタグについて備わっているわけではない。このバージョンのソフトは、最も混同しやすくて、わかりにくいタグだけに対して、定義、典型例、常用語を用意している。

「タグ確認」ボタンをクリック後に灰色に変わったボタンのタグは、定義、典型例、常用語のいずれもが用意されていないタグであり、色が黒のままのボタンのタグは、定義、典型例、常用語の、そのすべてか一部かが用意されているタグである。

つまり、色が黒のままのタグボタンをクリックすれば、定義、典型例、常用語のいずれか、もしくは全部が表示される。いずれかの場合、定義と典型例、または定義と常用語、または典型例だけ、または常用語だけのどれかが表示される。

4.1.3.1 タグの定義、典型例、常用語のすべてが表示される場合

タグリストにおいて、例えば、図 4-11 の"任事"のように、"任事"のタグボタンをクリックすれば、定義、典型例、常用語がすべて表示される場合がある。

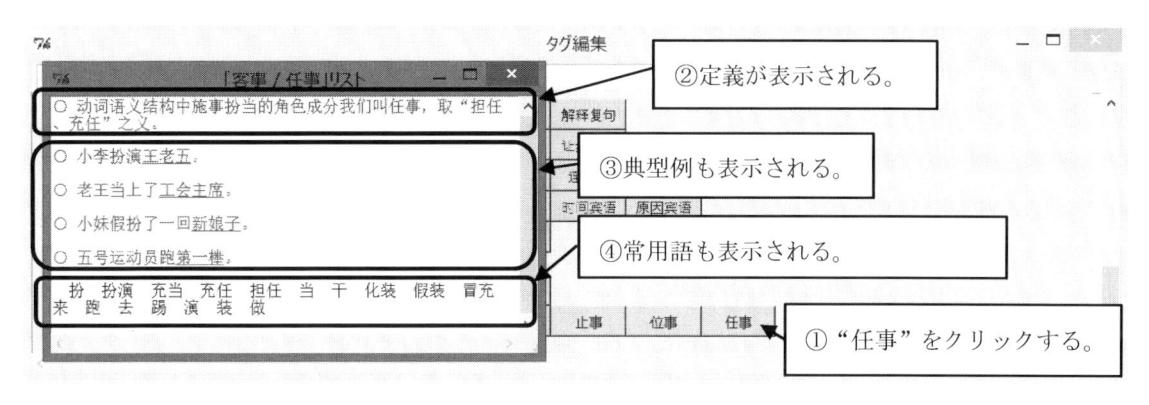

図 4-11

4.1.3.2 タグの定義と典型例だけが表示される場合

タグリストにおいて、例えば、図 4-12 の"动词性非谓语句"のように、"动词性非谓语句"のタグボタンをクリックすれば、常用語が表示されず、定義と典型例だけが表示される場合もある。

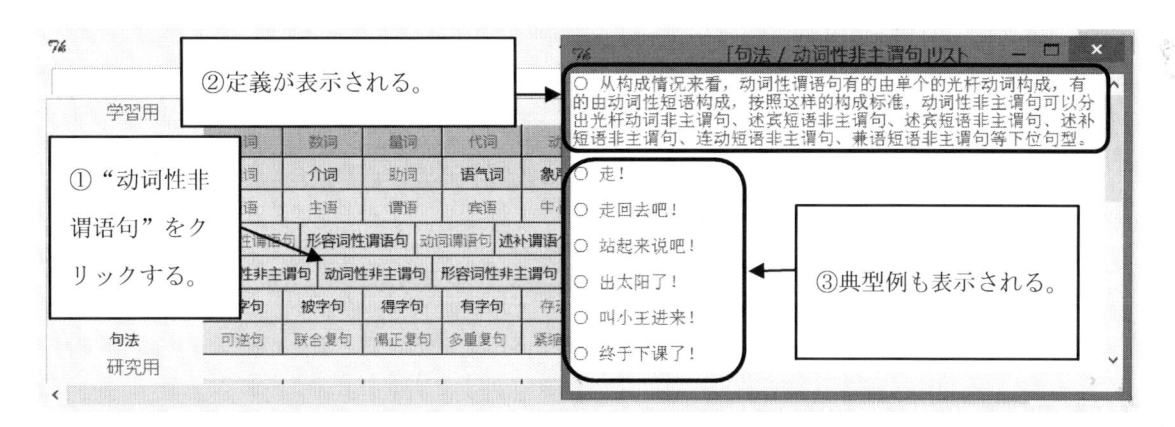

図 4-12

4.1.3.3 タグの定義と常用語だけが表示される場合

タグリストにおいて、例えば、図 4-13 の"心理动词"のように、"心理动词"のタグボタンをクリックすれば、典型例が表示されず、定義と常用語だけが表示される場合もある。

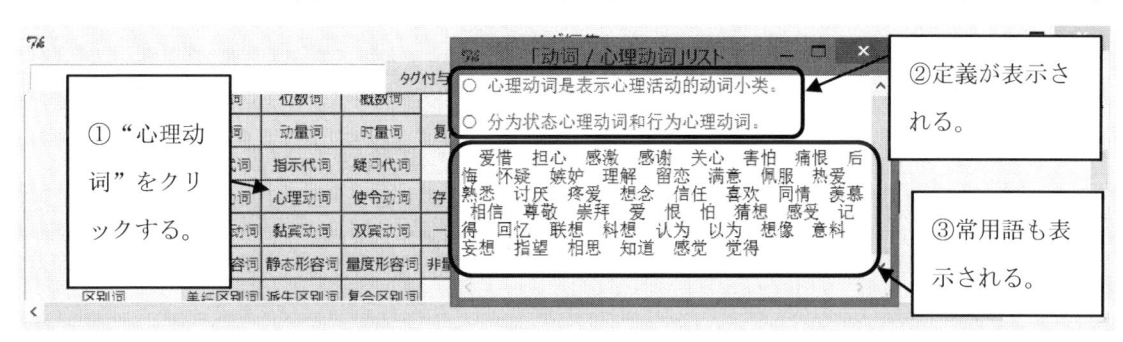

図 4-13

4.1.3.4 典型例だけが表示される場合

タグリストにおいて、例えば、図 4-14 の "被字句" のように、"被字句" のタグボタンをクリックすれば、定義と常用語が表示されず、典型例だけが表示される場合もある。

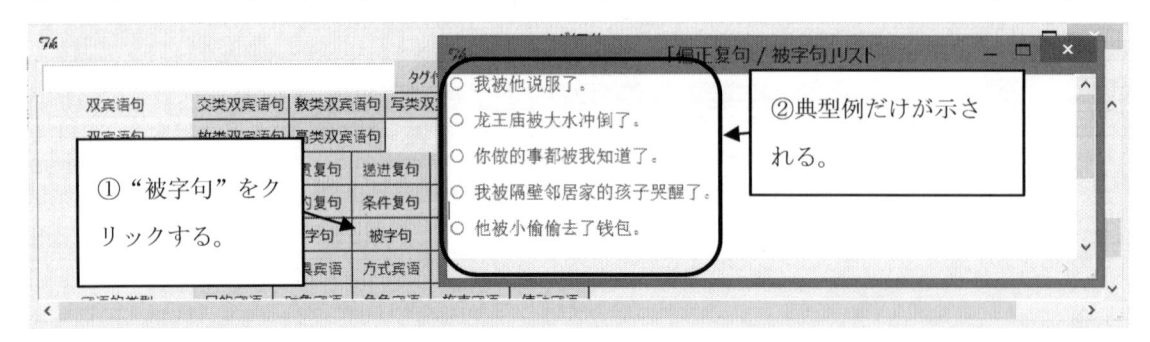

図 4-14

4.1.3.5 常用語だけが表示される場合

タグリストにおいて、例えば、図 4-15 の "介词" のように、"介词" のタグボタンをクリックすれば、定義と典型例が表示されず、常用語だけが表示される場合もある。

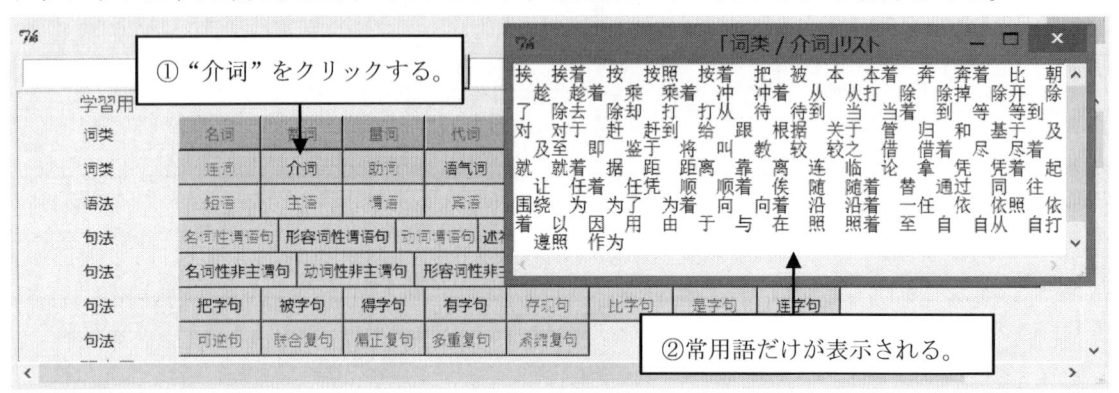

図 4-15

まとめると、タグの定義、典型例、常用語を確認する場合には、「タグ確認」ボタンをクリックして、色が黒のままのタグボタンをクリックすれば、タグの定義、典型例、常用語のすべてか、その一部かのどちらかを確認することができるのである。

4.1.4 タグの自動判別

「タグ確認」の機能では、タグの定義、典型例、常用語を確認することができるが、あくまでも「そのタグはどのような表現に付与するべきものか」が分かるものであるだけで、実際にタグ付与する場合は、「その表現にはどのタグを選択するべきか」の作業をしなければならない。つまりタグ付与の際に、その表現にどのタグを付与するべきかの迷いは解決されない。その迷いを取り除く方法として考えられるのが該当する正誤タグを自動的に判別するという機能である。「タグの自動判別」とは、タグ付与の必要な語をクリックすれば、

その語がどのタグにあたるかを確認できる機能である。
　タグを自動判別する方法は、2つある。

①本文中からタグ付与が必要な語を選択して「自動判別」を行う方法
②判別が必要な語を入力して「自動判別」を行う方法

　自動判別できる語は、「タグ確認」の際のタグリストに含まれる「常用語」のことである。つまり、調べようとしている語が、タグリストに含まれる「常用語」のどれかと一致するものなら、自動判別ができる。しかし、タグリストに「常用語」の記載がない場合や、「常用語」の記載はあるが、その中に調べている語が含まれていない場合は、自動判別はできない。換言すれば、文法書や辞書を参考に、各タグへの「常用語」を増やしていけば、自動判別できるタグの範囲が広がるということである。

4.1.4.1　タグ付与が必要な語を選択して「自動判別」を行う方法
　「タグ付与が必要な語を選択して自動判別を行う方法」とは、添削済みの文章の、正誤タグが付与された部分を選択すると、その選択された部分は分析・集計用のタグの中で何のタグに当たるかを自動的に判別する方法である。
　例えば、本書で例として取りあげている作文を添削し、添削の箇所を自動的に正誤タグに変換させて保存し、TNR_ChineseErrorCorpusTagger3.0 を立ち上げ、読み込むと、図4-16のようになる。

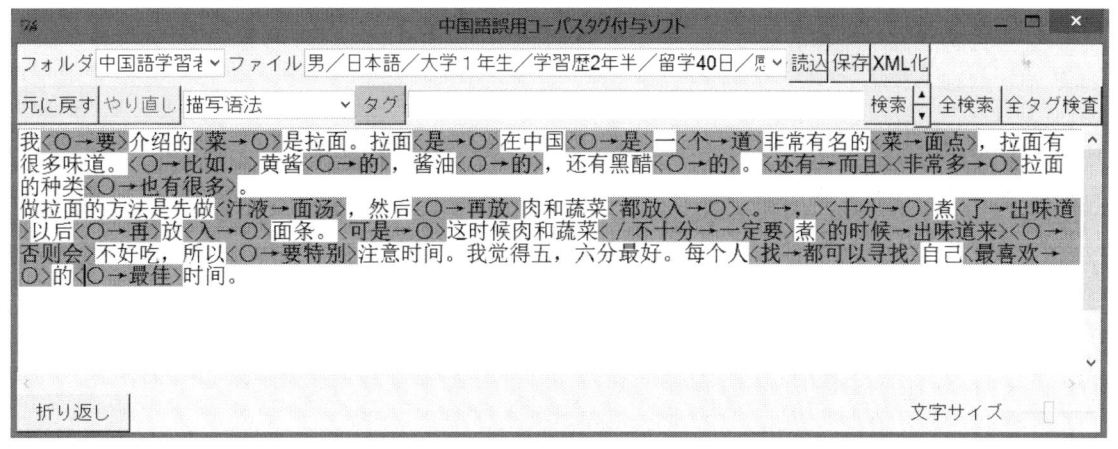

図 4-16

　図4-16では、文中には正誤タグが付与されてはいるが、どのような誤用なのかについての、誤用の種類を表すタグはまだ付与されていない。
　例えば、"一<个→道>"においては、"<个→道>"が正誤タグである。この正誤タグは、"道"を使うべきところに"个"が使われていることを示しているが、それがどのような誤用なのかは示していない。そこで、"<个→道>"に分析・集計用のタグを付与する必要がある。

タグ付与の方法としては、分析・集計用のタグリストの中から、付与すべきタグをクリックして付与することとなる。しかし、時々どのようなタグを付与すればよいか迷ってしまう場合もある。その時は、以下のような方法でタグの自動判別を行う。

4.1.4.1.1　正誤タグを選択して「自動判別」を行う方法

「正誤タグを選択して自動判別を行う方法」とは、添削箇所が自動変換された正誤タグの箇所を選択して、付与すべきタグについての自動判別を行う方法である。その主な手順は次の通りである。

①"〈个→道〉"を選択して、図 4-17 のように色を反転させる。

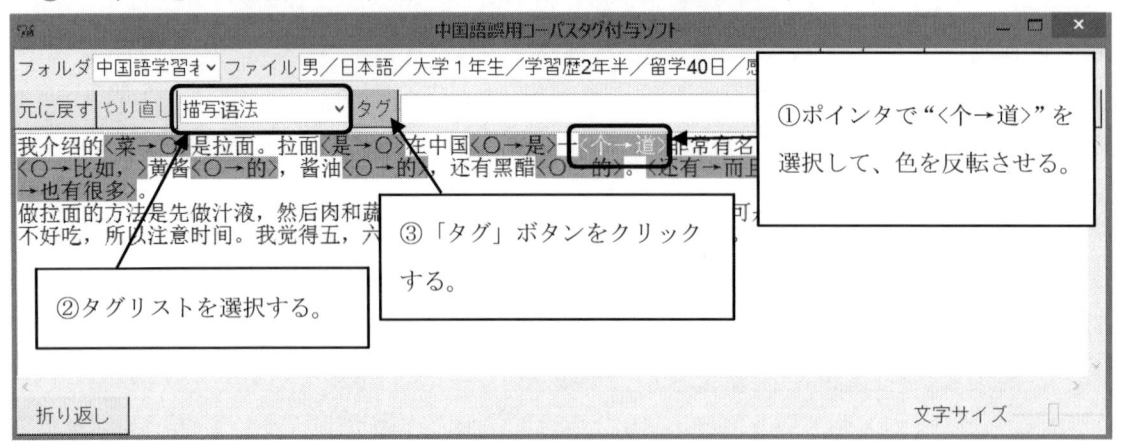

図 4-17

②「タグ」ボタンをクリックすると、図 4-18 のようにタグの自動判別が行われ、該当するタグがボタンとして表示される。自動判別は、"→"の左側の文字を対象として行われる。

図 4-18

③自動判別の結果現れた新しいボタン"物量词"が、実際に付与すべきタグとして間違いなければ、図 4-19 のように"物量词"をクリックし、「タグ付与」ボタンをクリックする。

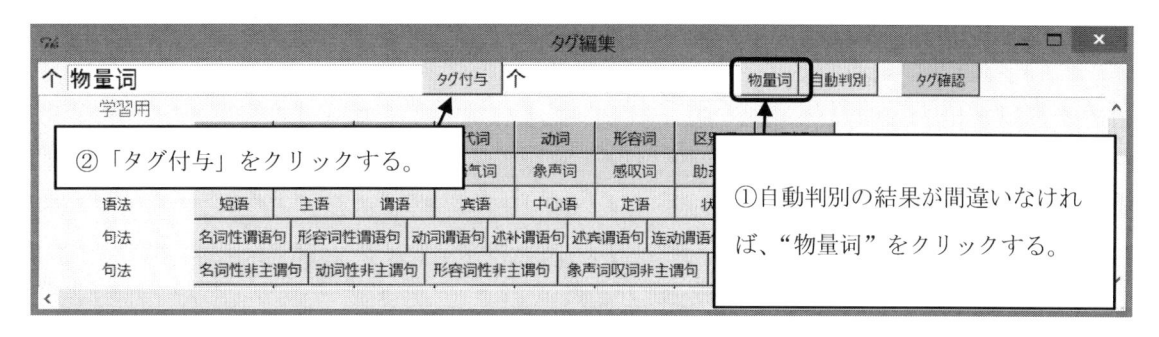

【第 4 章】タグリストの内容と新しいタグの追加及びタグリストの新規作成　●51●

[図：タグ編集ウィンドウ]
①自動判別の結果が間違いなければ、"物量词"をクリックする。
②「タグ付与」をクリックする。

図 4-19

④正誤タグの"〈个→道〉"に、図 4-20 のように分析・集計用のタグ"物量词"が付与される。

[図：中国語誤用コーパスタグ付与ソフト]
正誤タグの〈个→道〉に、タグ"物量词"が付与される。

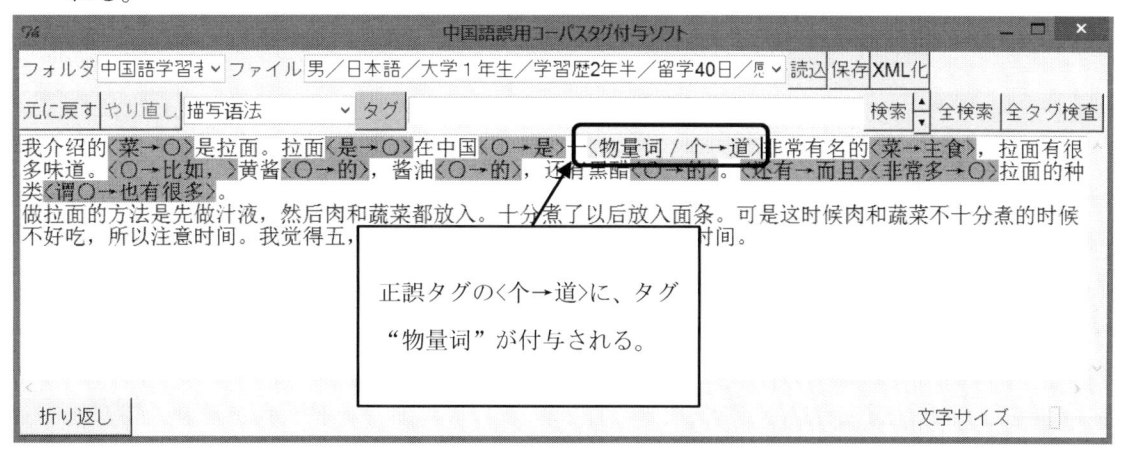

図 4-20

4.1.4.1.2　正誤タグの一部を選択して「自動判別」を行う方法

「正誤タグの一部を選択して自動判別を行う方法」とは、正誤タグ全体を選択するのではなく、その中の誤用の部分か正用の部分だけを選択して、付与すべきタグについて判別を行う方法である。

例えば、"黄酱〈○→的〉"における"〈○→的〉"にどのようなタグを付与すべきかの判別を例とする。通常、自動判別は、"→"の左側の文字だけを対象とするため、ポインタで"〈○→的〉"を選択して色を反転させた後、「タグ」ボタンをクリックすると、"○"が判別の対象とされてしまう。しかし、"○"は本来の判別対象ではないので、タグの自動判別が正しく行われない。従って、別の方法によって"〈○→的〉"において、"的"についてタグの自動判別を行うことになる。その主な手順は次の通りである。

①ポインタで"的"を選択して、図 4-21 のように色を反転させる。次に、タグリストを選択した上で、「タグ」ボタンをクリックする。

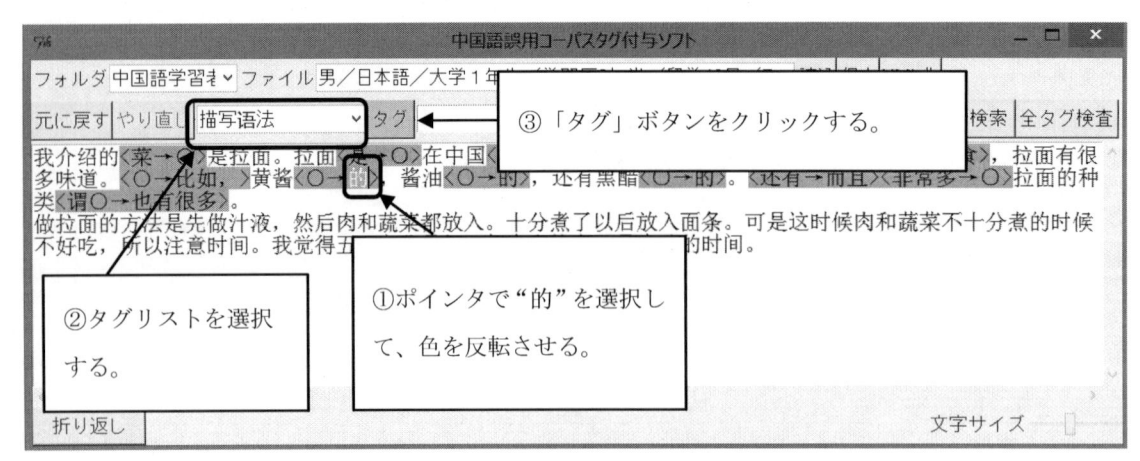

図4-21

②図4-22のようにタグの自動判別が行われ、判別の結果が表示される。

図4-22

タグ自動判別の結果は、図4-22のように必ずしも1つではないこともある。例えば、"的"の判定結果は、"结构助词"、"列举助词"、"语气词"のように3種類表示されている。黄酱"〈○→的〉"における"的"の不使用は"结构助词"と"语气词"の不使用ではなく、"列举助词"の不使用であるため、ここで付与すべきタグは"列举助词"になる。

③図4-22の「タグ編集」の画面を消して、図4-21の画面に戻る。そこで、ポインタで"〈○→的〉"を選択して、図4-23のように色を反転させた上で、タグリストを選択し、「タグ」ボタンをクリックする。

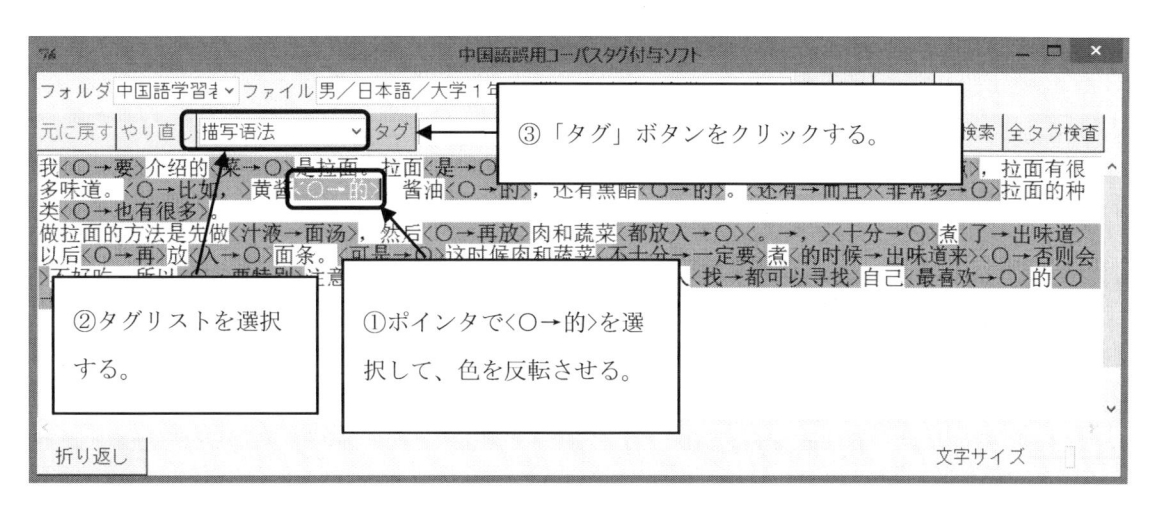

【第4章】タグリストの内容と新しいタグの追加及びタグリストの新規作成　●53●

図 4-23

④タグリストの中から、図 4-24 のように"列挙助词"を選択してクリックする。"列挙助词"が表示された後、「タグ付与」ボタンをクリックする。

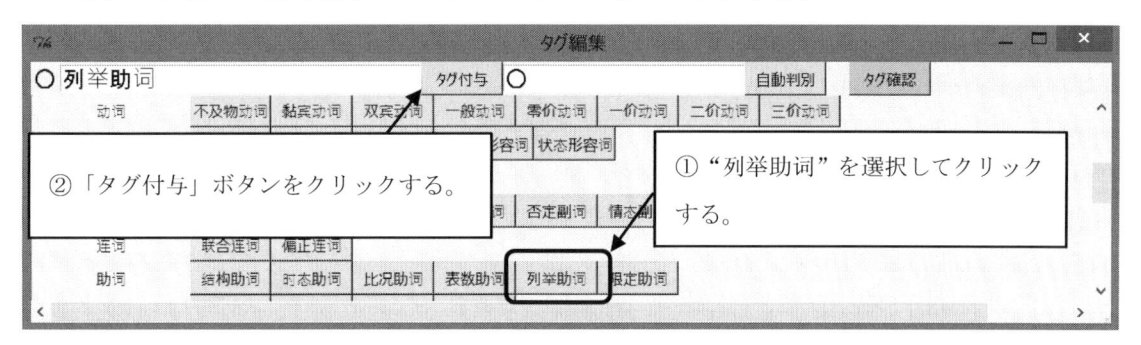

図 4-24

⑤図 4-25 のように"<○→的>"の箇所に"列挙助词"というタグが付与される。

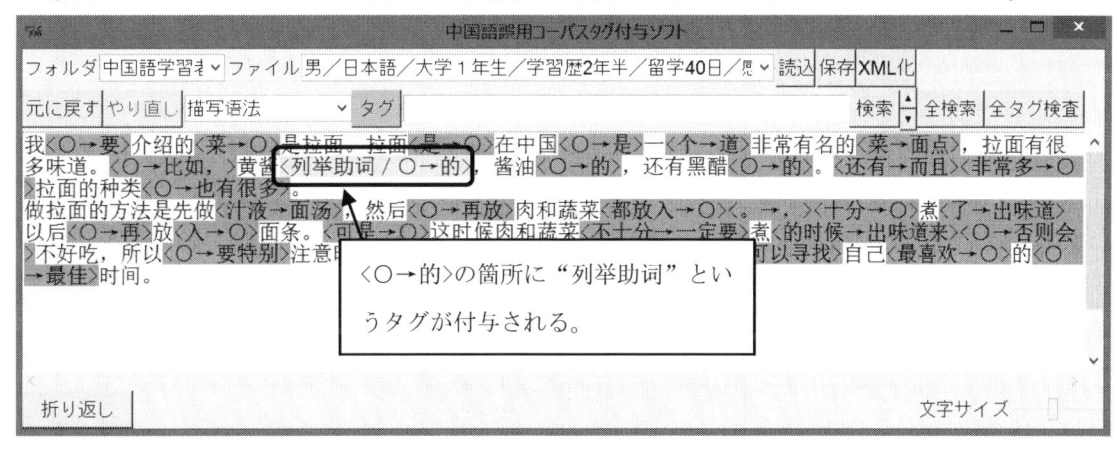

図 4-25

4.1.4.2　判別が必要な語を入力して「自動判別」を行う方法

上述の方法は、分析・集計用のタグを付与する際に、タグの分類に迷った場合のタグ自動判別とタグ付与の方法である。これに対しタグ付与を行わず、ただタグの種類だけを確認したい場合もある。このような場合は、判別が必要な語を入力して「自動判別」を行う方法がある。

　判別が必要な語を入力して「自動判別」を行う手順は主に次の通りである。

①TNR_ChineseErrorCorpusTagger3.0 を立ち上げ、タグリストを選択した後、「タグ」ボタンをクリックすると、図4-26のように、選択されたタグリストが表示される。

図 4-26

②自動判別が必要な語を「自動判別」ボタンの左側のボックスに入力した後、「自動判別」ボタンをクリックすれば、タグの自動判別が行われる。

　例えば、図 4-27 のように、ボックスに自動判別が必要な語"走"を入力して、「自動判別」ボタンをクリックする。すると、タグの自動判別が行われ、判別の結果が表示される。

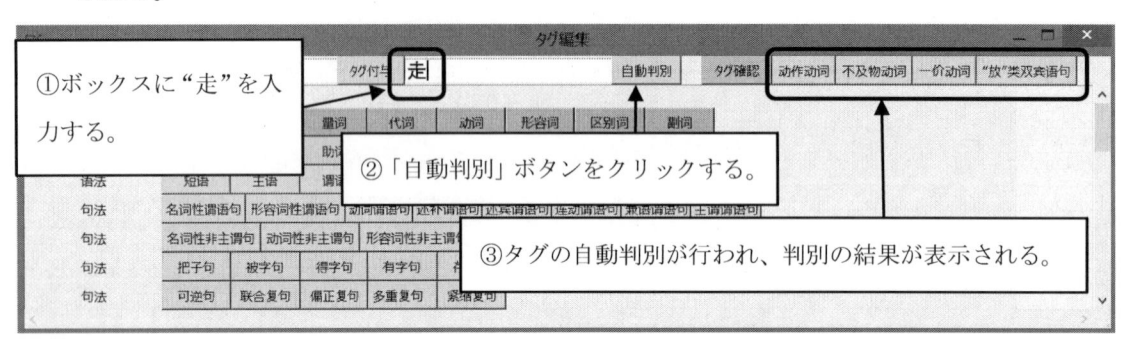

図 4-27

　判別結果のタグは1つの場合もあれば、図4-27のように複数の選択肢が表示される場合もある。その判別の結果を参考に、付与すべきタグを選択する。

　しかし、前にも触れたように、自動判別用の根拠となる参照元のデータはあらゆる語を記録した網羅的なものではないので、入力した語のすべてが自動判別できるわけではない。もう1つ注意してほしいのは、自動判別の結果には、付与すべきタグが含まれないこともあるという点である。

　例えば、ボックスに"是"を入力して、「自動判別」ボタンをクリックすると、図 4-28

のように、複数の選択肢が表示されてはいるが、ここで付与すべき"是字句"というタグが含まれていない。

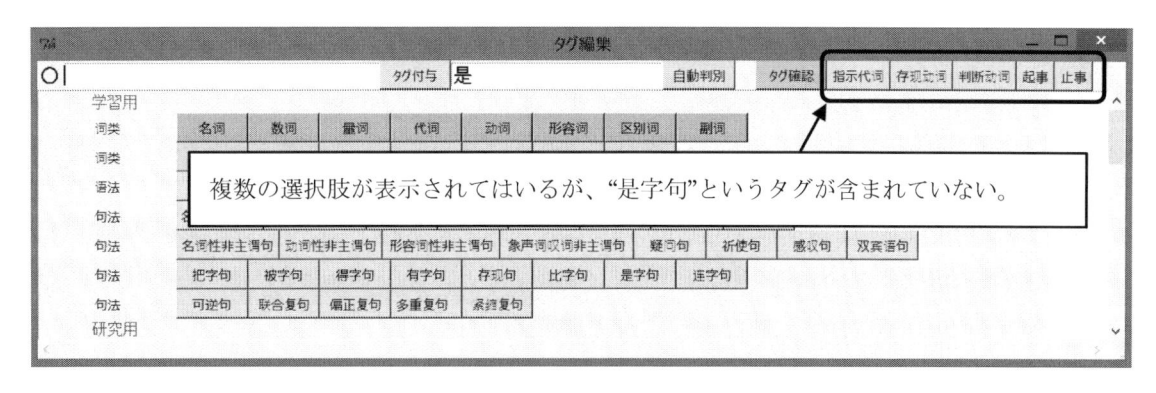

図 4-28

　つまり、自動判別の結果は、あくまでも1つの参考材料になるが、その結果にすべての分類が含まれるわけではなく、その結果、その用例に該当するタグが判別されない場合があるということである。

　このような場合は、「タグ付与」ボックスに、図 4-29 のように直接、手動で"是字句"を入力するか、次の節で紹介するようにタグリストへのタグの追加をするかのどちらかを選択しなければならない。

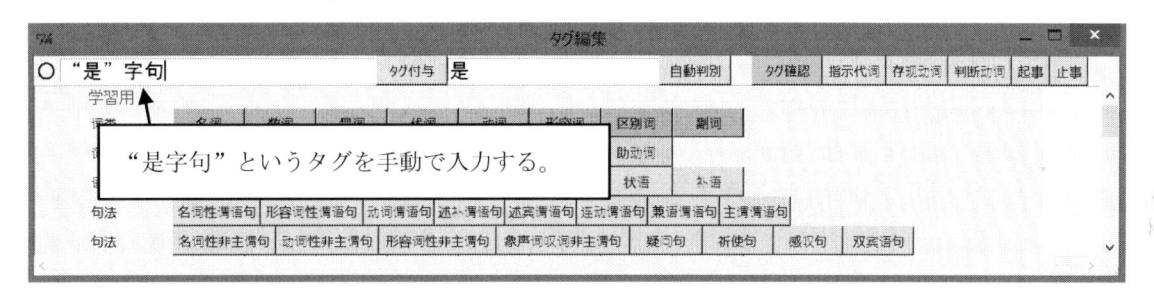

図 4-29

4.2　新しいタグの追加

　本書の分析・集計用のタグ付与ソフト TNR_ChineseErrorCorpusTagger3.0 は、劉月華・潘文娯・故韡共著の《実用現代汉语语法増訂本》と张斌主編の《现代汉语描写语法》に基づいて作ったタグリストを提供している。しかし、この2つのタグリストは、両著書のすべての内容を網羅的にタグ化したものではない。また、タグリストの内訳を確認すれば分かるように、統語レベルのタグがほとんどであり、意味レベルのタグが非常に少ない。

　タグリストの充実をはかり、さらに使いやすいものにするために、既存のタグリストにタグを追加したいという声が聞こえてきそうである。そのご要望に応えるために、分析・集計用のタグ付与ソフト TNR_ChineseErrorCorpusTagger3.0 では、新しいタグ追加機能を設けている。新しいタグの追加方法は、次の通り3種類ある。

①タグリストの最下部に新しいタグの追加
②既存のタグリストの指定の行に新しいタグの追加
③既存のタグリストの指定の行と列に新しいタグの追加

「タグリストの最下部に新しいタグの追加」とは、タグリストに含まれないタグを新たにタグリストの最下部に追加するということである。「既存のタグリストの指定の行に新しいタグの追加」とは、新規追加のタグを既存のタグリストの中の指定の行に追加するということである。「既存のタグリストの指定の行と列に新しいタグの追加」とは、新規追加のタグを既存のタグリストの中の指定の行と列に追加するということである。
以下、この3種類の追加方法について詳細に説明する。

4.2.1　タグリストの最下部に新しいタグの追加
　TNR_ChineseErrorCorpusTagger3.0に予め設定されているタグリストは、"刘・潘・故"のタグリストと"描写语法"のタグリストの、2種類ある。
　タグリストの最下部に新しいタグを追加する方法は2種類ある。

①"刘・潘・故"のタグリストの最下部と"描写语法"のタグリストの最下部に、同時に同内容の新しいタグを追加する方法
②それぞれのタグリストの最下部にそれぞれ別々の新しいタグを追加する方法

4.2.1.1　すべてのタグリストの最下部に同内容の新しいタグの同時追加
　新しいタグを追加する場合は使用しなければならないファイルがある。それはtagchnlistというファイルである。このファイルは、図4-30のようにTNR_ChineseErrorCorpus.WTの中にある。

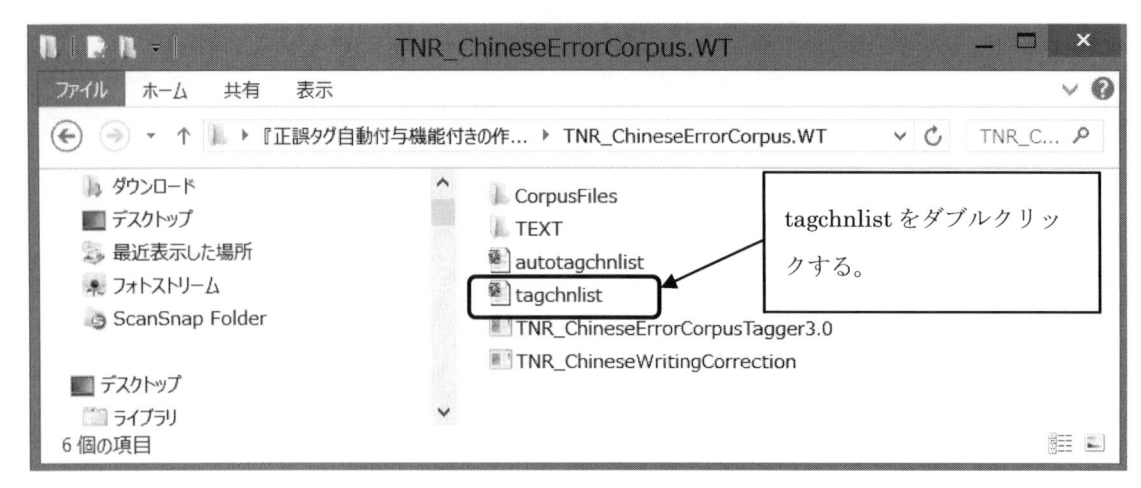

図4-30

【第4章】タグリストの内容と新しいタグの追加及びタグリストの新規作成　●57●

　ここで1つ注意すべき点として、tagchnlist の名前は変更してはいけないということがある。tagchnlist の名前を変更してしまうと、新規タグの追加ができなくなる。

　その主な手順は、次の通りである。

①tagchnlist をダブルクリックして開く。図 4-31 のように、作業区域が空白の状態で現れる。

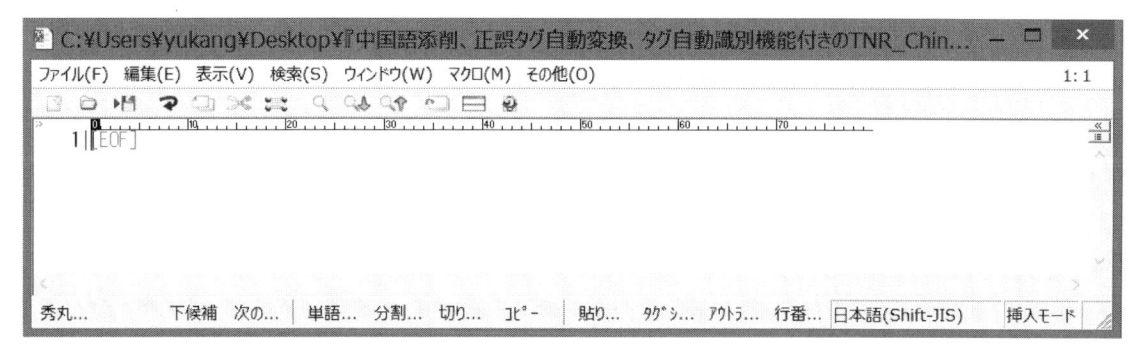

図 4-31

②新しいタグを書き込む。

　1つのタグだけを追加する場合は、1行目の行頭に書き込む。文中の「［EOF］」は、文章の最後尾を表すもので見た目上存在するだけで実際には記入された文字ではないため、消すこともできなければ、消す必要もない。

　2つ以上のタグを追加する場合は、タグとタグの間に半角または全角の一文字分のスペースを空ける。

　例えば、新しいタグ "无定" "有定" "有生物" "无生物" を追加するとしよう。

　図 4-32 のように、1行目の行頭に新しいタグ "无定 有定 有生物 无生物" と書き込む。タグとタグの間に半角のスペースを空ける。

タグとタグの間に半角のスペースを空ける。

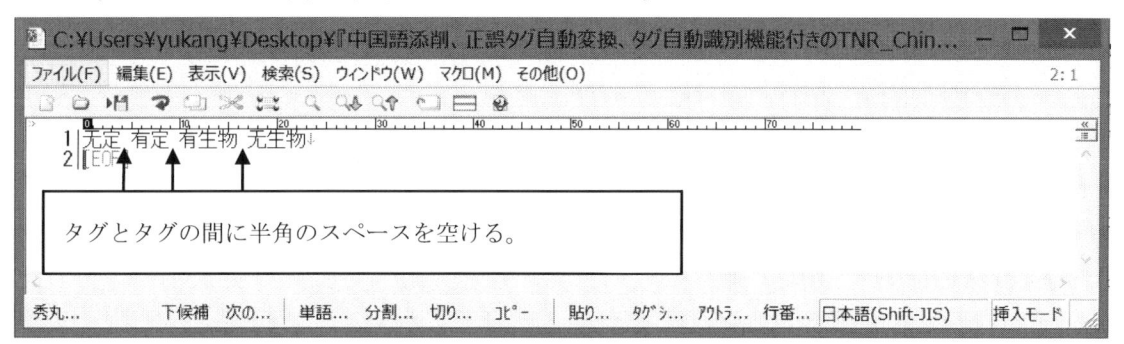

図 4-32

③エンコードの種類（フォント）を Unicode（UTF-8）に指定する。

　『秀丸エディタ』においては、特に設定しなければ、デフォルトとしてのエンコードは、図 4-33 のように、日本語(Shift-JIS)になっている。エンコードが日本語(Shift-JIS)のままの場合、書き込んだ新しいタグは、タグリストに表示されない。タグリストに

表示できるエンコードは Unicode（UTF-8）だけなので、エンコードの指定は必要不可欠である。

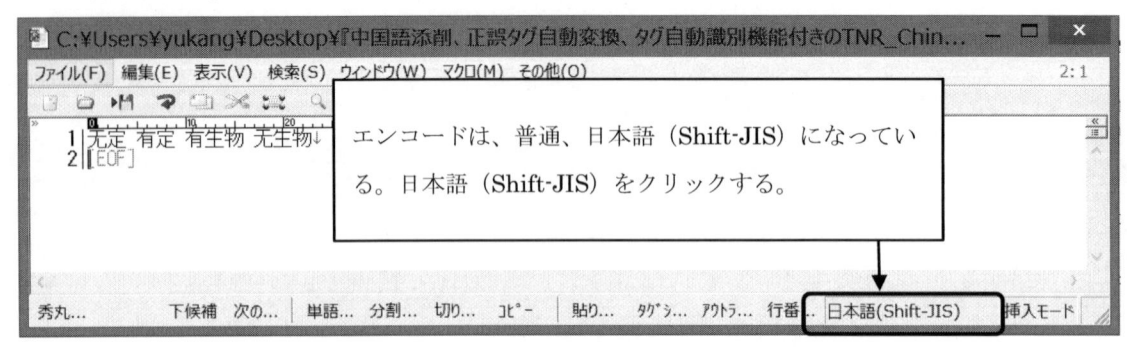

図 4-33

日本語（Shift-JIS）をクリックすると、図 4-34 のように、エンコードの選択リストが現れる。その中から Unicode（UTF-8）を選択してクリックする。

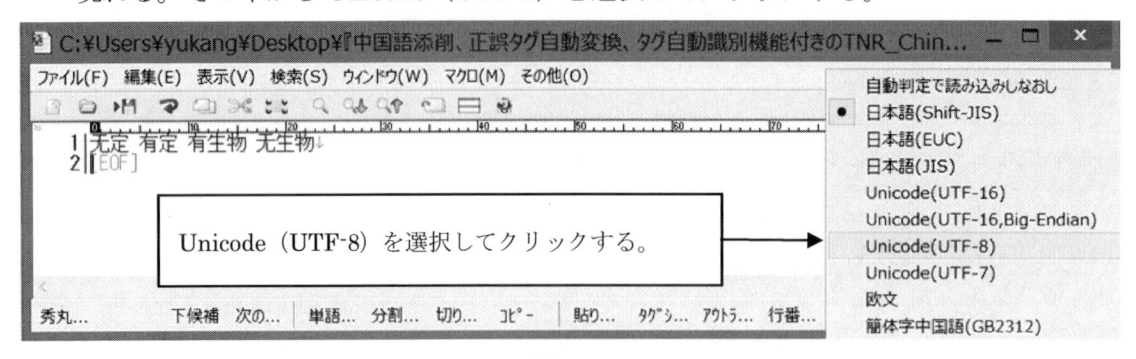

図 4-34

以上の方法の他に、図 4-35 の方法でも Unicode（UTF-8）を選択することができる。「ファイル（F）」をクリックする。表示されるメニューから「エンコードの種類（D）」を選択してクリックする。エンコードの選択リストが表示される。その中から Unicode（UTF-8）を選択してクリックする。

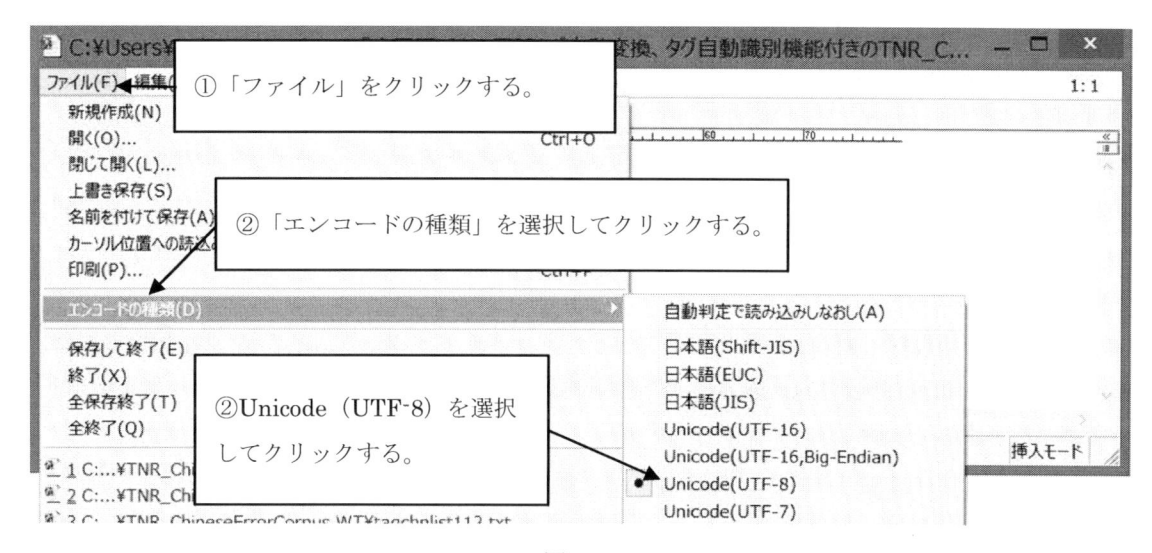

【第4章】タグリストの内容と新しいタグの追加及びタグリストの新規作成

図 4-35

Unicode（UTF-8）が選択されると、図 4-36 のように、「エンコードの切り替え」が現れる。その選択肢の中から、「内容を維持したまま適用 (K)」を選択してクリックする。

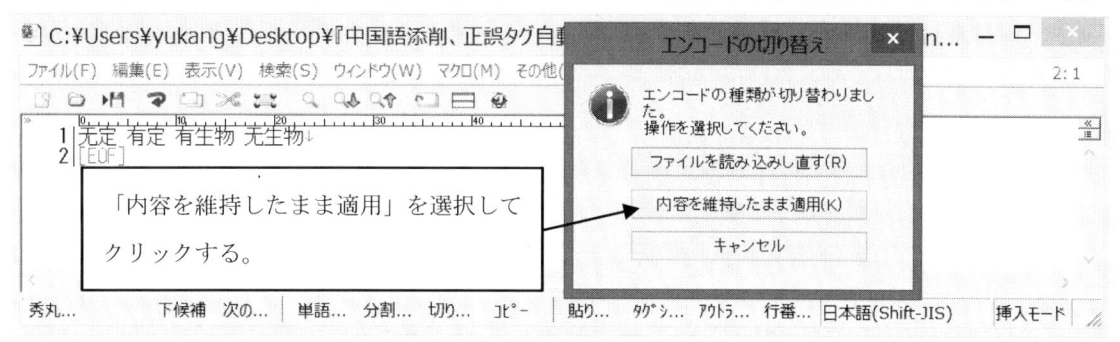

図 4-36

図 4-37 のように、エンコードが Unicode（UTF-8）に変更される。アイコンをクリックして、上書き保存を行う。

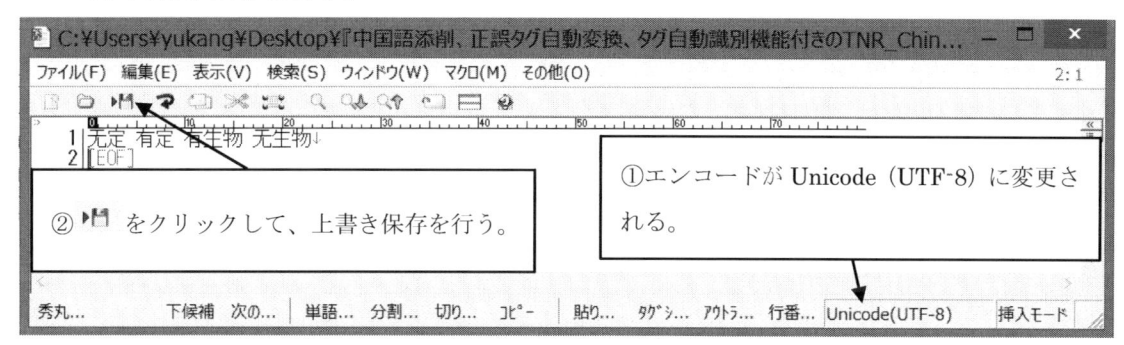

図 4-37

または、図 4-38 のように、「ファイル」をクリックして、メニューの中から、「上書き保存する」を選択して上書き保存することもできる。

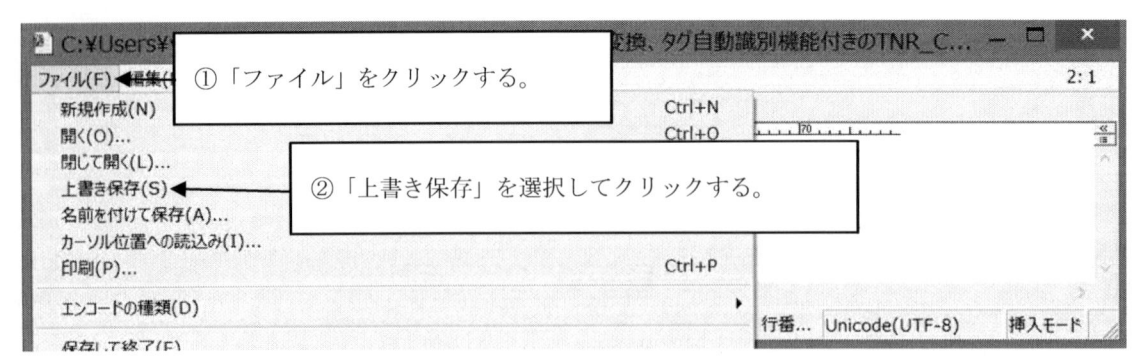

図4-38

④TNR_ChineseErrorCorpusTagger3.0 をダブルクリックして立ち上げ、図 4-39 と図 4-40 のようにそれぞれのタグリストにタグが追加されたかどうかを確認する。

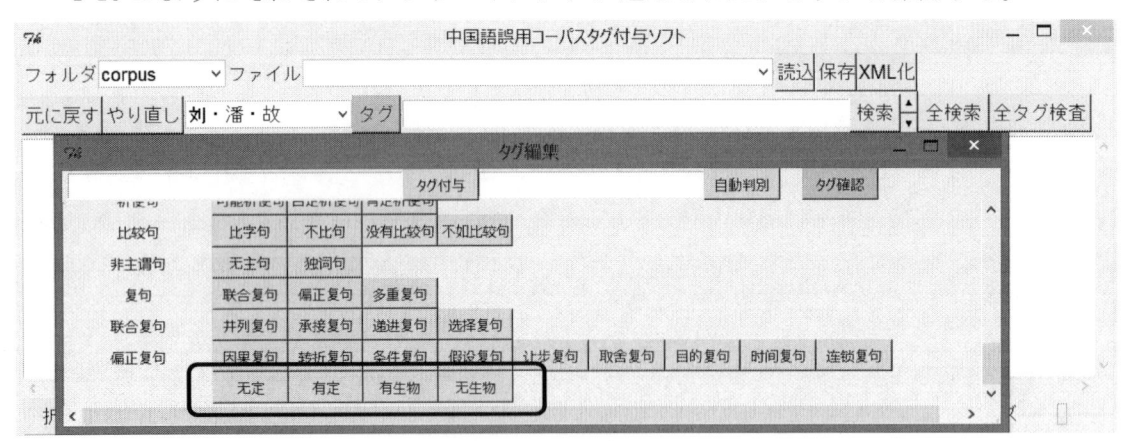

図 4-39 "刘・潘・故"

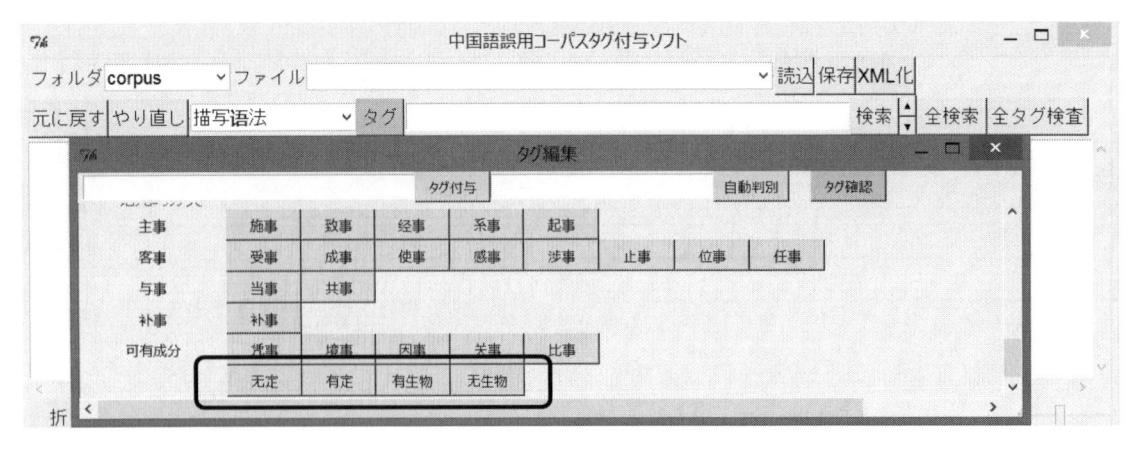

図 4-40 "描写語法"

　　図 4-39 と図 4-40 のように、両説のタグリストの最下部に同内容の新しいタグが追加されていることが確認できれば、新しいタグの追加は成功である。
　　タグの数が多い場合は、tagchnlist に新しいタグを書き込む際に、適宜に改行すれば、タ

グのボタンがきれいに並んで表示される。

4.2.1.2　それぞれのタグリストの最下部にそれぞれ別々の新しいタグの追加
　両説のタグリストの最下部に同内容の新しいタグの追加が必要とされる一方、どれか1つのタグリストのみに新しいタグを追加するというニーズもある。その追加方法は、主に次の通り3種類ある。

　①指定のタグリストの最下部だけに新しいタグを追加する方法
　②すべてのタグリストの最下部にそれぞれ別の新しいタグを追加する方法
　③すべてのタグリストの最下部にそれぞれ別の新しいタグや同内容の新しいタグを同時
　　に追加する方法

4.2.1.2.1　"指定のタグリストの最下部だけに新しいタグを追加する方法
　「指定のタグリストの最下部だけに新しいタグを追加する方法」とは、新しいタグを追加する際に、すべてのタグリストではなく、1つのタグリストだけにタグを追加する方法である。
　その主な手順は次の通りである。
①tagchnlist を開く。
②行頭から「LIST="タグリスト名"」と書き込んだ後、改行し、行頭から新しいタグを書き込む。新しいタグが複数の場合は、タグとタグの間に半角のスペースを空ける。
　例えば、"刘・潘・故"のタグリストだけに新しいタグ"无定""有定""有生物""无生物"を追加するとしよう。
　図 4-41 のように、"LIST="刘・潘・故""と書き込んだ後、改行し、行頭から新しいタグである"无定 有定 有生物 无生物"と書き込む。"LIST="刘・潘・故""におけるクォーテーション・マーク「" "」は、全角ではなく、半角でなければならない。タグとタグの間に半角のスペースを空ける。

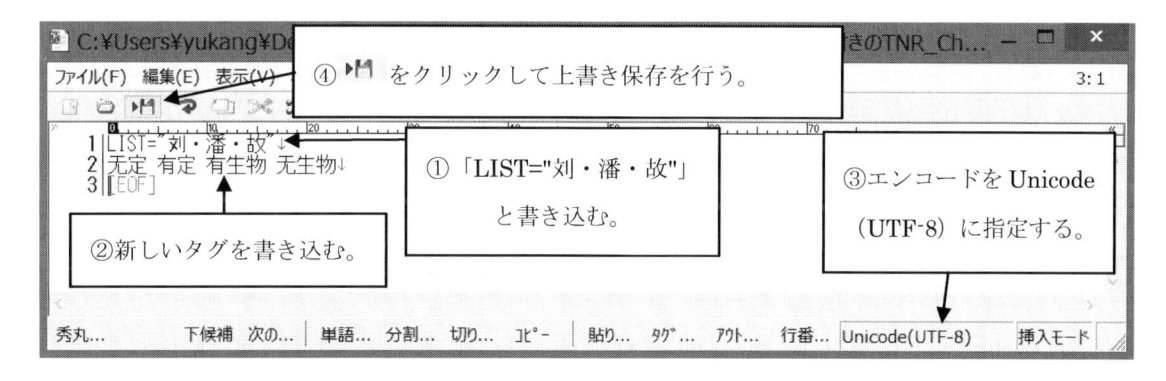

図 4-41

③エンコードを Unicode（UTF-8）に指定して、💾 をクリックして上書き保存を行う。
④TNR_ChineseErrorCorpusTagger3.0 をダブルクリックして立ち上げ、タグが追加されたかどうかを確認する。

図 4-42 のように"刈・潘・故"のタグリストの最下部に新しいタグ"无定""有定""有生物""无生物"が追加されているのに対し、図 4-43 のように"描写語法"のタグリストの最下部には追加されていない。

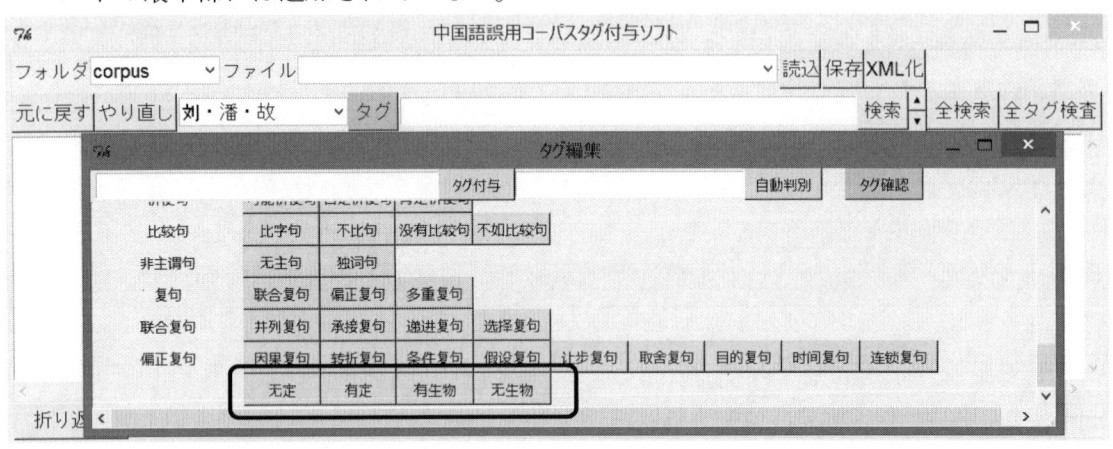

図 4-42　"刈・潘・故"

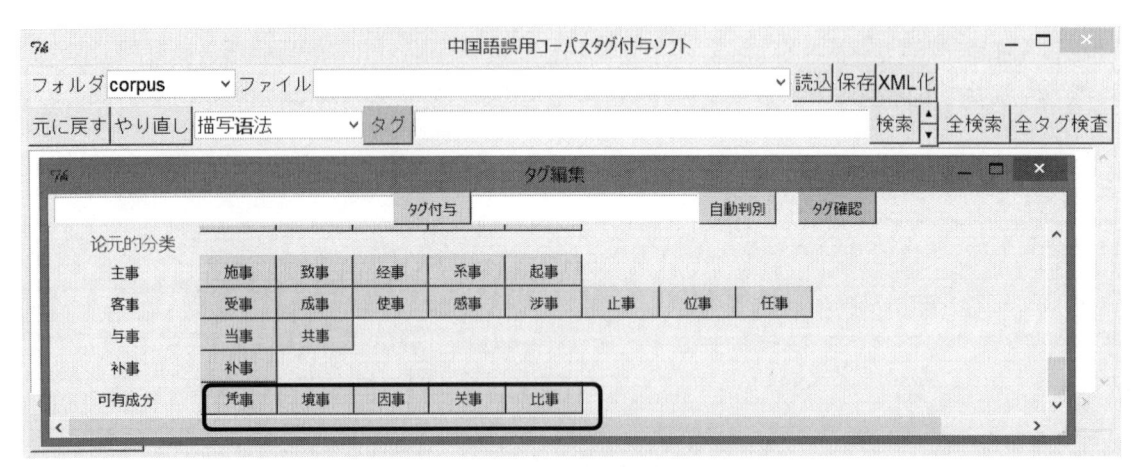

図 4-43　"描写語法"

以上は、"刈・潘・故"のタグリストの最下部だけに新しいタグを追加する方法であるが、"描写語法"のタグリストの最下部だけに新しいタグを追加する方法は、「LIST=」の後のタグリスト名を""描写語法""と書き換えなければならないことだけが異なるが、その他は"刈・潘・故"のタグリストの最下部だけに新しいタグを追加する方法と同様である。

4.2.1.2.2　すべてのタグリストの最下部にそれぞれ別の新しいタグを追加する方法

「すべてのタグリストの最下部にそれぞれ別の新しいタグを追加する方法」とは、例えば、"刈・潘・故"のタグリストの最下部に追加するタグと"描写語法"のタグリストの最

下部に追加するタグが、それぞれ異なる内容であり、なおかつ複数のタグを一括して追加する方法である。

その主な手順は次の通りである。

①tagchnlist を開く。

②行頭から「LIST="A ファイル名"」と書き込んだ後、改行して行頭から新しいタグを書き込む。さらに改行する。

③行頭から「LIST="B ファイル名"」と書き込む。改行して行頭から新しいタグを書き込む。

例えば、"刘・潘・故"のタグリストの最下部だけに新しいタグ"无定""有定""有生物""无生物"を追加し、"描写语法"のタグリストの最下部だけに新しいタグ"有界""无界""焦点""大主语""小主语"を追加するとしよう。

図 4-44 のように、まず、行頭から"LIST="刘・潘・故""と書き込んだ後、改行して新しいタグ"无定 有定 有生物 无生物"と書き込む。"无定 有定"と"有生物 无生物"とを別々の行で表示させる場合は、"有定"の後、改行する。

次に、改行して行頭に"LIST="描写语法""と書き込んだ後、さらに改行する。行頭から新しいタグ"有界 无界 焦点 大主语 小主语"と書き込む。"有界 无界 焦点"と"大主语 小主语"とを別々の行で表示させる場合は、"焦点"の後、改行する。

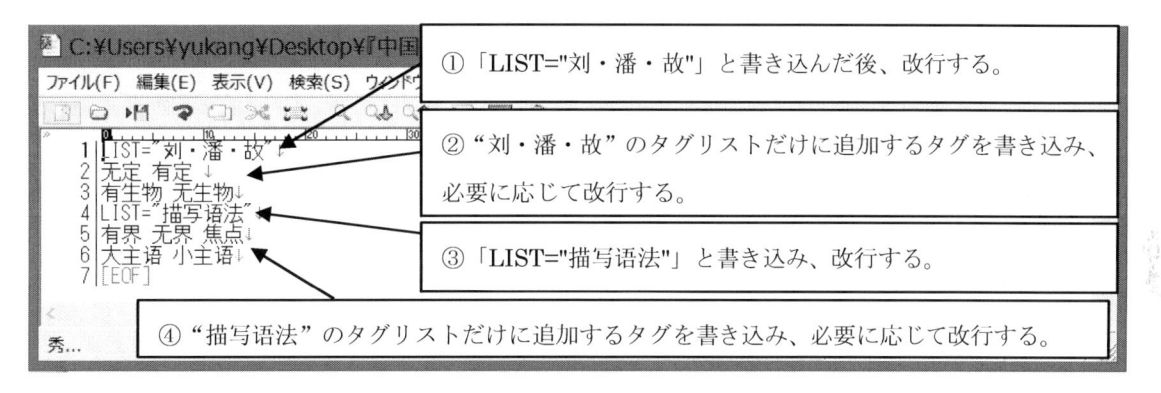

図 4-44

④エンコードを Unicode（UTF-8）に指定して、をクリックし、上書き保存を行う。

⑤TNR_ChineseErrorCorpusTagger3.0 をダブルクリックして立ち上げ、タグが追加されたかどうかを確認する。

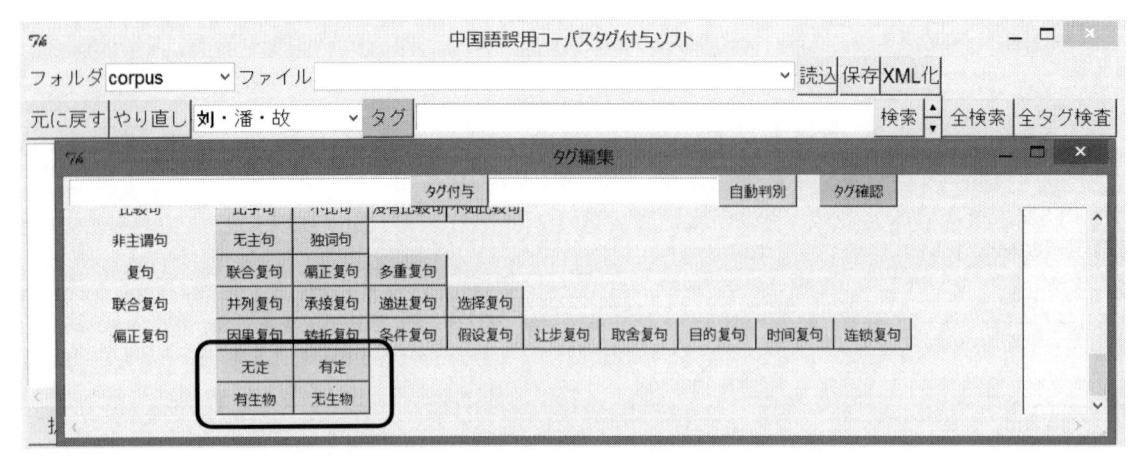

図 4-45　"刘・潘・故"

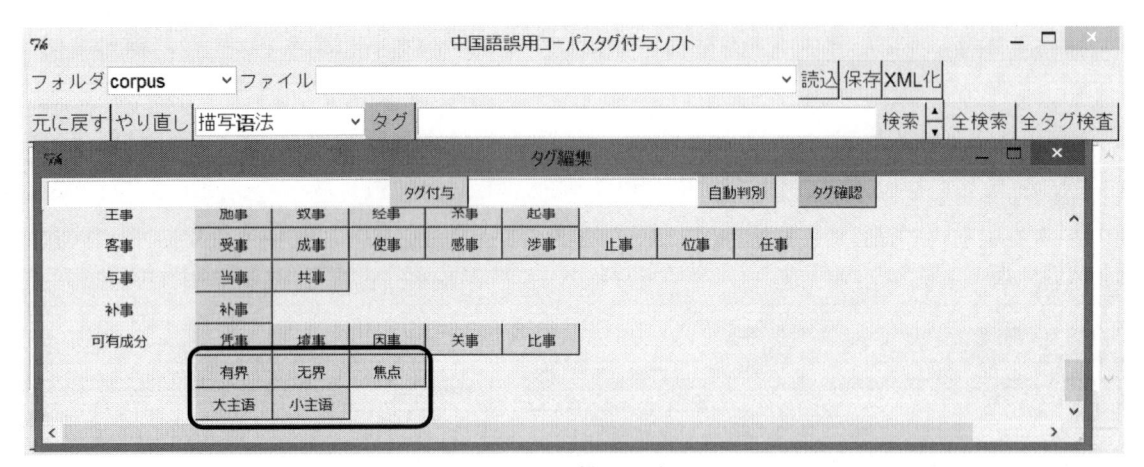

図 4-46　"描写语法"

　図 4-45 と図 4-46 のように、"刘・潘・故"のタグリストの最下部に新しいタグ"无定 有定 有生物 无生物"が追加されているが、"描写语法"のタグリストの最下部には、同内容のタグがは追加されていない。それに対し、"描写语法"のタグリストの最下部に新しいタグ"有界 无界 焦点 大主語 小主語"が追加されているが、"刘・潘・故"のタグリストの最下部には、同内容のタグは追加されていない。

4.2.1.2.3　すべてのタグリストの最下部にそれぞれ別の新しいタグや同内容の新しいタグを同時に追加する方法

　「すべてのタグリストの最下部にそれぞれ別の新しいタグや同内容の新しいタグを同時に追加する方法」とは、それぞれのタグリストに他のタグリストとは異なる内容のタグを追加すると同時に、全タグリストに共通する同様の内容のタグを追加する方法である。この方法は、「②"刘・潘・故"のタグリストの最下部と"描写语法"のタグリストの最下部にそれぞれの新しいタグを同時に追加する方法」を踏まえたものである。

　その主な手順は次の通りである。

【第4章】タグリストの内容と新しいタグの追加及びタグリストの新規作成　●65●

①まず、上述の 4.2.1.2.2「"刘・潘・故"のタグリストの最下部と"描写語法"のタグリストの最下部にそれぞれの新しいタグを同時に追加する方法」を使って、それぞれのタグリストに他のタグリストと異なる内容のタグを追加する。

②「LIST="ファイル名"」と書かれているよりも上側の、1 行目の行頭から新しいタグを書き込む。

例えば、両タグリストの最下部に共通する同内容の新しいタグ「aaa」「bbb」「ccc」「ddd」「eee」「fff」「ggg」を追加する場合、図 4-47 のように、1 行目の行頭から「aaa bbb ccc ddd eee fff ggg」と書き込む。「aaa bbb ccc」と「ddd eee fff ggg」とを別々の行で表示させる場合は、ccc の後、改行する。

③エンコードが Unicode（UTF-8）であることを確認し、▸┥ をクリックして、上書き保存を行う。

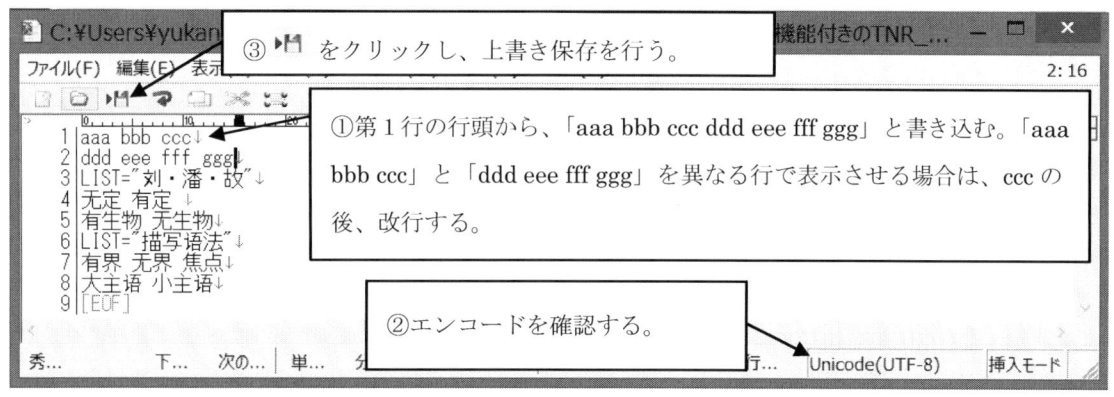

図 4-47

④TNR_ChineseErrorCorpusTagger3.0 をダブルクリックして立ち上げ、タグが追加されたかどうかを確認する。

図 4-48 と図 4-49 のように、"刘・潘・故"のタグリストの最下部と"描写語法"のタグリストの最下部に、それぞれに新しいタグ「aaa」「bbb」「ccc」「ddd」「eee」「fff」「ggg」が追加されている。

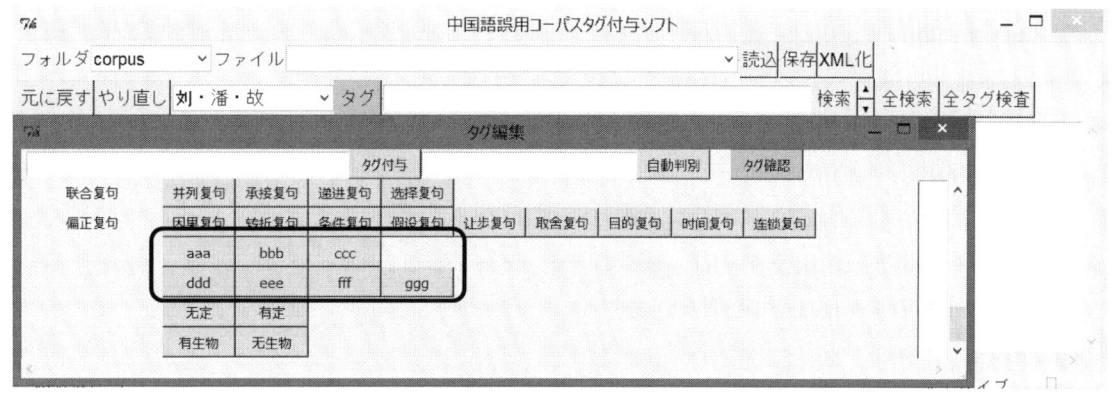

図 4-48　"刘・潘・故"

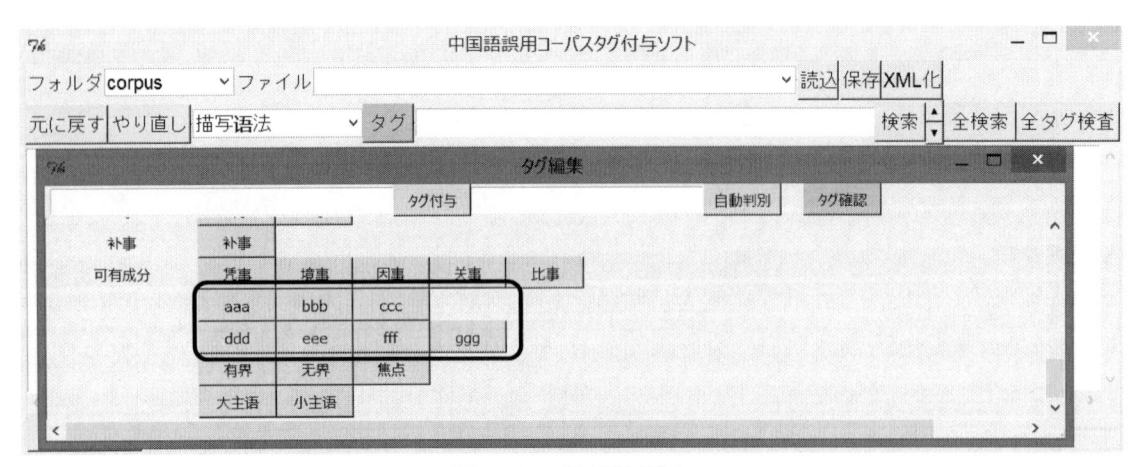

図 4-49　"描写语法"

　ここで1つ注意したいのが、両タグリストの最下部に共通する同内容の新しいタグを同時に追加する場合、その新しいタグは、tagchnlist の任意のところではなく、「LIST=" "」の指定よりも上の行に書き込まなければならないという点である。

4.2.2　既存のタグリストの指定の行に新しいタグの追加
　「既存のタグリストの指定の行に新しいタグの追加」とは、自動的にタグリストの最下部に新しいタグを追加するのではなく、使用者が指定した行に新しいタグを追加する方法である。
　追加する方法は、次の通り2種類ある。

　①両タグリストにおける共通の指定の行に同内容の新しいタグを追加する方法
　②それぞれのタグリストの指定の行にそれぞれ別の新しいタグを追加する方法

4.2.2.1　両タグリストにおける共通の指定の行に同内容の新しいタグを追加する方法
　「両タグリストにおける共通の指定の行に同内容の新しいタグを追加する方法」とは、"刘・潘・故"のタグリストと"描写语法"のタグリストにおいて、それぞれの同じ行に同じタグを追加する方法である。
　その主な手順は次の通りである。
　①tagchnlist を開く。
　②1行目の行頭から半角の「数字,」を書き込む。この数字は行を指定するものである。数字が3なら3行目に追加するという意味である。行を指定する数字と、後に書き込まれる追加されるタグとの区別を図るため、数字の後に半角の「,」を付けた上で、さらに半角のスペースを空ける。その次に追加のタグを書き込む。
　③例えば、"刘・潘・故"のタグリストの3行目と"描写语法"のタグリストの3行目に、それぞれ同内容のタグ「111」「222」「333」を追加するとする。

【第4章】タグリストの内容と新しいタグの追加及びタグリストの新規作成　●67●

図 4-50 のように、1 行目の行頭に半角の「3,」と書きこむ。半角のスペースを空けてから、追加タグ「111 222 333」と書き込む。

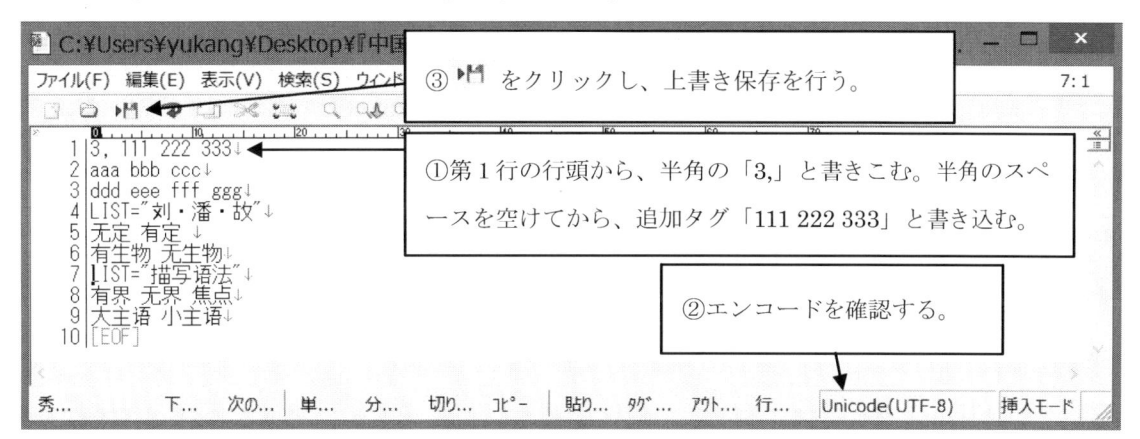

図 4-50

④エンコードが Unicode（UTF-8）であることを確認し、をクリックして、上書き保存を行う。

⑤TNR_ChineseErrorCorpusTagger3.0 をダブルクリックして立ち上げ、タグが追加されたかどうかを確認する。

図 4-51 と図 4-52 のように、"刘・潘・故"のタグリストの 3 行目と"描写语法"のタグリストの 3 行目に、いずれも新しいタグ「111」「222」「333」が追加されている。

行の数え方は、タグの行から数えるのではなく、タグリストの左側のタグ類型の分類名から数える。従って、左側の「学習用」が 1 行目で、"名词　代词　数词　量词　动词　形容词　副词"が 2 行目である。

図 4-51　"刘・潘・故"

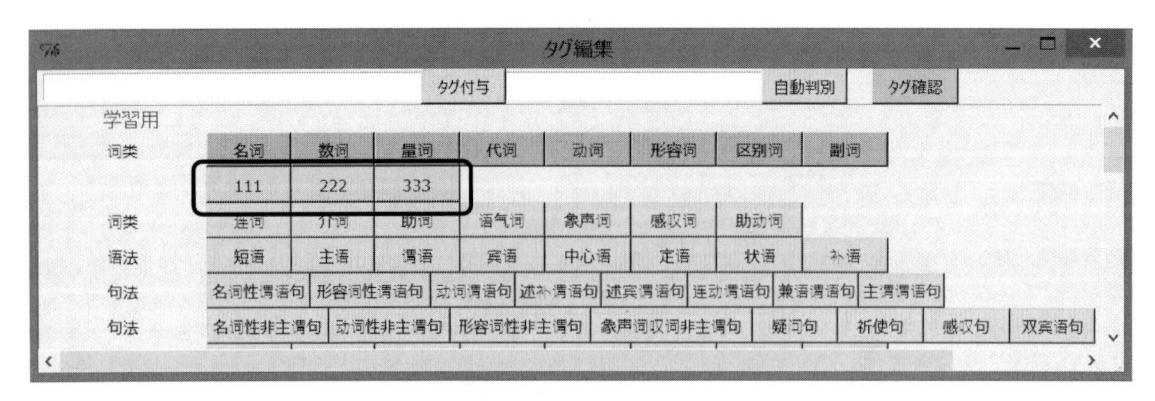

図 4-52　"描写语法"

4.2.2.2　それぞれのタグリストの指定の行にそれぞれ別の新しいタグを追加する方法

「それぞれのタグリストの指定の行にそれぞれ別の新しいタグを追加する方法」とは、"刈・潘・故"のタグリストと"描写语法"のタグリストにおいて、それぞれ別々な指定の行に、それぞれ別々なタグを追加する方法である。

その主な手順は次の通りである。

①tagchnlist を開く。

②4.2.1.2.2 の節で、「"刈・潘・故"のタグリストの最下部と"描写语法"のタグリストの最下部にそれぞれの新しいタグを同時に追加する方法」を説明する際に、追加タグの帰属を規定するために、tagchnlist に "LIST="刈・潘・故"" と "LIST="描写语法"" とを書き込むという方法を述べた。つまり、tagchnlist を開くと、そこには、"LIST="刈・潘・故"" と "LIST="描写语法"" がすでに書き込まれているはずである。

まず、"LIST="刈・潘・故""の後、改行して、行を指定するため、半角の「数字,」と書き込む。さらに半角のスペースを空け、追加する新しいタグを書き込む。

次に、"LIST="描写语法""の後、改行して、行を指定するため、半角の「数字,」と書き込む。さらに半角のスペースを空け、追加する新しいタグを書き込む。

③例えば、"刈・潘・故"のタグリストの5行目に、新しいタグ「444」「555」「666」を、"描写语法"のタグリストの7行目に、新しいタグ「444」「555」「666」を書き込むとする。

図 4-53 のように、まず、"LIST="刈・潘・故""の後、改行して、行を指定するため、半角の「5,」と書き込む。さらに半角のスペースを空け、新しいタグ「444 555 666」を書き込む。タグとタグの間に半角のスペースを空ける。

次に、"LIST="描写语法""の後、改行して、行を指定するため、半角の「7,」と書き込む。さらに半角のスペースを空け、新しいタグ「444 555 666」を書き込む。タグとタグの間に半角のスペースを空ける。

【第4章】タグリストの内容と新しいタグの追加及びタグリストの新規作成

① 「LIST="刘・潘・故"」の後、改行して、行を指定するため、半角の「5,」と書き込む。さらに半角のスペースを空け、新しいタグ「444 555 666」を書き込む。

② 「LIST="描写语法"」の後、改行して、行を指定するため、半角の「7,」と書き込む。さらに半角のスペースを空け、新しいタグ「444 555 666」を書き込む。

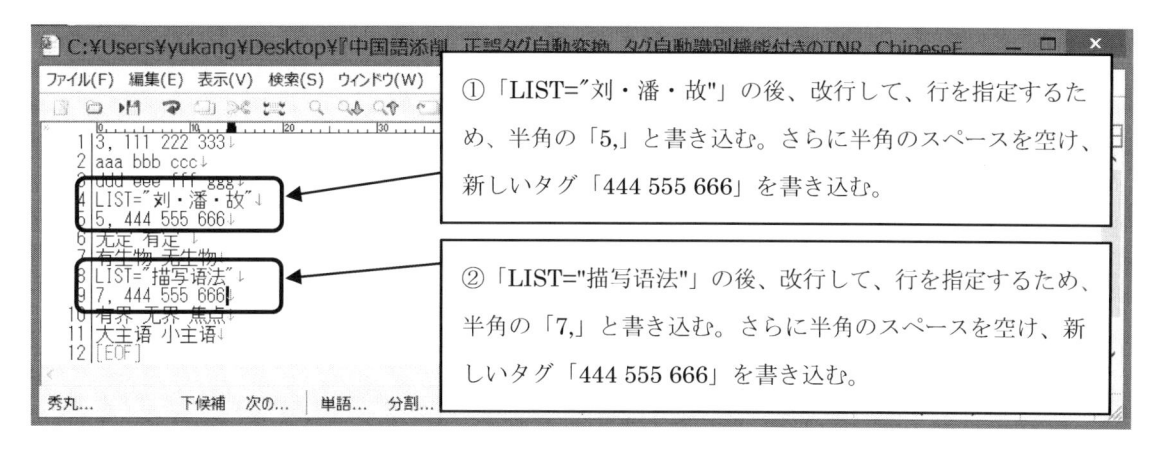

図 4-53

④TNR_ChineseErrorCorpusTagger3.0 をダブルクリックして立ち上げ、タグが追加されたかどうかを確認する。

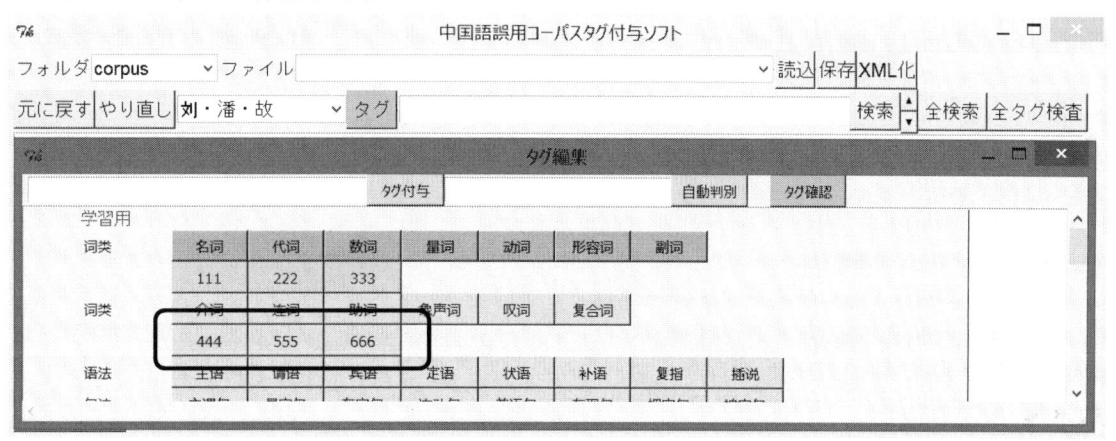

図 4-54 "刘・潘・故"

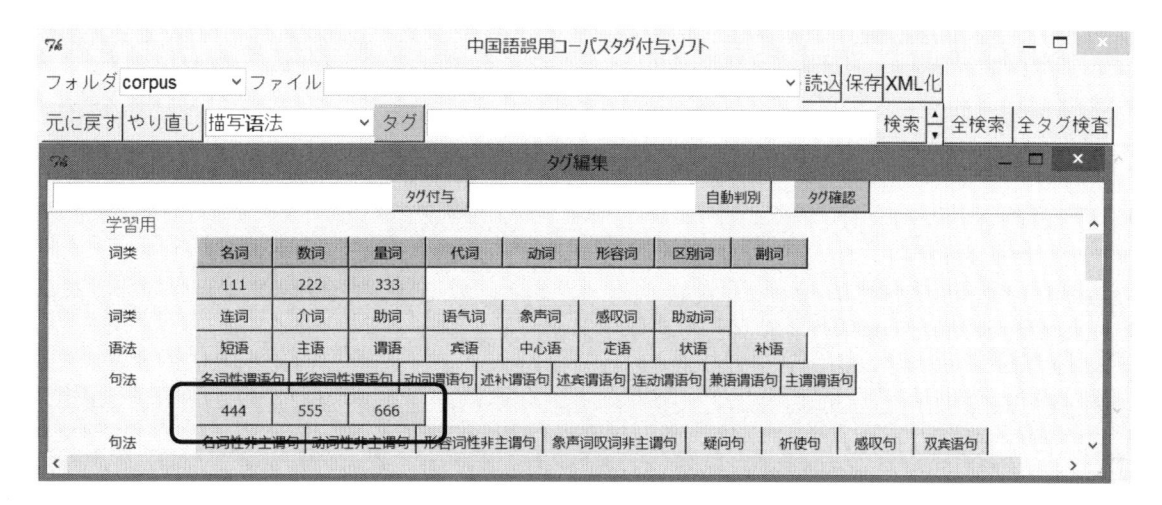

図 4-55 "描写语法"

図 4-54 と図 4-55 のように、それぞれ「444」「555」「666」が追加されているが、追加された場所は、"刘・潘・故"のタグリストが5行目であるのに対し、"描写語法"のタグリストは7行目である。

4.2.3　既存のタグリストの指定の行と列に新しいタグの追加

「既存のタグリストの指定の行と列に新しいタグの追加」とは、使用者がタグを追加したい行と列に新しいタグを追加する方法である。追加する方法は、次の通り2種類ある。

①すべてのタグリストにおける共通の指定の行と列に同内容の新しいタグを追加する方法
②それぞれのタグリストの指定の行と列にそれぞれ別の新しいタグを追加する方法

4.2.3.1　すべてのタグリストにおける共通の指定の行と列に同内容の新しいタグを追加する方法

「すべてのタグリストにおける共通の指定の行と列に同内容の新しいタグを追加する方法」とは、例えば、"刘・潘・故"のタグリストと"描写語法"のタグリストにおいて、同じ行の同じ列に同内容のタグを追加する方法である。

その主な手順は次の通りである。

①tagchnlist を開く。
②1行目の行頭から半角の「数字,」を書き込み、半角のスペースを空けてから、さらに半角の「数字,」を書き込む。その後、半角のスペースを空け、追加のタグを書き込む。
　1番目の半角の「数字,」は指定の行を意味し、2番目の半角の「数字,」は指定の列を意味する。
③例えば、"刘・潘・故"のタグリストの2行目の2列目と"描写語法"のタグリストの2行目の2列目に、同内容のタグ「777」「888」「999」を追加するとする。
　図 4-56 のように、1行目の行頭に行を指定するため、半角の「2,」と書き込み、半角のスペースを空けてから、さらに列を指定するため、半角の「2,」と書きこむ。その後、半角のスペースを空け、追加タグ「777 888 999」を書き込む。タグとタグの間に半角のスペースを空ける。
④エンコードが Unicode（UTF-8）であることを確認し、 をクリックして、上書き保存を行う。

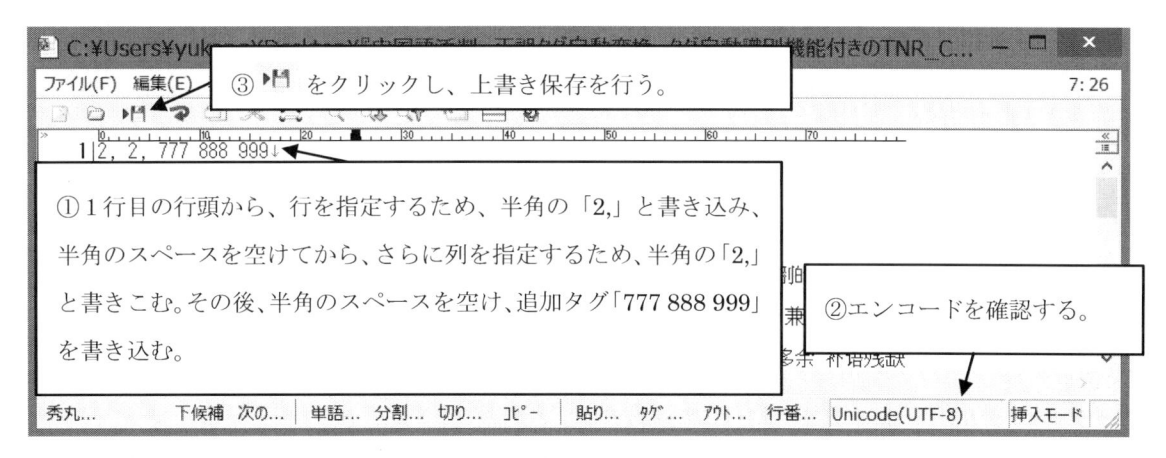

【第4章】タグリストの内容と新しいタグの追加及びタグリストの新規作成　●71●

図4-56の説明:
- ③💾をクリックし、上書き保存を行う。
- ①1行目の行頭から、行を指定するため、半角の「2,」と書き込み、半角のスペースを空けてから、さらに列を指定するため、半角の「2,」と書きこむ。その後、半角のスペースを空け、追加タグ「777 888 999」を書き込む。
- ②エンコードを確認する。

図4-56

⑤TNR_ChineseErrorCorpusTagger3.0 をダブルクリックして立ち上げ、タグが追加されたかどうかを確認する。

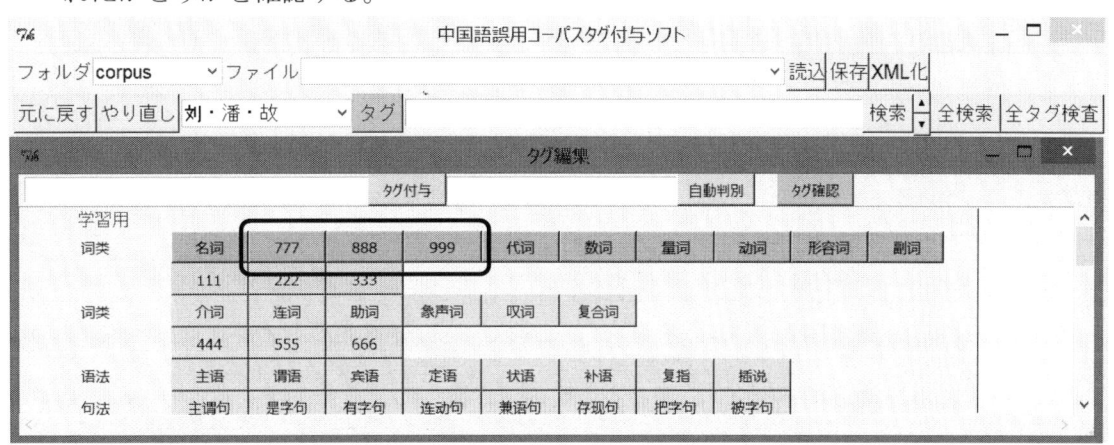

図4-57　"刈・潘・故"

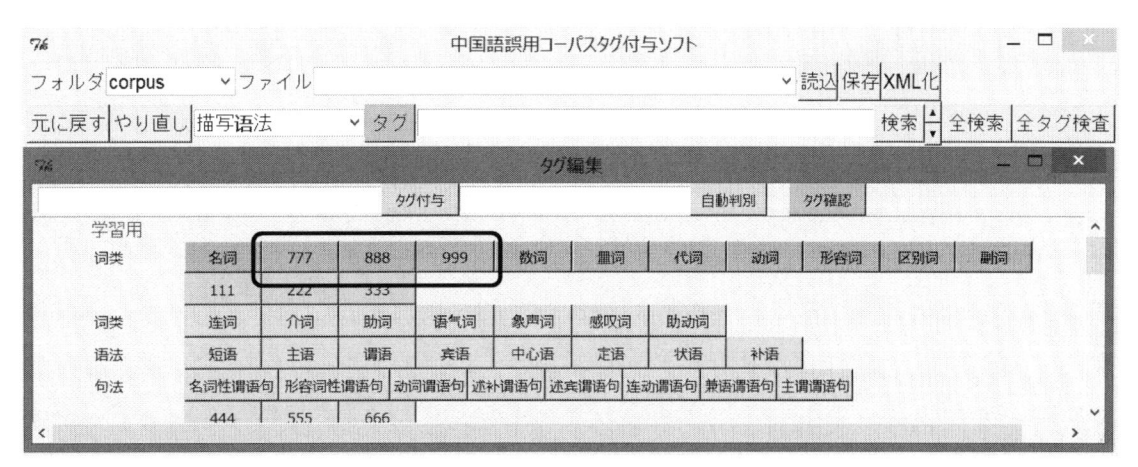

図4-58　"描写語法"

図4-57と図4-58のように、"刈・潘・故"のタグリストの2行目の2列目と"描写語法"

のタグリストの2行目の2列目に、いずれも新しいタグ「777」「888」「999」が追加されている。

　列の数え方は、タグの列から数える。従って、"刈・潘・故"のタグリストの"名词"と"描写语法"のタグリストの"名词"が1列目になる。

4.2.3.2　それぞれのタグリストの指定の行と列にそれぞれ別の新しいタグを追加する方法

　「それぞれのタグリストの指定の行と列にそれぞれ別の新しいタグを追加する方法」とは、例えば、"刈・潘・故"のタグリストと"描写语法"のタグリストにおいて、それぞれ別々の行と列を指定して、それぞれの新しいタグを追加する方法である。

　その主な手順は次の通りである。

①tagchnlist を開く。

②tagchnlist を開くと、そこには、"LIST="刈・潘・故""と"LIST="描写语法""がすでに書き込まれている。

　まず、"LIST="刈・潘・故""の後、改行して、行を指定するための半角の「数字,」を書き込み、半角のスペースを空けてから、さらに列を指定するための半角の「数字,」を書き込む。その後、半角のスペースを空け、追加のタグを書き込む。

　次に、"LIST="描写语法""の後、改行して、行を指定するための半角の「数字,」を書き込み、半角のスペースを空けてから、さらに列を指定するための半角の「数字,」を書き込む。その後、半角のスペースを空け、追加のタグを書き込む。

③例えば、"刈・潘・故"のタグリストの 10 行目の 3 列目と"描写语法"のタグリストの 11 行目の 4 列目に、新しいタグ「aaa」「bbb」「ccc」を追加するとしよう。

　図 4-59 のように、まず、"LIST="刈・潘・故""の後、改行して、行を指定するため、半角の「10,」と書き込む。半角のスペースを空けてから、列を指定するため、半角の「3,」と書き込む。さらに、半角のスペースを空け、新しいタグ「aaa bbb ccc」を追加する。

　次に、"LIST="描写语法""の後、改行して、行を指定するため、半角の「11,」と書き込む。半角のスペースを空けてから、列を指定するた、半角の「4,」と書き込む。さらに、半角のスペースを空け、新しいタグ「aaa bbb ccc」を追加する。

④エンコードが Unicode（UTF-8）であることを確認し、 をクリックして、上書き保存を行う。

【第4章】タグリストの内容と新しいタグの追加及びタグリストの新規作成　●73●

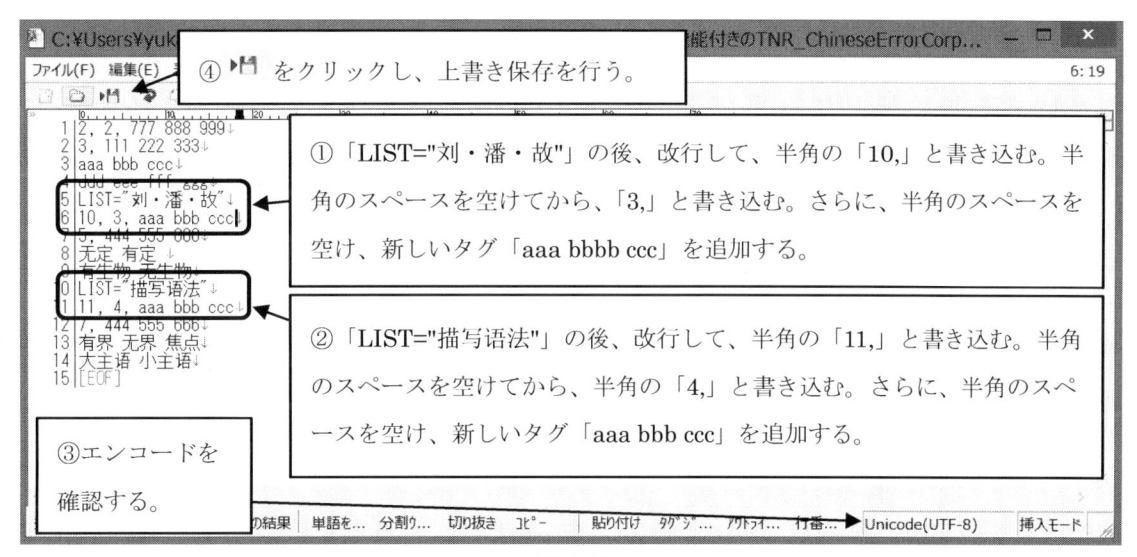

図 4-59

⑤TNR_ChineseErrorCorpusTagger3.0 をダブルクリックして立ち上げ、タグが追加されたかどうかを確認する。

　図 4-60 と図 4-61 のように、"刘・潘・故"のタグリストの 10 行目の 3 列目と"描写语法"のタグリストの 11 行目の 4 列目に、いずれも新しいタグ「aaa」「bbb」「ccc」が追加されている。

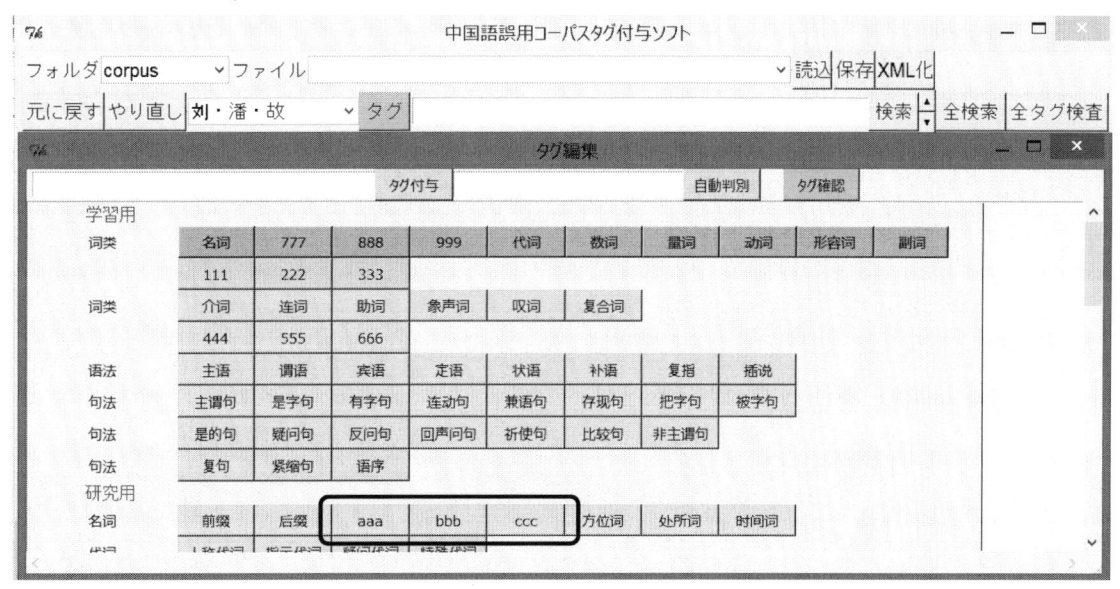

図 4-60　　"刘・潘・故"

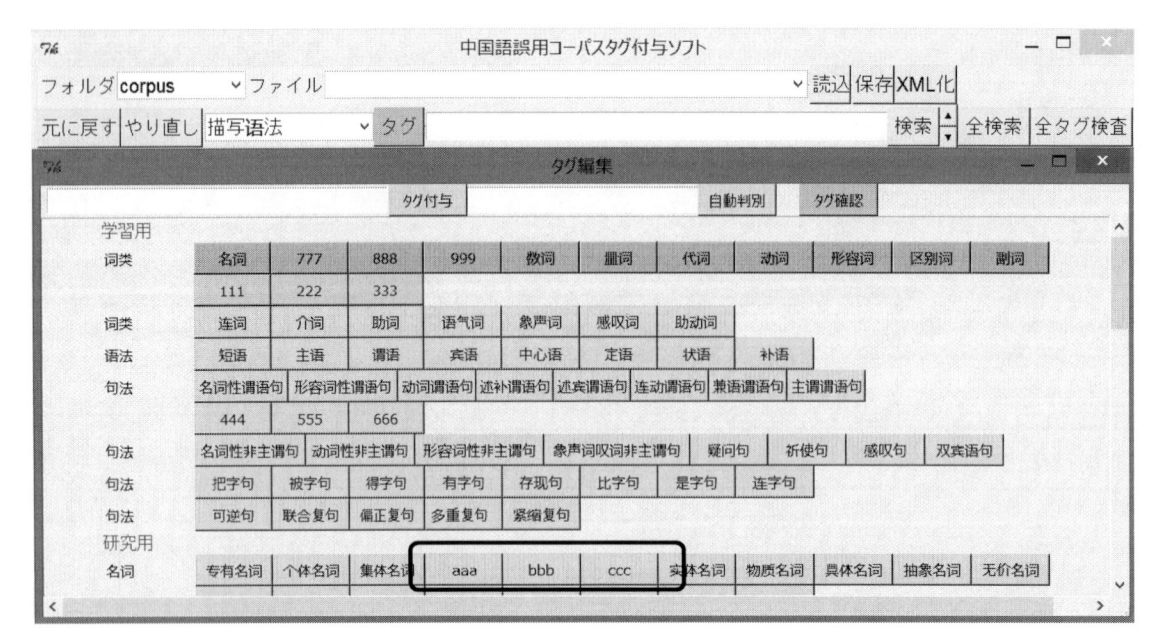

図 4-61　"描写语法"

4.3　タグリストの新規作成

　これまでの内容は、既存のタグリストに対する様々なタグ追加の方法を説明してきた。タグリストが付いていることは確かに便利ではあるが、いまは2種類しかないため、他の学説を取り入れたいとか、自分のタグリストを作りたいとかというニーズも出てくるかもしれない。そのニーズに応えるために、タグリストの新規作成機能を設けている。

　以下は、胡暁清、許小星、毛嘉賓(2011)の"标记一览表"を例にタグリストの新規作成の主な手順を述べていく。

　①tagchnlistを開く。

　②"LIST="刘・潘・故""の上の行から、「NEWLIST="タグリスト名"」と書き込む。「タグリスト名」の部分には、新規作成するタグリストの名前を書き入れる。

　③例えば、タグリスト名は、"胡・许・毛标签"とする。

　　まず、"NEWLIST="胡・许・毛标签""と書き込む。そして改行する。tagchnlistにおける"NEWLIST="胡・许・毛标签""の記入位置は、任意の位置ではなく、ルールに従った位置である。

　　tagchnlistには、上述のようにすでに様々なタグが書き込まれているはずである。もし「LIST="タグリスト名"」という表示がない場合は、書き込まれるタグはすべてのタグリストに表示されるが、「LIST="タグリスト名"」という表示がある場合は、書き込まれるタグはその「LIST」のタグリスト名によって示されるタグリストに帰属する。

　　「NEWLIST="タグリスト名"」も同様である。

　　つまり、「LIST="タグリスト名"」または「NEWLIST="タグリスト名"」の下に書き込むタグは、既成のすべてのタグリストに表示されるのではなく、「LIST="タグリスト

名"」のタグリストの内容、または「NEWLIST="タグリスト名"」のタグリストの内容と見なされるのである。

従って、既成のすべてのタグリストに同時に表示させるタグなら、「LIST="タグリスト名"」と「NEWLIST="タグリスト名"」が書き込まれているよりも上である、一番の上から書き込み、「LIST="タグリスト名"」のタグなら「LIST="タグリスト名"」の下に、「NEWLIST="タグリスト名"」のタグなら「NEWLIST="タグリスト名"」の下に書き込まなければならない。要するに、記入順としては、「共通のタグ」が一番上、「新しいタグリスト」がその次、「既成のタグリストに新しいタグの追加」が最後という順番になる。

④ "胡·许·毛标签"のタグ分類は次の通りである。

标点　标点错误　标点缺失　标点多余
字　　异体字　错字　别字　不规范的字　漏字　多字　繁体字　拼音字　无法识别的字
词　　词序颠倒　用词不当　生造词　离合词　外文词　缺词　多词
句　　把字句　被字句　比字句　连字句　有字句　是字句　是···的句　存现句　兼语句　连动句
　　　双宾句　形容词谓语句　否定句　像字句　名词性谓语句　疑问句
　　　　主语残缺　主语多余　谓语残缺　谓语多余　述语残缺　述语多余　宾语残缺　宾语多余　补
　　　语残缺　补语多余　定语残缺　定语多余　状语残缺　状语多余　中心语残缺　中心语多余
　　　　定中搭配不当　状中搭配不当　主谓搭配不当　动宾搭配不当　述补搭配不当　主宾搭配不当
　　　　介宾搭配不当　成分标记词不当
　　　语序错误　句式揉杂　重叠错误　固定格式错误　未完句　存疑句
篇章　上下文语义缺乏联系　关联错误　指代错误

"NEWLIST="胡·许·毛标签""と書き込んだ後、改行して、図4-62のように次の新しいタグを書き込む。タグとタグの間に半角のスペースを空く。

标点错误 标点缺失 标点多余
异体字 错字 别字 不规范的字 漏字 多字 繁体字 拼音字 无法识别的字
词序颠倒 用词不当 生造词 离合词 外文词 缺词 多词
把字句 被字句 比字句 连字句 有字句 是字句 是···的句 存现句 兼语句 连动句 双宾句 形容词谓语句 否定句 像字句 名词性谓语句 疑问句
主语残缺 主语多余 谓语残缺 谓语多余 述语残缺 述语多余 宾语残缺 宾语多余 补语残缺 补语多余 定语残缺 定语多余 状语残缺 状语多余 中心语残缺 中心语多余
定中搭配不当 状中搭配不当 主谓搭配不当 动宾搭配不当 述补搭配不当 主宾搭配不当 介宾搭配不当 成分标记词不当
语序错误 句式揉杂 重叠错误 固定格式错误 未完句 存疑句

篇章 上下文语义缺乏联系 关联错误 指代错误

⑤エンコードが Unicode（UTF-8）であることを確認し、🖫 をクリックして、上書き保存を行う。

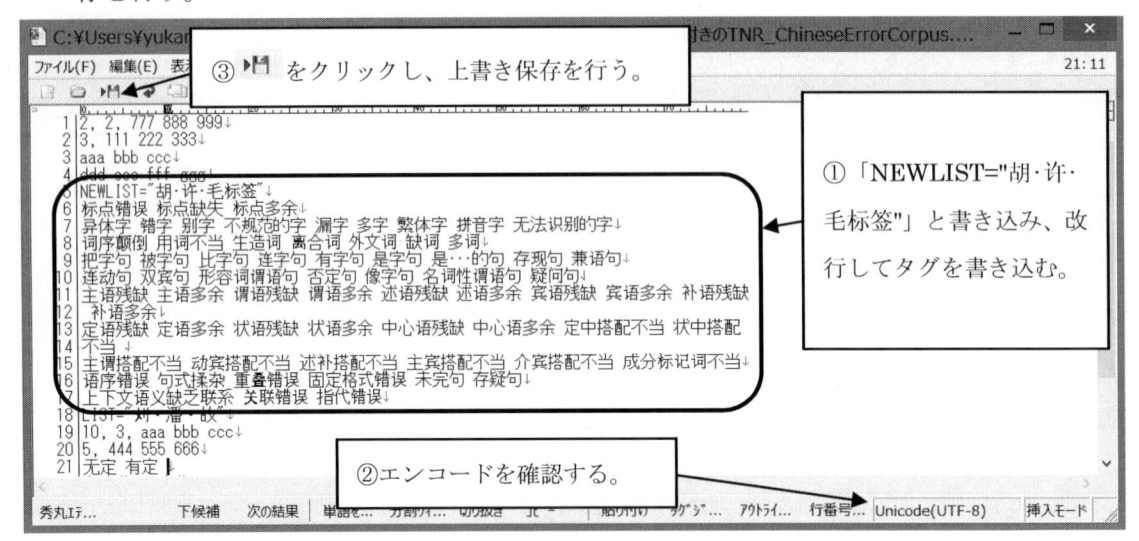

図 4-62

⑥TNR_ChineseErrorCorpusTagger3.0 をダブルクリックして立ち上げ、新規タグリスト"胡・许・毛标签"がタグリスト選択のボックスに表示されているかどうかを確認する。

図 4-63 のように、タグリスト選択のボックスをクリックすれば、新規タグリスト"胡・许・毛标签"が表示される。

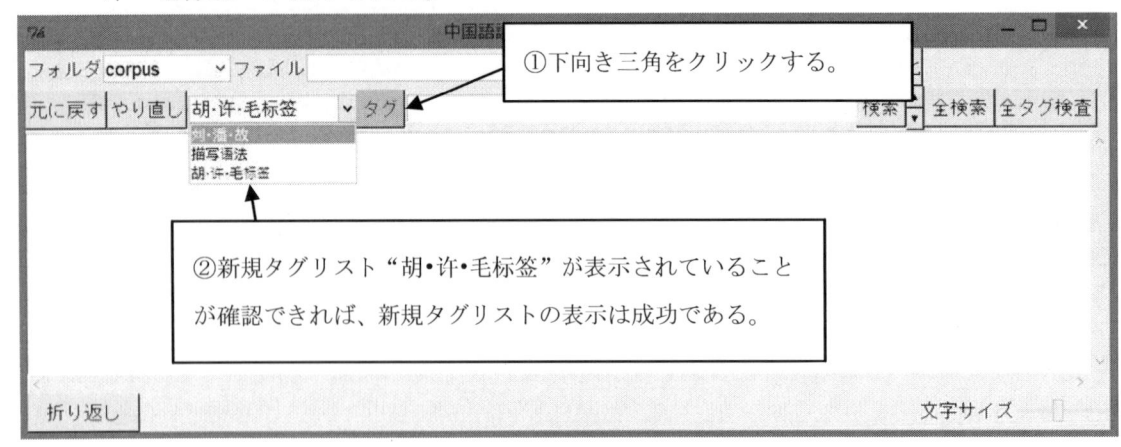

図 4-63

⑦図 4-64 のように、タグリスト選択のボックスで新規タグリスト"胡・许・毛标签"を選択し、「タグ」ボタンをクリックする。

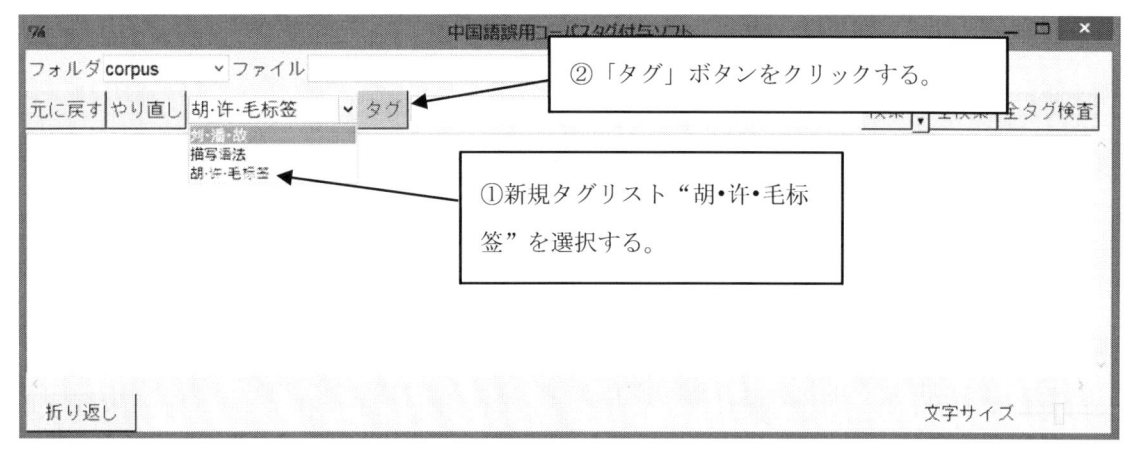

【第4章】タグリストの内容と新しいタグの追加及びタグリストの新規作成 ●77●

図 4-64

⑧図 4-65 のように作成したタグリストが表示される。これが確認できれば、新規タグリストの作成は成功である。

図 4-65

4.4 タグリストの分類名の作成

タグリストの新規作成や既存のタグリストで指定の行にタググループを追加する場合は、タグの類型を表す分類名があれば、便利であろう。このソフトは分類名を付けることもできる。

分類名作成の主な手順は次の通りである。
①tagchnlist を開く。
②分類名を付けたい行の行頭に、「label-分類名」と書き込む。「分類名」の部分にはタグの類型を表す分類名を書き入れる。
③例えば、"胡・許・毛标签"において、表 4-1 のようにそれぞれのタグは、グループ化されている。

表 4-1

グループ名	タグ
标点	标点错误 标点缺失 标点多余
字	异体字 错字 别字 不规范的字 漏字 多字 繁体字 拼音字 无法识别的字
词	词序颠倒 用词不当 生造词 离合词 外文词 缺词 多词
句	把字句 被字句 比字句 连字句 有字句 是字句 是・・・的句 存现句 兼语句 连动句 双宾句 形容词谓语句 否定句 像字句 名词性谓语句 疑问句 主语残缺 主语多余 谓语残缺 谓语多余 述语残缺 述语多余 宾语残缺 宾语多余 补语残缺 补语多余 定语残缺 定语多余 状语残缺 状语多余 中心语残缺 中心语多余 定中搭配不当 状中搭配不当 主谓搭配不当 动宾搭配不当 述补搭配不当 主宾搭配不当 介宾搭配不当 成分标记词不当 语序错误 句式揉杂 重叠错误 固定格式错误 未完句 存疑句
篇章	上下文语义缺乏联系 关联错误 指代错误

　分類名を表す、表 4-1 の各「グループ名」をタグリストに表示させるためには、図 4-66 のように、それぞれのタググループの行頭に、グループ名の「label-标点」、「label-字」、「label-词」、「label-句」、「label-篇章」と書き込む。ハイフンは半角である。グループ名の後に半角のスペースを空ける。

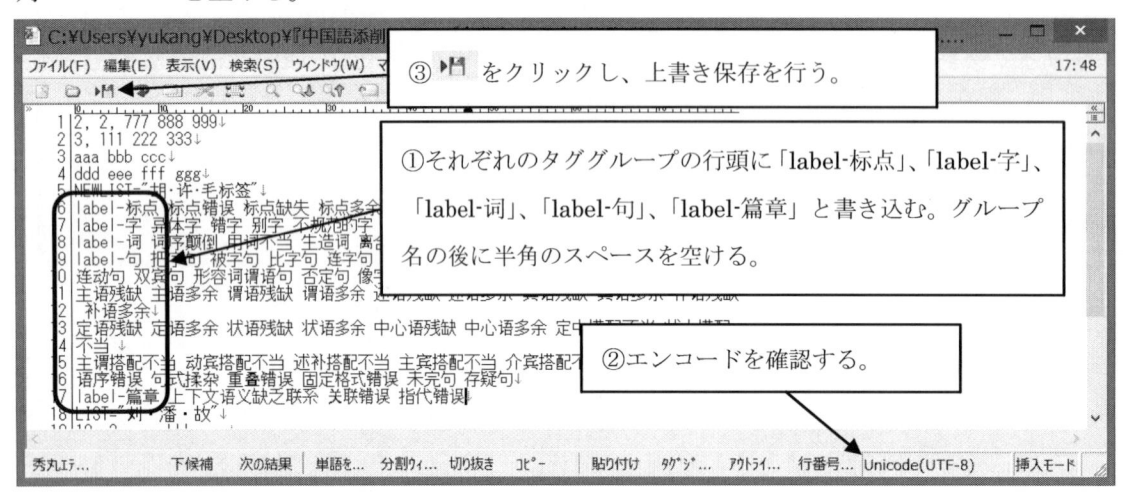

図 4-66

④エンコードが Unicode（UTF-8）であることを確認し、をクリックして、上書き保存を行う。

⑤TNR_ChineseErrorCorpusTagger3.0 をダブルクリックして立ち上げ、新規タグリスト"胡・许・毛标签"に分類名のラベルが表示されているかどうかを確認する。

　図 4-67 のように、新規タグリスト"胡・许・毛标签"において、それぞれのタググループの左側にタグの分類名のラベルが表示されていたら成功である。

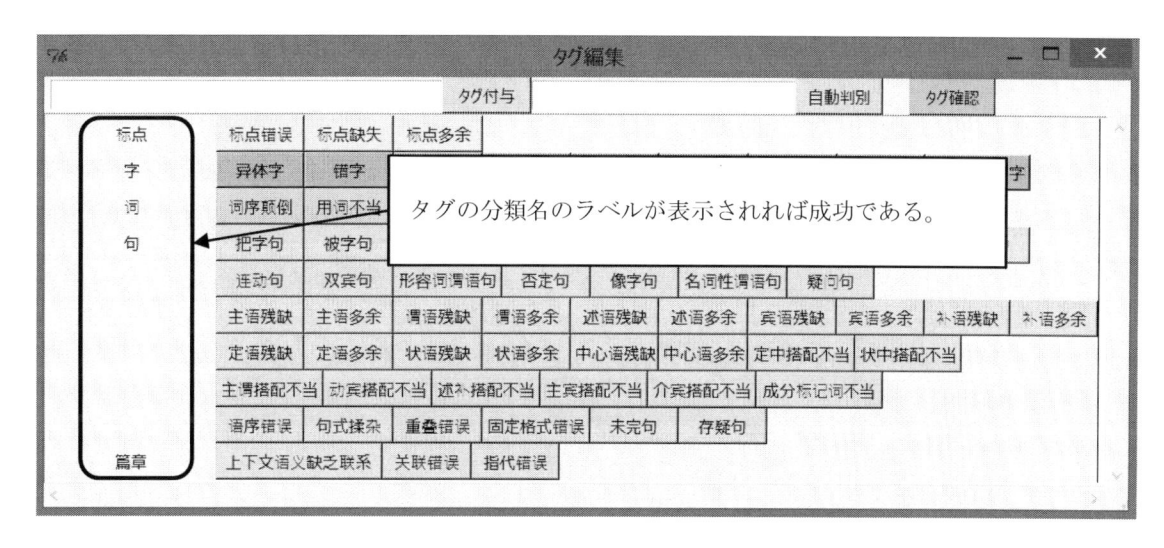

図 4-67

4.5　タグの定義、典型例、常用語の確認やタグ自動判別の機能を付加する方法

　より的確で効率的にタグ付与の作業を進めるためには、新規作成のタグリストに、タグの定義、典型例、常用語の確認やタグの自動判別の機能を付ける必要がある。

　以下において、《趨向补语通釈》（刘月华編、北京語言文化大学出版社）に基づき、新規タグリスト"趨向补语"を作成した上で、タグの定義、典型例、常用語の表示方法とタグの自動判別の方法について説明する。新規タグリスト"趨向补语"を例にする目的は、本来保存できない複数の同名のタグを、どのようして処理するかという方法についても工夫例を紹介したいからである。

4.5.1　新規タグリスト"趨向补语"の作成

　例えば、学生の作文から中国語の"趨向补语"の学習状況や誤用の傾向性を絞って考察するため、タグリスト"趨向补语"の作成が必要であるとする。

　《趨向补语通釈》において、"趨向补语"とされるのは"来""上来""下来""进来""出来""回来""过来""起来""开来""去""上去""下去""进去""出去""回去""过去""开去"である。意味用法は、細かくはそれぞれの個別の"趨向补语"によって異なるが、"趨向意义""結果意义""特殊用法""状態意义""熟語"といった5つの意味用法に大きく分けられている。

　タグリスト"趨向补语"を作成する目的は、大きく分けると、次の2点である。

① "趨向补语"を使うべきところに、"趨向补语"が使われてはいるが、意味用法は間違っている。よく間違われる意味用法はなにか。
② "趨向补语"を使うべきところに、"趨向补语"ではなく、他の"补语"が使われている。間違われやすい"补语"はどのようなものか。

これらを知りたいときに必要となる。そのためには、図 4-68 のようなタグリストを作成できれば、誤用の分析や集計ができるであろう。

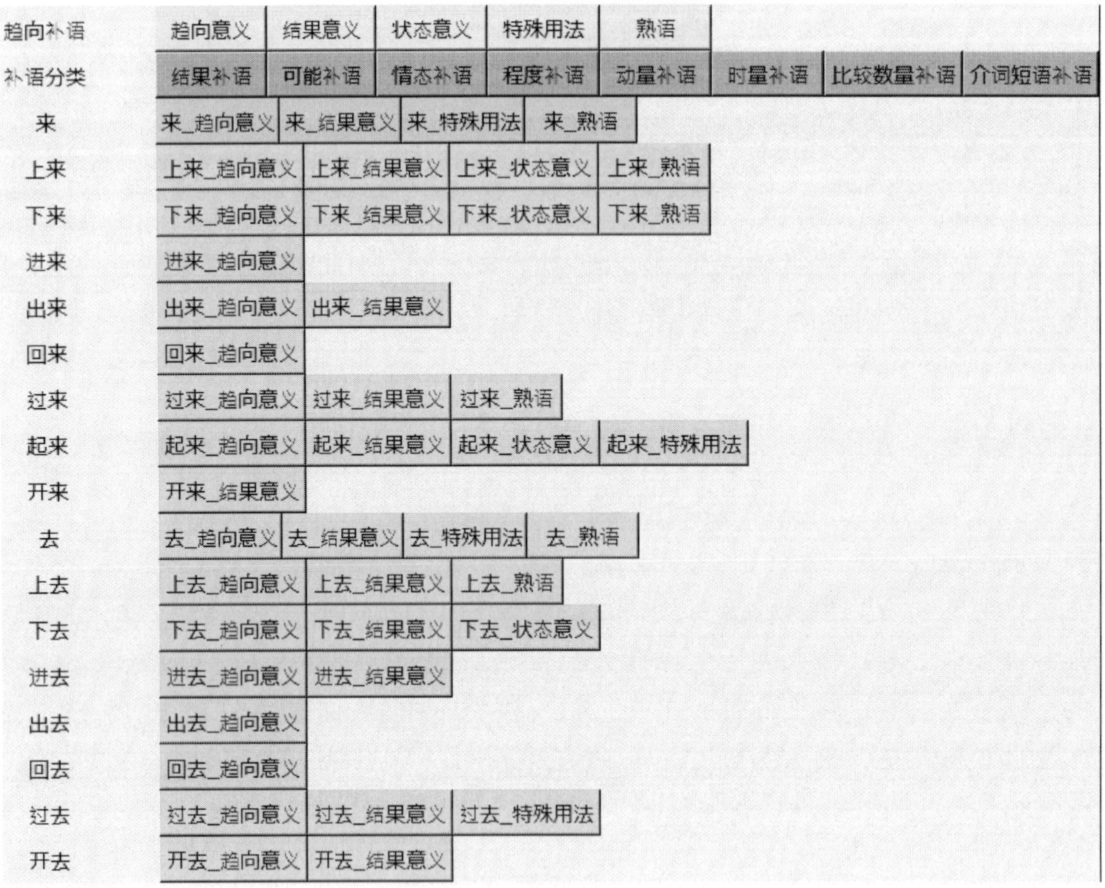

趋向补语	趋向意义	结果意义	状态意义	特殊用法	熟语			
补语分类	结果补语	可能补语	情态补语	程度补语	动量补语	时量补语	比较数量补语	介词短语补语
来	来_趋向意义	来_结果意义		来_特殊用法	来_熟语			
上来	上来_趋向意义	上来_结果意义	上来_状态意义		上来_熟语			
下来	下来_趋向意义	下来_结果意义	下来_状态意义		下来_熟语			
进来	进来_趋向意义							
出来	出来_趋向意义	出来_结果意义						
回来	回来_趋向意义							
过来	过来_趋向意义	过来_结果意义			过来_熟语			
起来	起来_趋向意义	起来_结果意义	起来_状态意义	起来_特殊用法				
开来	开来_结果意义							
去	去_趋向意义	去_结果意义		去_特殊用法	去_熟语			
上去	上去_趋向意义	上去_结果意义			上去_熟语			
下去	下去_趋向意义	下去_结果意义	下去_状态意义					
进去	进去_趋向意义	进去_结果意义						
出去	出去_趋向意义							
回去	回去_趋向意义							
过去	过去_趋向意义	过去_结果意义		过去_特殊用法				
开去	开去_趋向意义	开去_结果意义						

図 4-68

図 4-69 のように、一番上の2行のうち、1行目がタグ付与する際に、"趋向补语"の意味用法を選択するためのタグであり、2行目が"补语"の種類を選択するためのタグである。

つまり、"趋向补语"において「よく間違われる意味用法はなにか」を中心にタグ付与する場合は、1行目のタグを使用するのに対し、「間違われやすい"补语"はどのようなものか」を中心にタグ付与する場合、2行目のタグを使用することになる。"趋向补语"はメインの対象となっているため、2行目の"补语分类"の中には含まれていない。

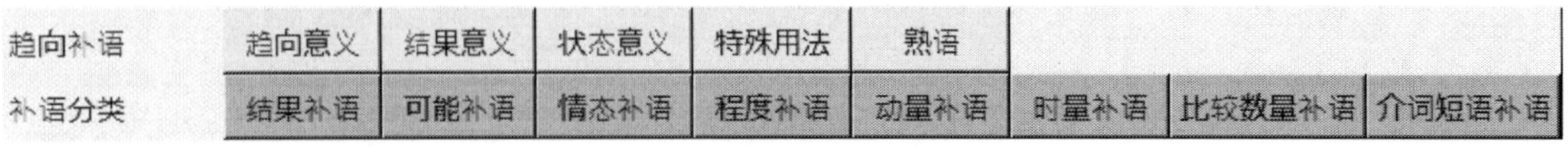

趋向补语	趋向意义	结果意义	状态意义	特殊用法	熟语			
补语分类	结果补语	可能补语	情态补语	程度补语	动量补语	时量补语	比较数量补语	介词短语补语

図 4-69

3行目以下の部分は、図 4-70 のようにそれぞれの"趋向补语"の更なる意味用法を確認するための部分である。つまり、必要なボタンをクリックすれば、その用法の定義や共起

例などが表示されるのである。

来	来_趋向意义	来_结果意义	来_特殊用法	来_熟语
上来	上来_趋向意义	上来_结果意义	上来_状态意义	上来_熟语
下来	下来_趋向意义	下来_结果意义	下来_状态意义	下来_熟语
进来	进来_趋向意义			
出来	出来_趋向意义	出来_结果意义		
回来	回来_趋向意义			
过来	过来_趋向意义	过来_结果意义	过来_熟语	
起来	起来_趋向意义	起来_结果意义	起来_状态意义	起来_特殊用法
开来	开来_结果意义			
去	去_趋向意义	去_结果意义	去_特殊用法	去_熟语
上去	上去_趋向意义	上去_结果意义	上去_熟语	
下去	下去_趋向意义	下去_结果意义	下去_状态意义	
进去	进去_趋向意义	进去_结果意义		
出去	出去_趋向意义			
回去	回去_趋向意义			
过去	过去_趋向意义	过去_结果意义	过去_特殊用法	
开去	开去_趋向意义	开去_结果意义		

図 4-70

なお、図4-70における"来_趋向意义"や"上来_趋向意义"の意味については以下の関係する節で述べるとしよう。

4.5.1.1　新規タグリスト"趋向补语"の作成の手順

タグリスト"趋向研究"の作成の手順は主に次の通りである。

①tagchnlistを開く。

②tagchnlistには、すでに様々なタグが書き込まれているはずである。"NEWLIST="胡・许・毛标签""のタグリストのグループの最下部の"label-篇章　上下文语义缺乏联系　关联错误　指代错误"と、"LIST="刘・潘・故""との間の行の行頭に"NEWLIST="趋向研究""と書き込み、改行する。

　この"NEWLIST="趋向研究""は、新規作成のタグリストの名前であり、タグリスト選択のボックスに表示される。

③行頭に"label-趋向补语"と書き込んだ後、半角のスペースを空け、"趋向意义　结果意义　状态意义　特殊用法　熟语"と書き込む。タグとタグの間に、半角のスペースを空ける。"label-趋向补语"は、このタググループの分類名である。

④改行して、行頭に"label-补语分类"と書き込んだ後、半角のスペースを空け、"结果

补语 可能补语 情态补语 程度补语 动量补语 时量补语 比较数量补语 介词短语补语"
と書き込む。タグとタグの間に、半角のスペースを空ける。"label-补语分类"は、このタググループの分類名である。

⑤書き込んだ結果は、図 4-71 になる。

『秀丸エディタ』では、"比较数量补语"の"比较数量补"のところから改行されたように見えるが、これは、『秀丸エディタ』自身が持つ表示機能によるもので、実際には改行されていないので、特に気にする必要はない。「↓」というマーカーは改行の印なので、「↓」が付いていなければ、実際には改行されていない。

⑤保存する場合は、エンコードが Unicode (UTF-8) であることを確認し、 をクリックして、上書き保存を行う。

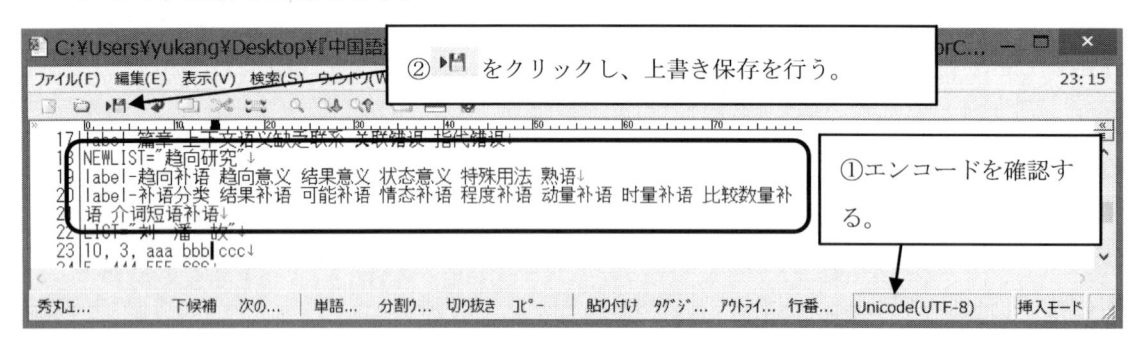

図 4-71

⑥TNR_ChineseErrorCorpusTagger3.0 をダブルクリックして立ち上げ、新規タグリスト"趋向研究"がタグリスト選択のボックスに表示されているかどうかを確認する。

図 4-72 のように、タグリスト選択のボックスをクリックして、新規タグリスト"趋向研究"が表示される。

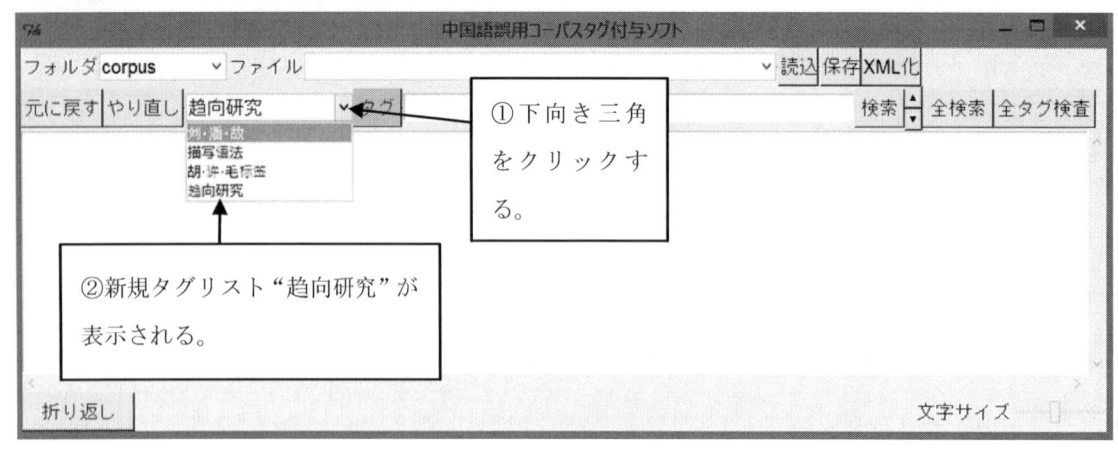

図 4-72

⑦新規タグリスト"趋向研究"を選択して、図 4-73 のように「タグ」ボタンをクリックする。

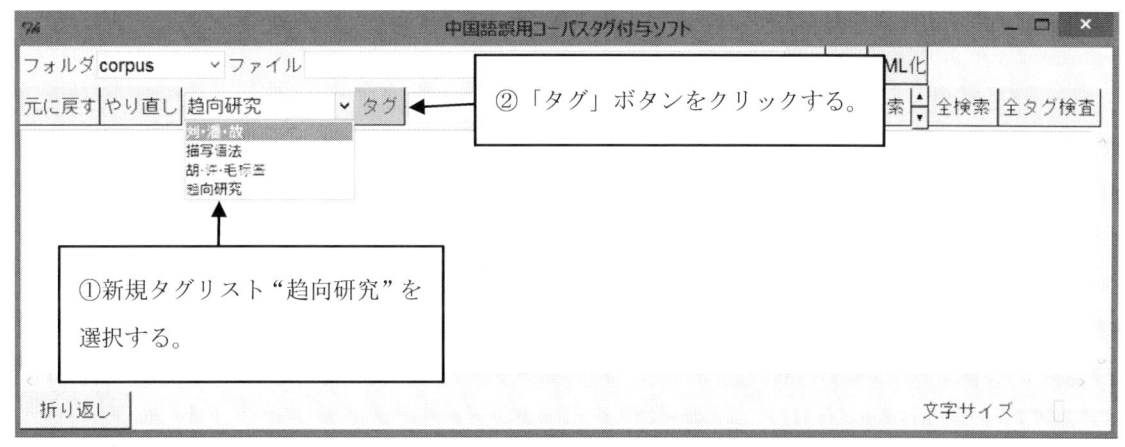

【第4章】タグリストの内容と新しいタグの追加及びタグリストの新規作成　●83●

図 4-73

⑧図 4-74 のように、作成したタグリストが表示されれば成功である。

図 4-74

4.5.1.2　同名のタグの定義、典型例、常用語の表示方法

"趨向意义""结果意义""状态意义""特殊用法""熟语"は、ある特定の"趨向补语"の意味用法ではなく、"趨向补语"が持つ可能性のある意味用法のまとめである。表 4-2 のように"趨向补语"の"来""上来""下来""进来""出来""回来""过来""起来""开来""去""上去""下去""进去""出去""回去""过去""开去"は、いずれも"趨向意义""结果意义""状态意义""特殊用法""熟语"のすべての意味用法を持つものではなく、その一部の意味用法しか持たないものがほとんどである。

表 4-2

グループ名	タグ
来	趨向意义　结果意义　特殊用法　熟语
上来	趨向意义　结果意义　状态意义　熟语
下来	趨向意义　结果意义　状态意义　熟语
进来	趨向意义
出来	趨向意义　结果意义
回来	趨向意义
过来	趨向意义　结果意义　熟语

起来	趨向意义　結果意义　状态意义　特殊用法
开来	結果意义
去	趨向意义　結果意义　特殊用法　熟語
上去	趨向意义　結果意义　熟語
下去	趨向意义　結果意义　状态意义
进去	趨向意义　結果意义
出去	趨向意义
回去	趨向意义
过去	趨向意义　結果意义　特殊用法
开去	趨向意义　結果意义

　同じく"趨向意义""結果意义""状态意义""特殊用法""熟語"であっても、"趨向補語"によって、例えば、"上来"と"下来"とでは典型例や常用語が異なる。従って、図 4-75 の中にある、"趨向意义""結果意义""状态意义""特殊用法""熟語"のタグには、それぞれの"趨向補語"の典型例や常用語の情報を一括して載せるべきであるが、それはできない。

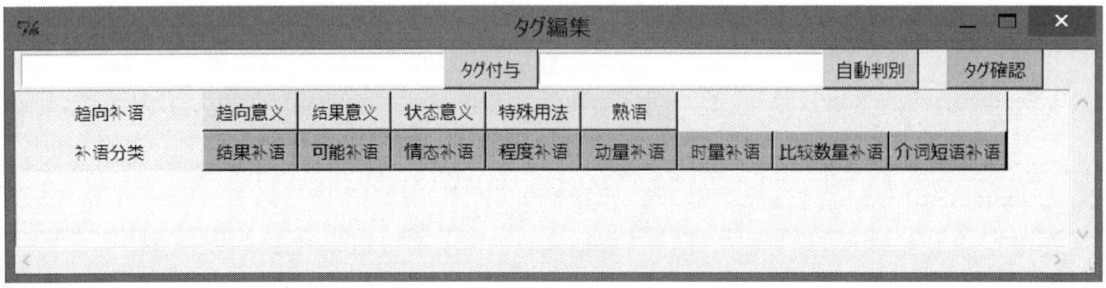

図 4-75

　以上の問題は、表 4-2 の形で処理すればクリアできるかと思われがちであるが、タグ名が同名であるため、バッティングが生じるので、元々タグとしては登録できない。この問題を解決するために、次のような 2 つの方法が考えられる。

　①ソフトのプログラムを書き換える
　②同名の現象を避ける

　前者は、読者のサイドでできることではないので、後者の方法を取るしかない。つまり、何らかの方法で同名の現象を回避しなければならないのである。ここで考えられるのが、図 4-76 のように"趨向意义""結果意义""状态意义""特殊用法""熟語"といった意味用法の前にそれぞれの"趨向補語"を付けることによって同名の現象を回避する方法である。

【第４章】タグリストの内容と新しいタグの追加及びタグリストの新規作成

来	来_趋向意义	来_结果意义	来_特殊用法	来_熟语
上来	上来_趋向意义	上来_结果意义	上来_状态意义	上来_熟语
下来	下来_趋向意义	下来_结果意义	下来_状态意义	下来_熟语
进来	进来_趋向意义			
出来	出来_趋向意义	出来_结果意义		
回来	回来_趋向意义			
过来	过来_趋向意义	过来_结果意义	过来_熟语	
起来	起来_趋向意义	起来_结果意义	起来_状态意义	起来_特殊用法
开来	开来_结果意义			
去	去_趋向意义	去_结果意义	去_特殊用法	去_熟语
上去	上去_趋向意义	上去_结果意义	上去_熟语	
下去	下去_趋向意义	下去_结果意义	下去_状态意义	
进去	进去_趋向意义	进去_结果意义		
出去	出去_趋向意义			
回去	回去_趋向意义			
过去	过去_趋向意义	过去_结果意义	过去_特殊用法	
开去	开去_趋向意义	开去_结果意义		

図 4-76

　この方法はすこし手間がかかるが、読者のサイドでも簡単に作成できるのが最大のメリットである。

　その主な手順は次の通りである。

①tagchnlist を開く。

②すでに作成したタグリスト"趋向补语"の中に"介词短语补语"というタグがある。そのタグの後、改行する。

③行頭にグループ名を表す"label-来"と書き込んだ後、半角のスペースを空けてから、"来_趋向意义　来_结果意义　来_特殊用法　来_熟语"と書き込む。さらに改行する。

④行頭にグループ名を表す"label-上来"と書き込んだ後、半角のスペースを空けてから、"上来_趋向意义　上来_结果意义　上来_状态意义　上来_熟语"と書き込む。さらに改行する。

⑤行頭にグループ名を表す"label-下来"と書き込んだ後、半角のスペースを空けてから、"下来_趋向意义　下来_结果意义　下来_状态意义　下来_熟语"と書き込む。さらに改行する。

⑥行頭にグループ名を表す"label-进来"と書き込んだ後、半角のスペースを空けてから、"进来_趋向意义"と書き込む。さらに改行する。

⑦行頭にグループ名を表す"label-出来"と書き込んだ後、半角のスペースを空けてから、

"出来_趋向意义 出来_结果意义"と書き込む。さらに改行する。

⑧行頭にグループ名を表す"label-回来"と書き込んだ後、半角のスペースを空けてから、"回来_趋向意义"と書き込む。さらに改行する。

⑨行頭にグループ名を表す"label-过来"と書き込んだ後、半角のスペースを空けてから、"过来_趋向意义 过来_结果意义 过来_熟语"と書き込む。さらに改行する。

⑩行頭にグループ名を表す"label-起来"と書き込んだ後、半角のスペースを空けてから、"起来_趋向意义 起来_结果意义 起来_状态意义 起来_特殊用法"と書き込む。さらに改行する。

⑪行頭にグループ名を表す"label-开来"と書き込んだ後、半角のスペースを空けてから、"开来_结果意义"と書き込む。さらに改行する。

⑫行頭にグループ名を表す"label-去"と書き込んだ後、半角のスペースを空けてから、"去_趋向意义 去_结果意义 去_特殊用法 去_熟语"と書き込む。さらに改行する。

⑬行頭にグループ名を表す"label-上去"と書き込んだ後、半角のスペースを空けてから、"上去_趋向意义 上去_结果意义 上去_熟语"と書き込む。さらに改行する。

⑭行頭にグループ名を表す"label-下去"と書き込んだ後、半角のスペースを空けてから、"下去_趋向意义 下去_结果意义 下去_状态意义"と書き込む。さらに改行する。

⑮行頭にグループ名を表す"label-进去"と書き込んだ後、半角のスペースを空けてから、"进去_趋向意义 进去_结果意义"と書き込む。さらに改行する。

⑯行頭にグループ名を表す"label-出去"と書き込んだ後、半角のスペースを空けてから、"出去_趋向意义"と書き込む。さらに改行する。

⑰行頭にグループ名を表す"label-回去"と書き込んだ後、半角のスペースを空けてから、"回去_趋向意义"と書き込む。さらに改行する。

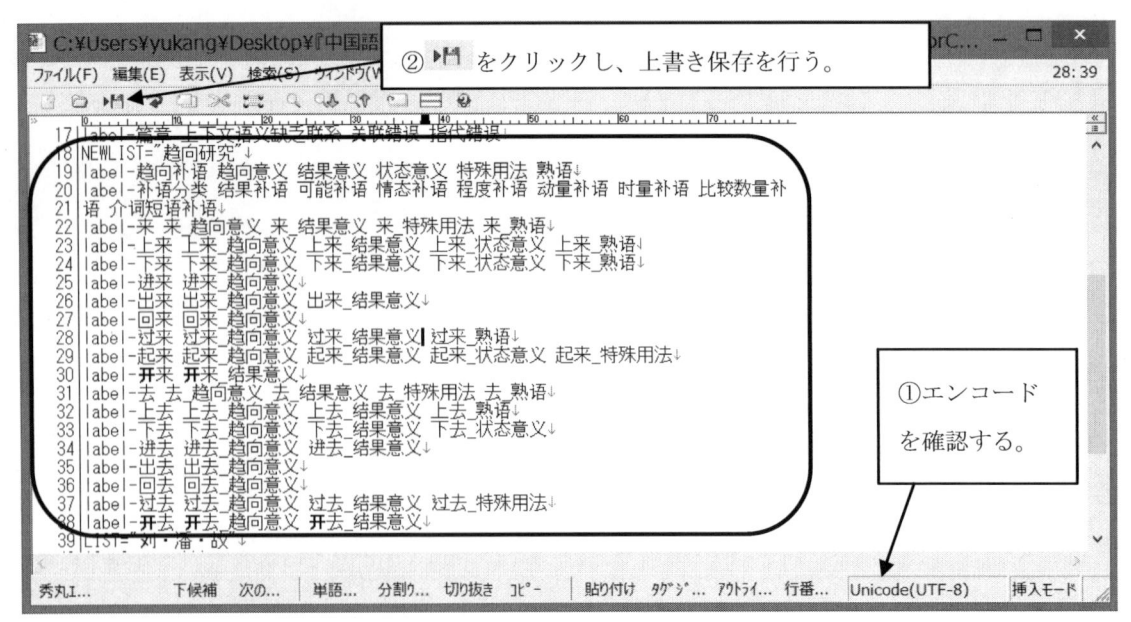

図 4-77

⑱行頭にグループ名を表す"label-过去"と書き込んだ後、半角のスペースを空けてから、"过去_趋向意义 过去_结果意义 过去_特殊用法"と書き込む。さらに改行する。

⑲行頭にグループ名を表す"label-开去"と書き込んだ後、半角のスペースを空けてから、"开去_趋向意义 开去_结果意义"と書き込む。さらに改行する。

⑳書き込んだ結果は、図 4-77 になる。

⑳エンコードが Unicode（UTF-8）であることを確認し、 をクリックして、上書き保存を行う。

㉑TNR_ChineseErrorCorpusTagger3.0 をダブルクリックして立ち上げ、新規タグリスト"趋向研究"を選択する。「タグ」ボタンをクリックして、追加のタグが表示されているかどうかを確認する。

図 4-78 のように、追加のタグが表示されていることが確認できれば、内容の追加は成功である。

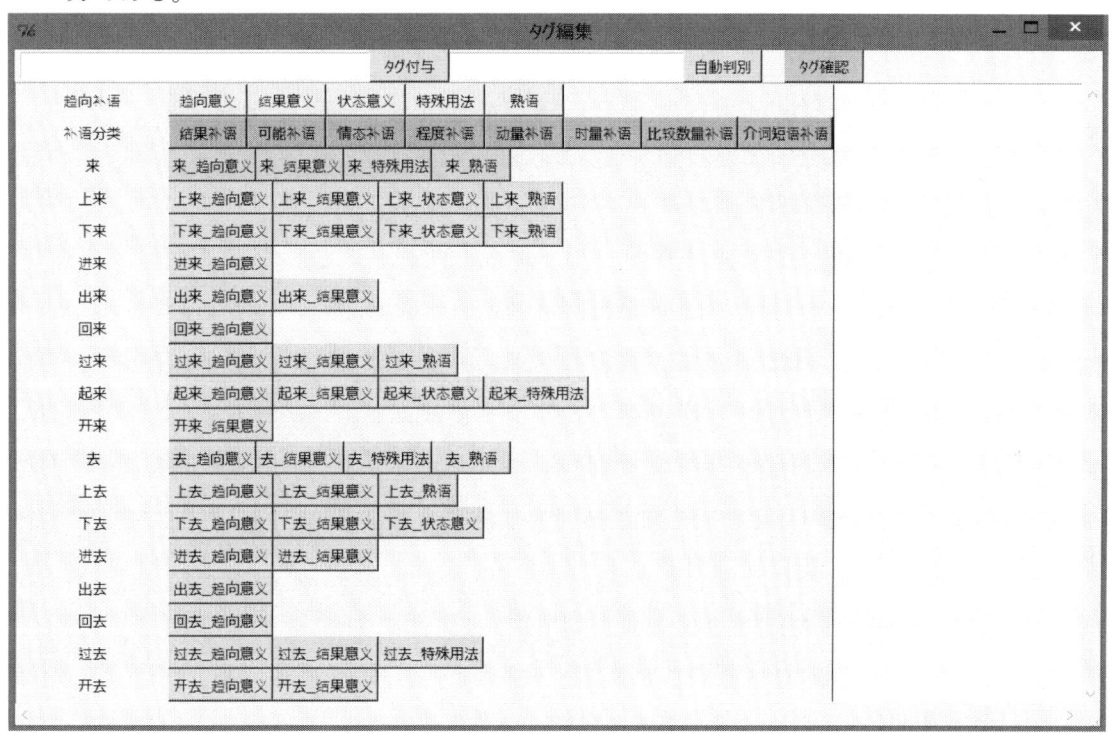

図 4-78

これで、タグの定義、典型例、常用語の表示とタグの自動判別のための準備ができた。

4.5.2　タグの定義、典型例、常用語の表示方法とタグの自動判別の方法

「趋向补语_意味用法」という形のタグを追加した後、次は、それぞれの追加のタグボタンに定義、典型例、常用語を書き込む。ここで、"来_趋向意义""来_结果意义""来_特殊用法""来_熟语"というボタンに定義、典型例、常用語を表示させることを例とする。すべてのタグには、必ずしも定義、典型例、常用語のすべてが揃っているわけではない。そ

の一部しかない場合もある。また、"趨向研究"のタグのように、典型例や常用語の代わりに、共起例になることもある。

その主な手順は次の通りである。

① TNR_ChineseErrorCorpus.WT の中の autotagchnlist を開く。

ここで注意する点として使うファイルは、これまで使ってきた tagchnlist ではなく、autotagchnlist である。

② 行頭に、タグリストを示す "LIST="趨向研究"" と書き込む。改行する。

③ 行頭に、"来_趨向意义" と書き込む。半角のスペースを空け、次のように定義と共起例を書き込む。

表示人或物通过动作向立足点移动。上来 下来 进来 出来 回来 过来 起来 到来 走来 跑来 爬来 冲来 刮来 飘来 飞来 奔来 赶来 扑来 打来 袭来 围拢来 聚拢来 作拢来 归拢来 靠近来 走进来 端来 抬来 送来 取来 请来 派来 娶来 接来 扎来 砍来 抛来

定義や典型例の内容は自動判別の対象となる内容ではないので、必ず文末に「。」か「？」か「！」を付ける。「。」か「？」か「！」が付いた内容は自動判別の際に無視され、付かない内容は自動判別の対象になる。

上述の書き込みの内容において、"表示人或物通过动作向立足点移动。" が "来_趨向意义" の定義であるので、「。」を付ける。この内容は、自動判別の対象から除外される。それに対し、"上来 下来 进来 出来 回来 过来 起来 到来 走来 跑来 爬来 冲来 刮来 飘来 飞来 奔来 赶来 扑来 打来 袭来 围拢来 聚拢来 作拢来 归拢来 靠近来 走进来 端来 抬来 送来 取来 请来 派来 娶来 接来 扎来 砍来 抛来" は共起例であり、「。」、「？」、「！」のいずれも付いていないので、自動判別の対象になる。つまり、例えば、"奔来" と入力して、「自動判別」ボタンをクリックすれば、"趨向意义" というタグが表示される。

④ 改行してから、"来_结果意义" と書き込む。半角のスペースを空け、次の内容を書き込む。

（一）表示实现 "醒" 的状态，可用的动词只有 "醒"。（二）表示融洽，可搭配的动词只有 "合、处、谈、说" 等。合得来 合不来 处得来 处不来 谈得来 谈不来 （三）表示 "会" 或 "习惯" 做某事，只有可能式，一般用否定式。不来

⑤ 改行してから、"来_特殊用法" と書き込む。半角のスペースを空け、""在···V来" 格式，直接引出某人的看法、想法等。想来 听来 看来" と書き込む。

⑥ 改行してから、"来_熟语" と書き込む。半角のスペースを空け、"下不来台" と書き込む。

⑦書き込んだ結果は、図 4-79 になる。

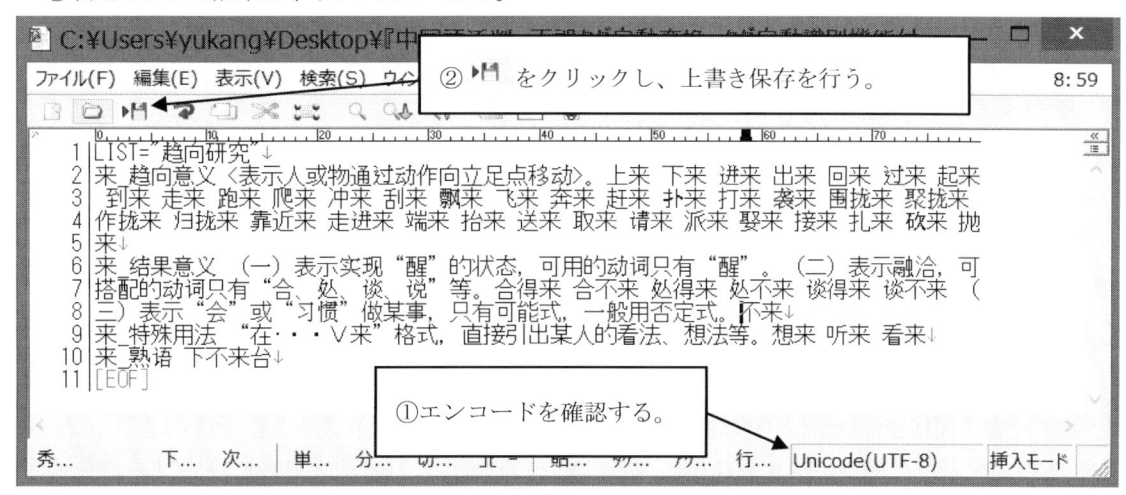

図 4-79

⑧エンコードが Unicode（UTF-8）であることを確認し、 をクリックして、上書き保存を行う。

⑨TNR_ChineseErrorCorpusTagger3.0 をダブルクリックして立ち上げ、図 4-80 のようにタグリストのボックスで"趨向研究"を選択して、「タグ」ボタンをクリックする。

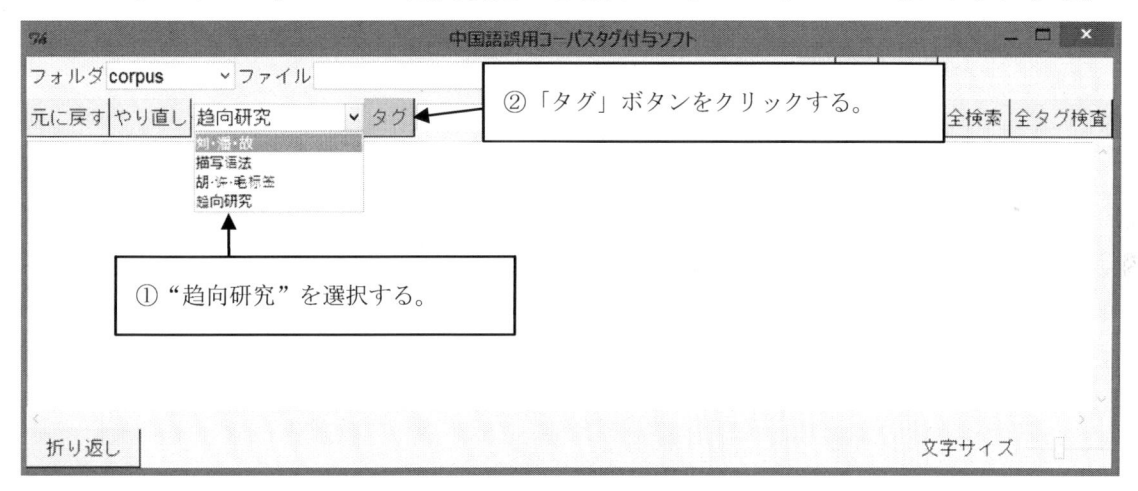

図 4-80

⑩図 4-81 の画面が現れる。

画面の上の右側に「タグ確認」というボタンがある。この「タグ確認」ボタンをクリックすれば、色が黒のままのタグボタンもあれば、グレーに変わるタグボタンもある。定義や共起例が書き込まれている場合は、色が黒のままになっているが、定義や共起例が書き込まれていない場合は、色がグレーになる。この節では"来_趨向意义""来_结果意义""来_特殊用法""来_熟语"だけを例としているので、"来_趨向意义""来_结果意义""来_特殊用法""来_熟语"だけは、色が黒のままになっているが、その他

は、色がグレーになっている。

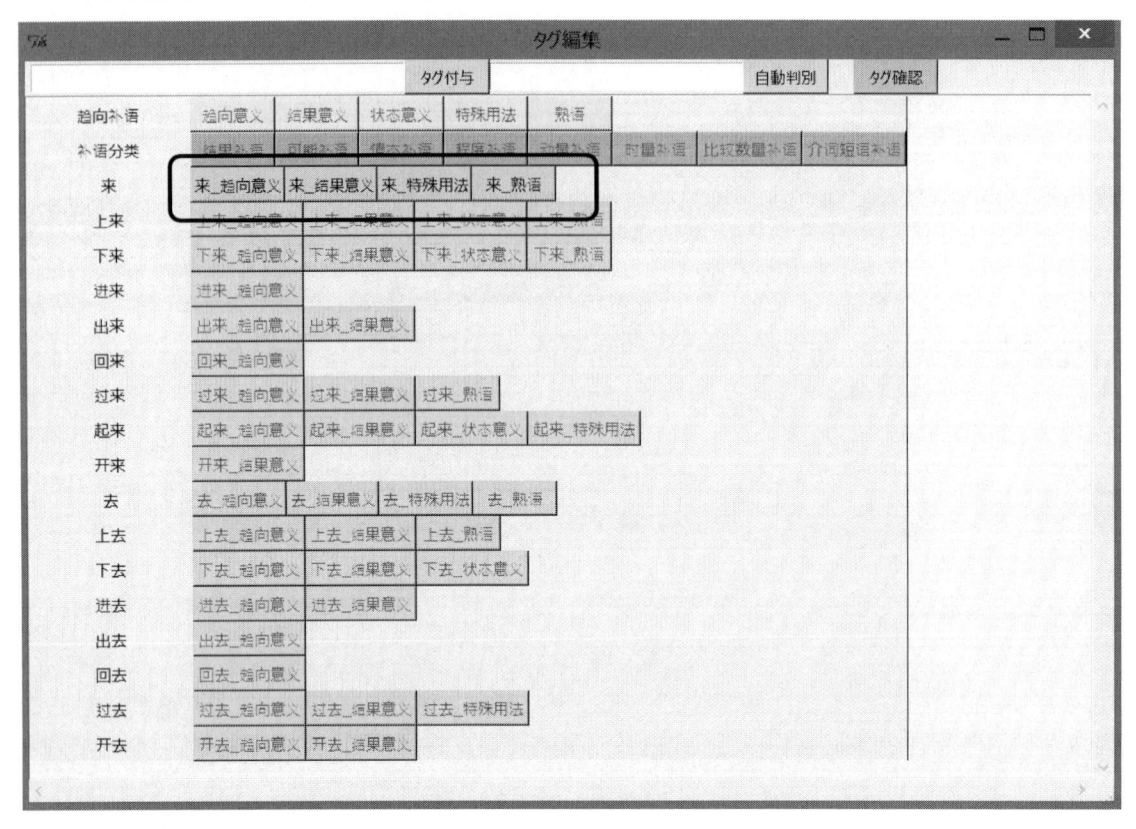

図 4-81

⑪ "来_趋向意义" をクリックすれば、図 4-82 のように、定義や共起例が表示される。

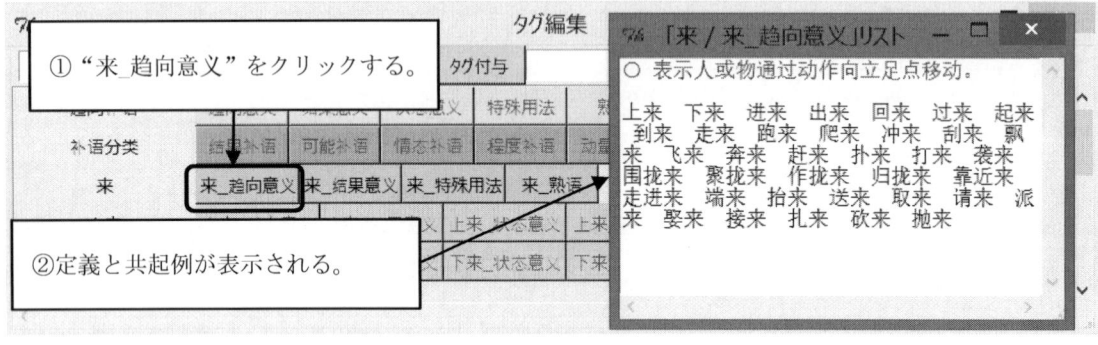

図 4-82

　これで、定義や共起例の書き込みと表示は成功である。以下は同様の方法で他の"趋向补语"の意味用法の定義や共起例を追加していく。追加する際に、"来_趋向意义"のように、必ず行頭に「趋向补语_意味用法」という形、つまり、「趋向补语」と「意味用法」の間の下に半角の「_」と書き込まなければならないことに留意されたい。
　タグの定義を書き込む際に、典型例や常用語、共起例があれば、一緒に書き込む。定義や典型例と異なり、常用語や共起例の記述では、常用語と常用語、または共起例と共起例

の間に「。」を付けずに、半角のスペースを空ける。

　要するに、タグの自動判別の元となる語は、それぞれのタグの定義や典型例（定義または典型例がない場合は、直接書き込む）の後に続けて書き込み、「。」か「？」か「！」などを付けずに書き込む。すると、記述した語をタグの自動判別の基準にできるようになる。

　例えば、TNR_ChineseErrorCorpusTagger3.0 をダブルクリックして立ち上げ、タグリストのボックスで"趨向研究"を選択する。「タグ」ボタンをクリックすれば、図 4-83 のように、タグリストが表示される。

　「自動判別」ボタンの左側のボックスに、"合不来"と入力し、「自動判別」ボタンをクリックすれば、「タグ確認」ボタンの右側に"来_結果意义"という判別結果が表示される。その判別結果を参考にタグリストから"結果意义"というタグを選択して付与する。

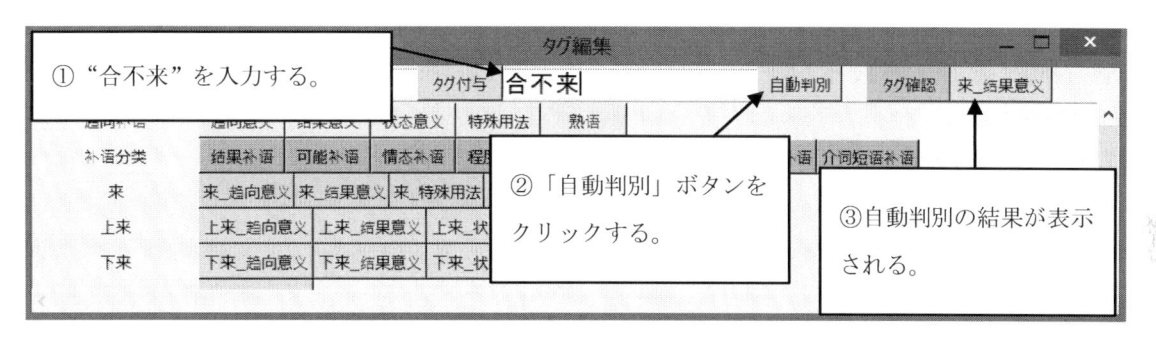

図 4-83

　"趨向研究"のタグリストは、同名のタグが多いので、差別化を図るために、特別な処理をしている。同名のタグがない場合は、このような処理は必要ではない。

4.6　まとめ

　この章では、主に「新しいタグの追加」、「タグリストの新規作成」、「タグリストの分類名の作成」、「タグの定義、典型例、常用語の確認やタグ自動判別の機能を付加する方法」を中心に述べてきた。まとめると次のようになる。

（1）パーソナルなタグを指定の行と列に自由自在に追加することができる。ただし、LIST、NEWLIST、label などの用語や「=」「" "」などの記号を規定通りに使用しなければならない。

（2）パーソナルなタグリストも新規作成することができる。ただし、タグが同名の場合は、特殊な処理方法が求められる。手続きが少し増えるが、プログラムの書き換えよりは、現実的な方法であろう。

（3）新規作成したオリジナルのタグリストのタググループに分類名を付けることもできる。ただし、（1）と同様、特殊な用語や記号の使用が必要になる。

（4）新規作成のタグリストのタグに定義、典型例、常用語を規定し、タグのボタンをクリックすることで、その内容を確認することができるだけではなく、タグの自

動判別もできる。ただし、「新しいタグの追加」、「タグリストの新規作成」、「タグリストの分類名の作成」はいずれも tagchnlist というファイルを使わなければならないのに対し、定義、典型例、常用語や自動判別の対象となる内容は、いずれも autotagchnlist というファイルを使わなければならない。

（5）記述ルールとなる英文字や記号は、必ず半角に、語と語の間に半角スペースを空けなければならない。

　第4章までは、ソフトの機能や土台作りについて、種々の説明を行ってきた。第5章からは、作文の添削の方法、添削の結果を自動的に正誤タグに変換させる方法、正誤タグの箇所に分析・集計用のタグを付与する方法、正誤タグや分析・集計用タグ付与のコーパスの作成の方法を中心に述べていく。

第 5 章

作文添削の手順と正誤タグの自動変換

主な内容：

- 5.1 作文添削の手順
  - 5.1.1 誤用の判定基準
  - 5.1.2 フォルダー作成の場所
  - 5.1.3 フォルダー作成の条件
  - 5.1.4 ファイルの保存形式とエンコードの指定
  - 5.1.5 ファイルの命名
  - 5.1.6 作文の読み込み
  - 5.1.7 作文の添削方法
  - 5.1.8 添削した内容の書き直しや削除の方法
  - 5.1.9 コメントの記入方法
  - 5.1.10 作文の添削結果
- 5.2 正誤タグの自動変換
- 5.3 MS-Word の添削結果を TNR_WritingCorrection に変換する手順
  - 5.3.1 MS-Word の添削のパターン
  - 5.3.2 「取り消し線添削法」で添削した作文の変換方法
  - 5.3.3 「校閲添削法」で添削した作文の変換方法
- 5.4 まとめ

【重要なポイント】

1. TNR_ChineseWritingCorrection を使って作文添削を行う前に、指定される場所にフォルダーを作成し、そのフォルダーにファイルを移動して保存するといった準備の作業が必要である。
2. 「文章の出典に関する情報」はファイル名として表示する。
3. 「正誤タグは、<X → Y> 類、<○→ Y> 類と <X →○ > 類のように 3 種類ある。
4. 添削内容を対応関係ごと削除する場合は、必ず「添削箇所削除」ボタンを使用しなければならない。

Capter 5

これまでの中国語学習者の文や文章の添削は、ほとんどがペンを使って行われてきた。この場合、添削の結果を吟味しながら書き直したりする場合は、学習者が提出してくれた宿題や作文を汚してしまうことも多々ある。最大の問題は添削の結果は学習者に返却されてしまったら手元に残らないことであろう。つまり、添削の結果がデータとして蓄積されていないため、誤用の研究には生かされていないのである。以上の問題を解決し、添削の結果も有効に利用するために、私共は、中国語学習者の文や文章の添削を行い、添削の結果も誤用データとして残すという作文添削ソフト **TNR_ChineseWritingCorrection** を開発した。以下は、主に作文添削の手順と正誤タグの自動変換、またそれに関連する内容を中心にそれぞれの使い方について詳細に述べていく。

5.1　作文添削の手順

　TNR_ChineseWritingCorrection を使って作文添削を行う前に、指定される場所にフォルダーを作成し、そのフォルダーにファイルを移動して保存するといった準備の作業が必要である。フォルダーの作成から作文の添削までの手順は主に次の通りである。

①既存のフォルダー**TEXT** の中に新しいフォルダーを作成する。
②新しいフォルダーに日本語母語話者の中国語学習者の作文を入れる。
③作文添削ソフトを立ち上げ、作文の添削を行う。

5.1.1　誤用の判定基準

　作文の添削を行う際に、最大の難関は誤用の認定である。明らかに間違ったものから、誤りではないが言い方を変えればさらに表現がよくなるというようなレトリックのものまで、幅が広い。中国語の誤用の判定基準について、これまでの見解を大きく分けると、主に次の通り3種類ある。

①中国語母語話者なら、どなたも認めない用法
②文法的には合っているが、不自然または非常に不自然な用法
③文法的にはそれほど顕著な間違いがなく、意味的にも理解できるが、中国語らしさを
　欠く用法

　①と②については、文法的または意味的（語用的も含む）に成り立つかどうかを基準にしており、①と②に当てはまるものなら誤用と見なされることについてはほとんど異議が出ないであろう。しかし、それに対し、③は、「らしさ」（レトリックも含む）の問題なので、判断に揺れが見られる。誤用か誤用でないかについての議論は、ほとんどこの③に集中していると言ってよいであろう。

　「らしさ」の取り扱いは、判断の基準がなく、添削者によって千差万別でなかなか統一

が見られない。従って、誤用かどうかについての判断基準は、③よりは、むろし①と②の方が不毛な議論を避けることができるし、現実的であろう。本書は、①と②を誤用の判断基準とする。

5.1.2　フォルダー作成の場所

　TNR_ChineseWritingCorrection を使って添削を行う場合、作文の保存場所も非常に重要である。作文を保存する場所は任意の場所ではなく、指定の場所である。つまり、作文を保存するフォルダーは、TNR_ChineseWritingCorrection と連動するフォルダーでなければ、作文が読み込まれないのである。

　TNR_ChineseErrorCorpus.WT の中に図 5-1 のように TEXT というフォルダーがある。このフォルダーは、添削用の作文を保管する倉庫である。

図 5-1

　学習者の作文などのデータは、必ずこのフォルダーに保存しなければならない。また、フォルダー名が任意のフォルダー名に変更された場合、そこに含まれているデフォルトの機能はすべて停止することになるので、フォルダー名の変更はしてはならない。

5.1.3　フォルダー作成の条件

　添削用の作文を保存する場合、図書館の図書管理のように、目的別にフォルダーを作成し、それぞれのフォルダーに関係のあるデータを保存すれば、管理しやすくなるであろう。

　しかし、TEXT に置く新しいフォルダーは、一層なら問題ないが、新しく作成したフォルダーの中にさらに新しいフォルダーを作成するというような、複層のフォルダーを作成することはできない。

　例えば、図 5-2 のように、TEXT において、新しいフォルダー「中国語学習者の作文」を作成することはできるが、その新しいフォルダー「中国語学習者の作文」の中にさらに新しいフォルダー「中国の中国語学習者の作文」と「日本の中国語学習者の作文」を作成することはできない。これは、新しいフォルダーの中にさらに新しいフォルダーを作成しても、そこに保存したファイルは、作文添削ソフト TNR_ChineseWritingCorrection に読み

込まれないからである。

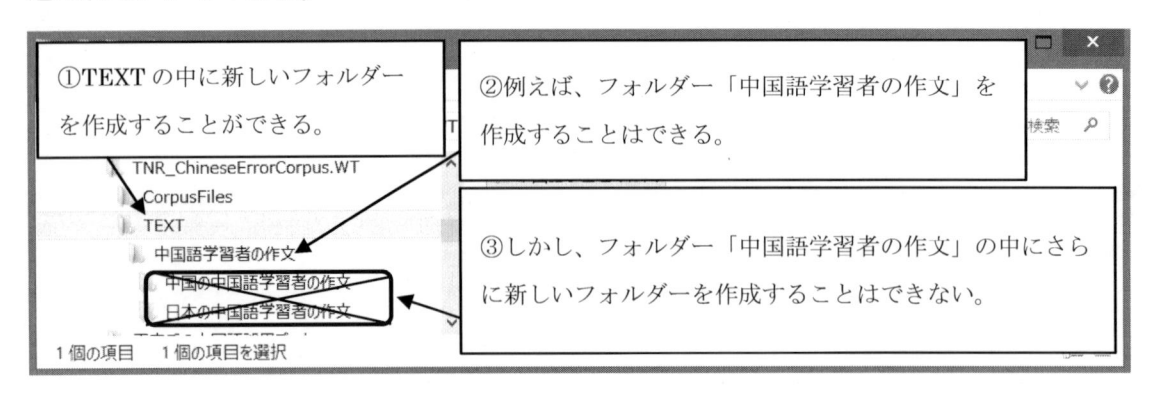

図 5-2

5.1.4 ファイルの保存形式とエンコードの指定

これまでの章の中でも触れたが、本書で紹介するソフトを使うとすれば、次の2つの条件を満たさなければ、ソフトに認識されないか、文字化けが生じてしまうことになる。

①ファイルはテキスト形式で保存する
②エンコードは Unicode（UTF-8）に指定する

5.1.4.1 テキストエディタ

学習者から提出されてきた作文は、Word 形式など、テキスト形式以外の形式で保存されたものが多いので、それらすべてをテキスト形式に置き換えなければならない。Word 形式で保存されたファイルをテキスト形式に置き換える際に使われるツールは、次のように、3種類ある。

①Windows に付いているマイクロソフトの「メモ帳」
②「秀丸エディタ」
③「サクラエディタ」[1]のようにネットで公開されている無料のテキストエディタ

Windows に付いているマイクロソフトの「メモ帳」はファイルをテキスト形式で保存することはできるが、編集機能が限られているため、「秀丸エディタ」や「サクラエディタ」よりは、汎用性が低い。

「秀丸エディタ」は、条件付き[2]の有料のテキストエディタであるが、現行のエディタの中で、最も使い勝手がよく、多様な機能を備えたエディタであると評価されている。

ネットで公開されている無料のテキストエディタは、数種類あるが、そのうちの「サク

---
[1] 詳細はホームページで確認されたい。
[2] その条件については、「秀丸エディタ」のホームページまたは『秀丸エディタ公式マニュアル』で確認されたい。

ラエディタ」は難なく使用できることが確認済みである。その他については、未確認なので、使用する前に確認された方がよかろう。基本的に多様な機能を備えたテキストエディタなら、どれでも使用できるはずである。

　本書は、「秀丸エディタ」をメインのテキストエディタとして使用する。

5.1.4.2　ファイルの保存形式の置き換え方

　MS-Word で保存されたファイルをテキスト形式に置き換える場合、2つの方法がある。

①「秀丸エディタ」か「サクラエディタ」を使って、直接 Word 形式で保存したファイルを読み取って、テキスト形式で保存する。以下、「直接読み取り方法」と略して呼ぶ。
②Word 形式で保存したファイルの内容を切り取って、「秀丸エディタ」か「サクラエディタ」に貼り付けた上で、テキスト形式で保存する。以下、「切り貼り方法」と略して呼ぶ。

「直接読み取り方法」でファイルを読み取る手順は、主に次の通りである。
①「秀丸エディタ」をクリックして開く。
②ファイルを開くマーク　をクリックする。「ファイルを開く」ウィンドウが表示される。この時点では、ファイル表示欄には「検索条件に一致する項目はありません。」以外は何も表示されていない。
③図 5-3 のように、「ファイルの種類（T）:」の横の下向き三角をクリックして、メニューの中から「すべてのファイル（*.*）」を選択してクリックした後、「開く（O）」をクリックする。

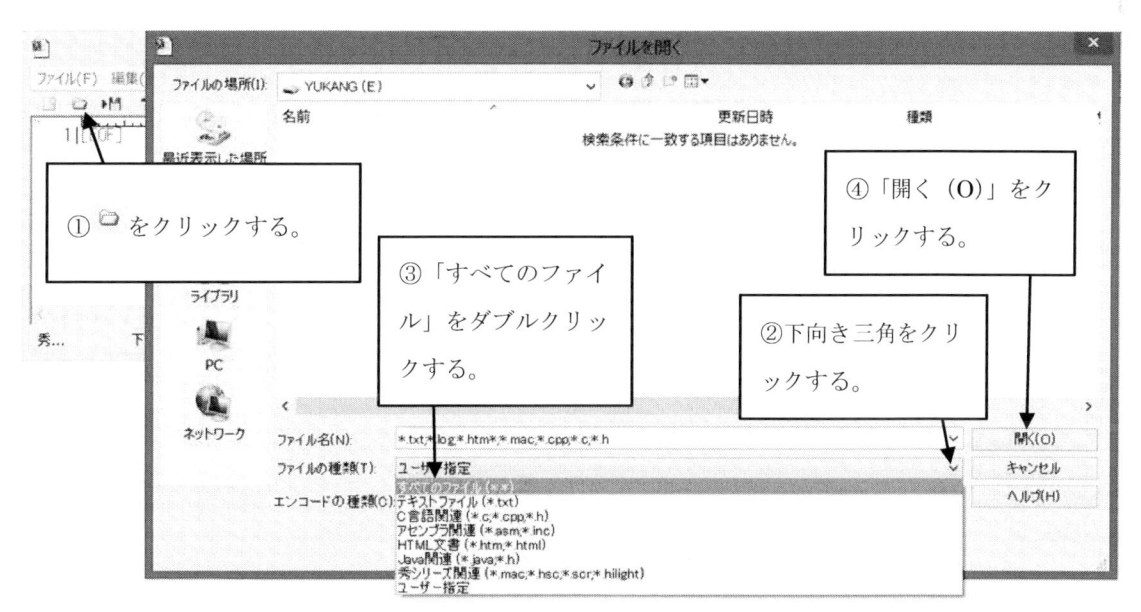

図 5-3

④MS-Word で保存されたファイルが表示され、図 5-4 のように、それをダブルクリックする。

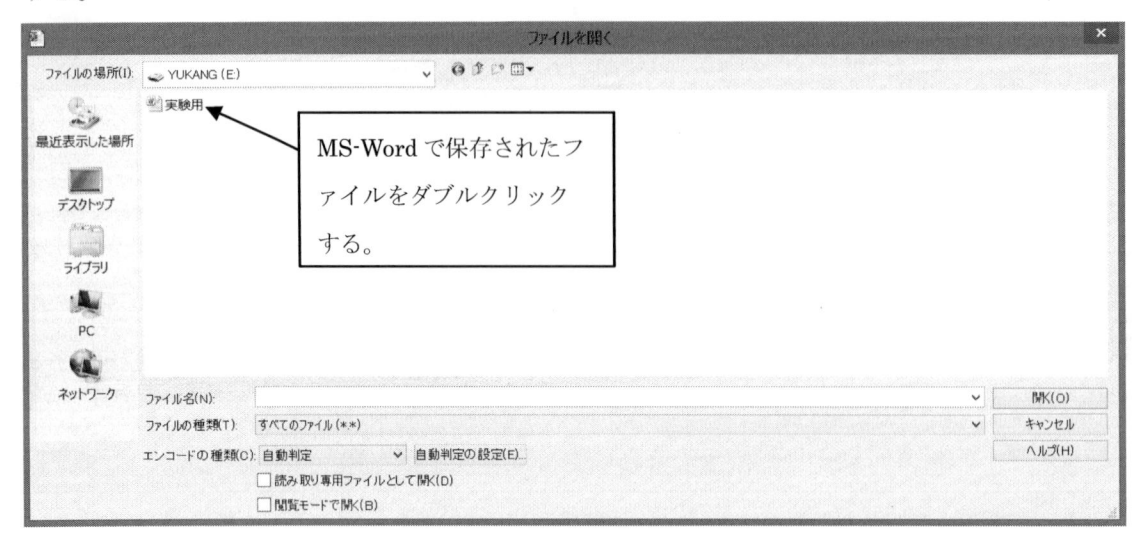

図 5-4

⑤「認識エラー」が表示される。

これは、文中には日本語以外の言語の文字が入っているため、変換できないからである。図 5-5 のように、「変換できなかった文字にジャンプする（J）」を選択してクリックする。

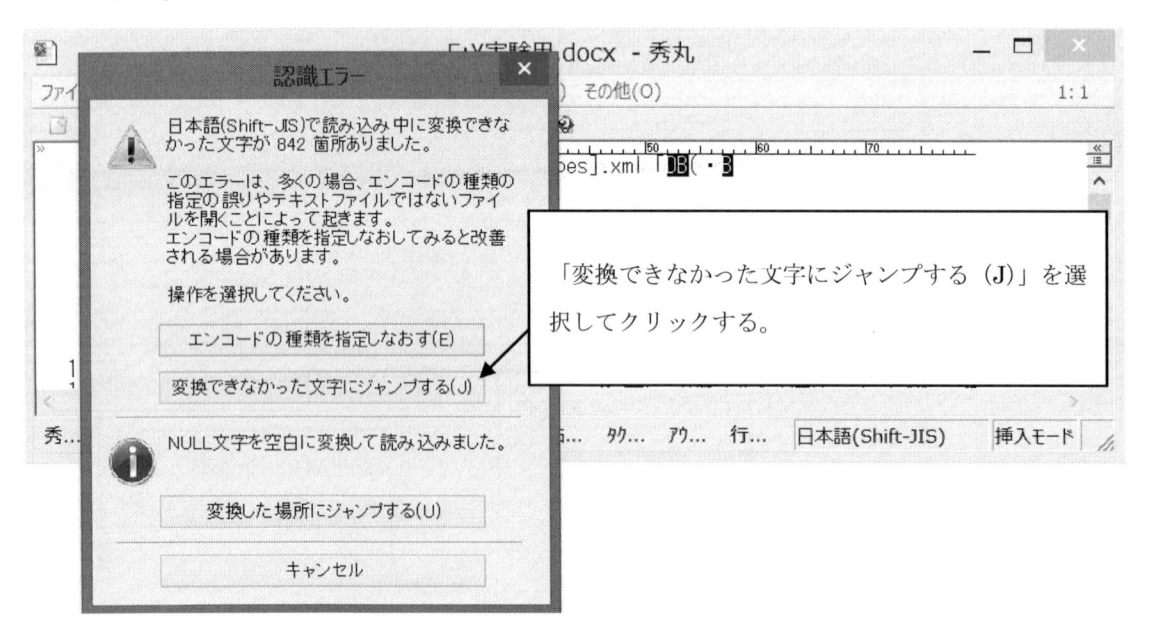

図 5-5

⑥図 5-6 のように、表示された内容は文字化けのため読めない。

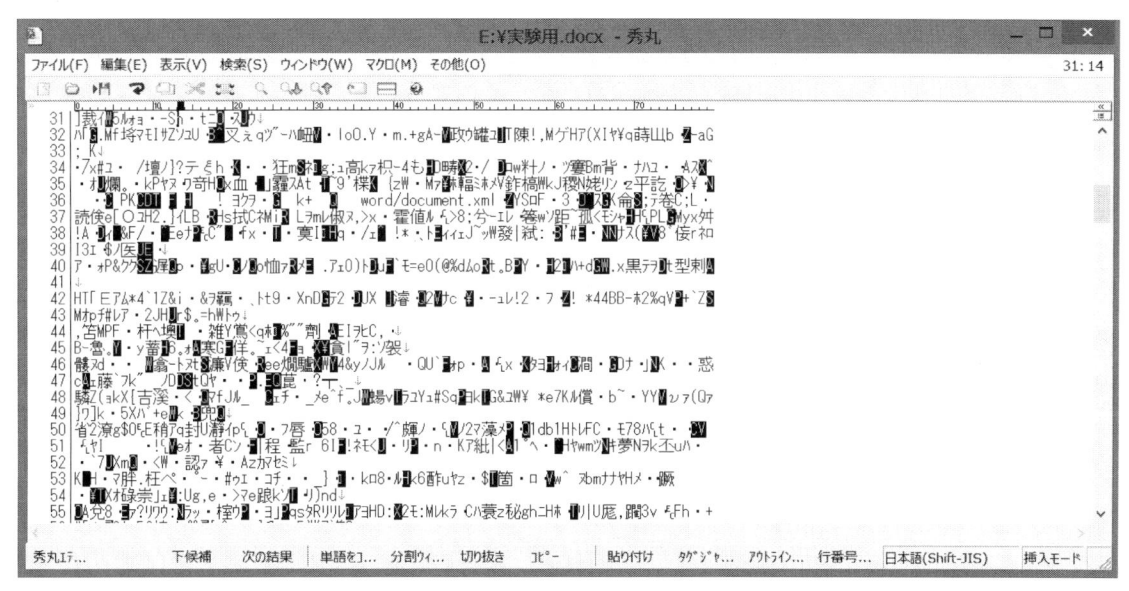

図 5-6

⑦「サクラエディタ」で読み取った結果も、図 5-7 のように、「秀丸エディタ」とはほとんど変わらない。エンコードを変えて読み直してもほとんど改善されない。

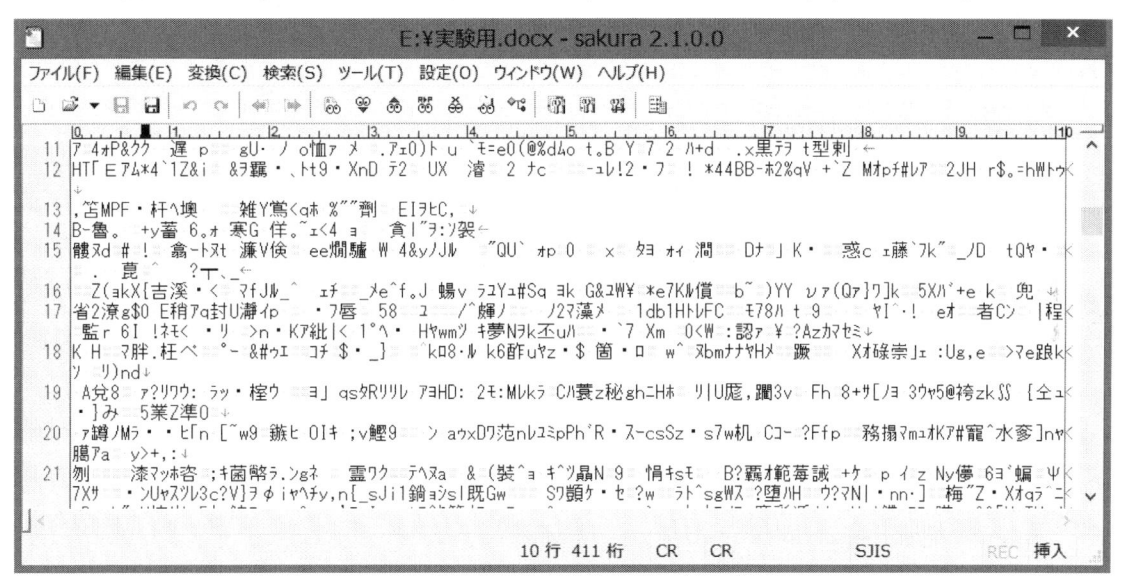

図 5-7

要するに、「直接読み取り方法」は MS-Word で保存したファイルを順調に読み取ることができないので、選択すべき方法ではないのである。

「直接読み取り方法」の問題を解決するために、残される方法は、「切り貼り方法」である。この方法なら文中に複数の言語文字が混在しても、問題なく読み取れる。「切り貼り方法」でファイルを読み取る主な手順は次の通りである。

①MS-Word を開いて、保存したファイルを開く。

②図5-8のように、すべての内容を選択して、コピーする。

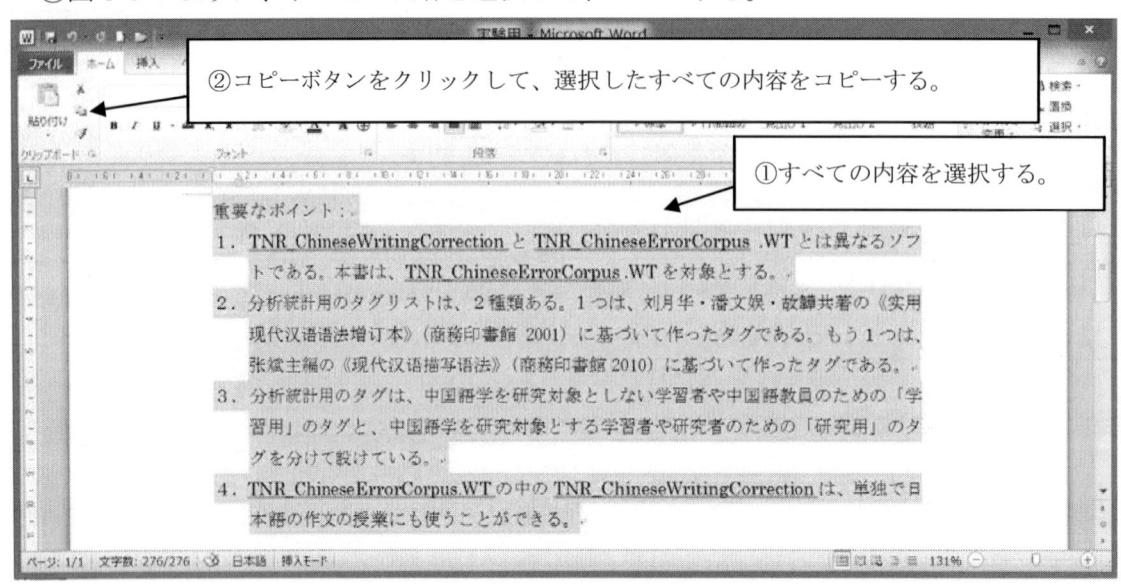

図5-8

③「秀丸エディタ」を開く。
④コピーした内容を図5-9のように開いた「秀丸エディタ」に貼り付ける。

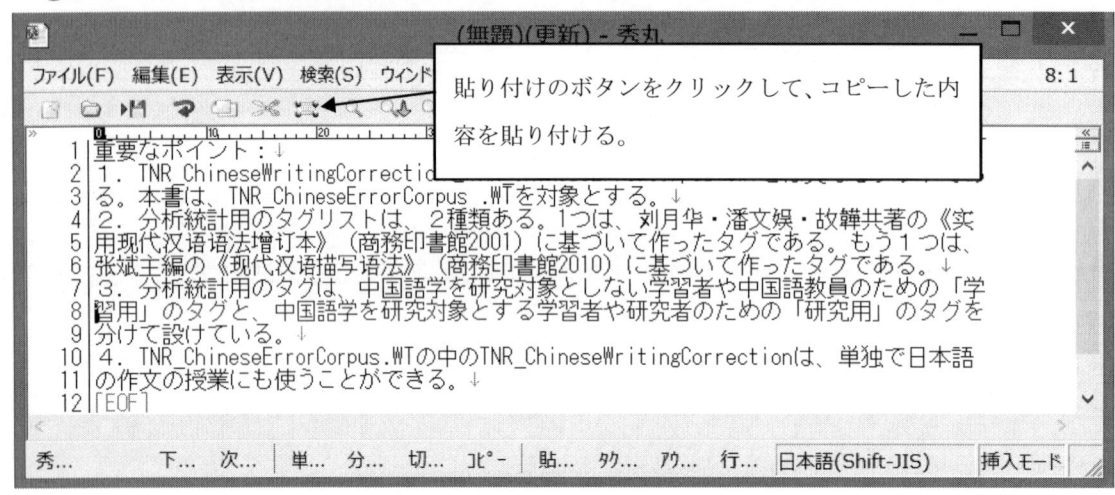

図5-9

⑤複数の言語の文字が混在しても、いずれも表示されている。ただし、ここまま保存しても、作文添削ソフトには正しく読み込まれない。図5-10のように、文字化けが生じてしまうのである。

文字化けは、エンコードが「日本語(Shift-JIS)」のままになっていることに起因する。従って、作文添削ソフトに正しく読み込ませるため、エンコードを「Unicode(UTF-8)」に指定しなければならない。

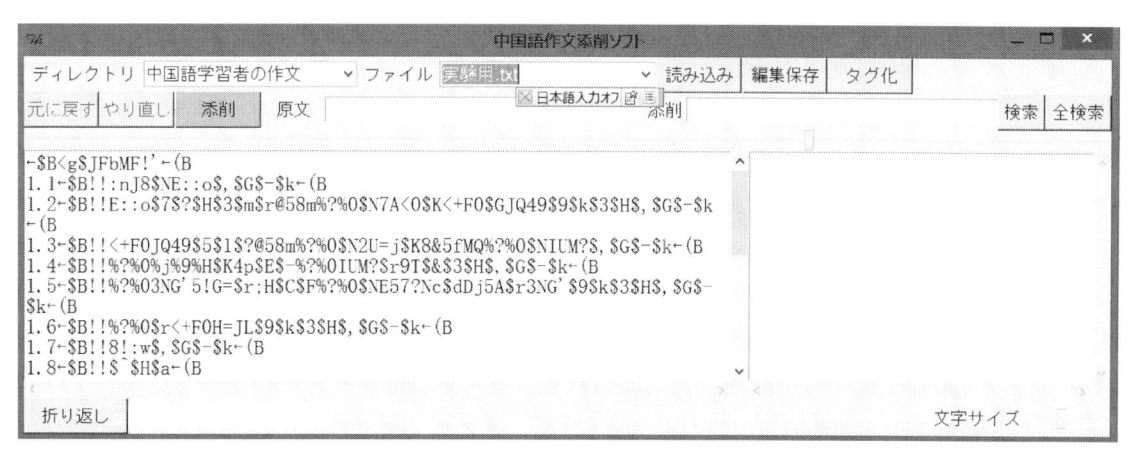

【第 5 章】作文添削の手順と正誤タグの自動変換　●101●

図 5-10

図 5-11 のように、「日本語（Shift-JIS）」をクリックする。

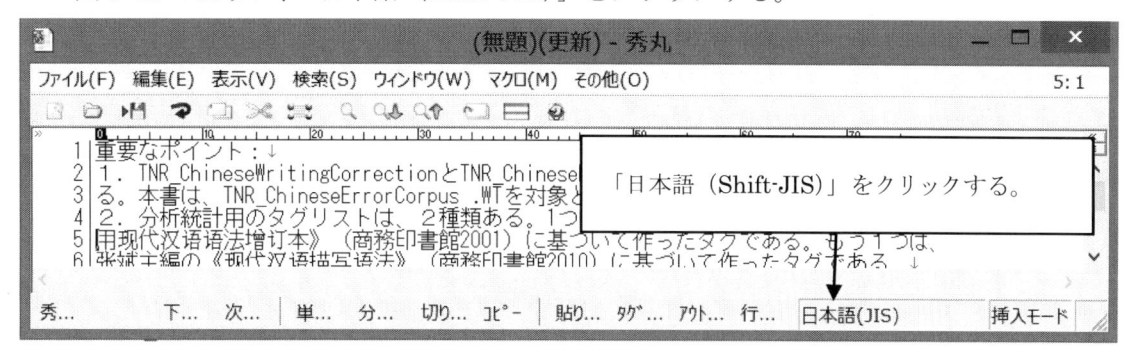

図 5-11

⑥エンコードの選択リストが表示される。図 5-12 のように、選択リストの中から「Unicode（UTF-8）」を選択してクリックする。

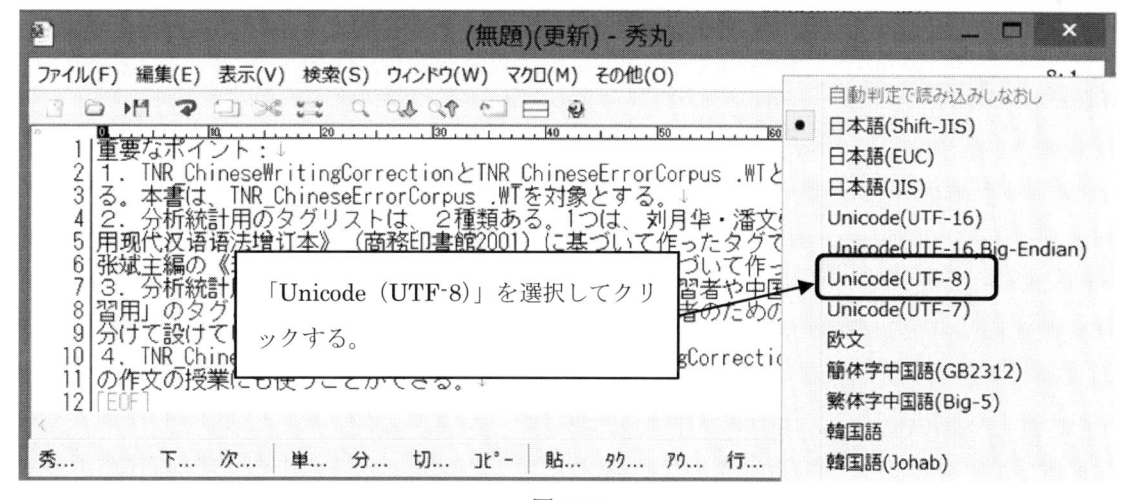

図 5-12

⑦「エンコードの切り替え」が表示される。図 5-13 のように、「内容を維持したまま適

用（K）」を選択してクリックする。これでエンコードが「日本語（Shift-JIS）」から「Unicode（UTF-8）」に変更される。

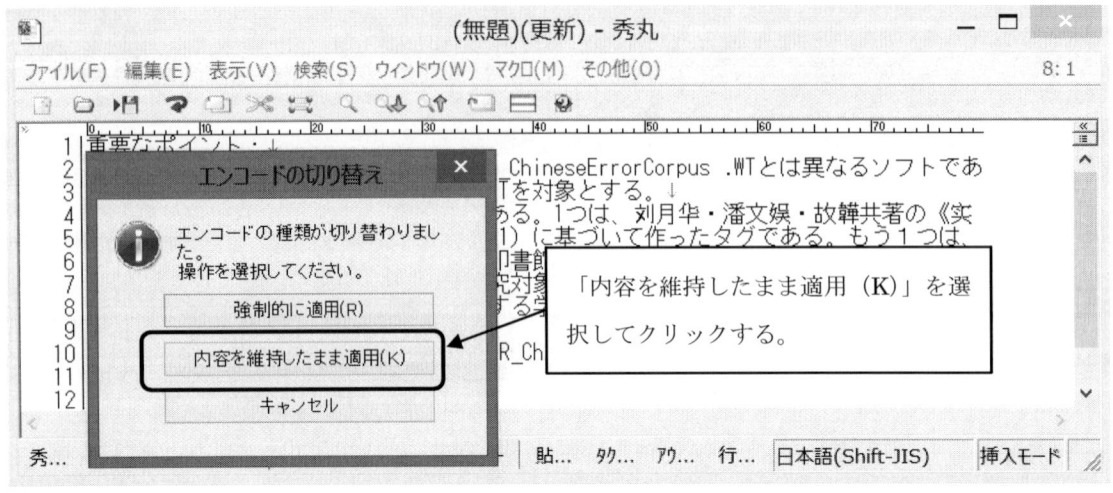

図 5-13

⑧次節で紹介する「ファイルの命名」の方法でファイル名を付けた上で、TEXT の中に作成された新しいフォルダーに保存すれば、ファイル形式の変換は完了である。

「サクラエディタ」を使ってファイル形式を変換する手順も上述の「秀丸エディタ」の手順と同様である。ファイル形式の変換の結果は図 5-14 のように「秀丸エディタ」の結果と同じである。

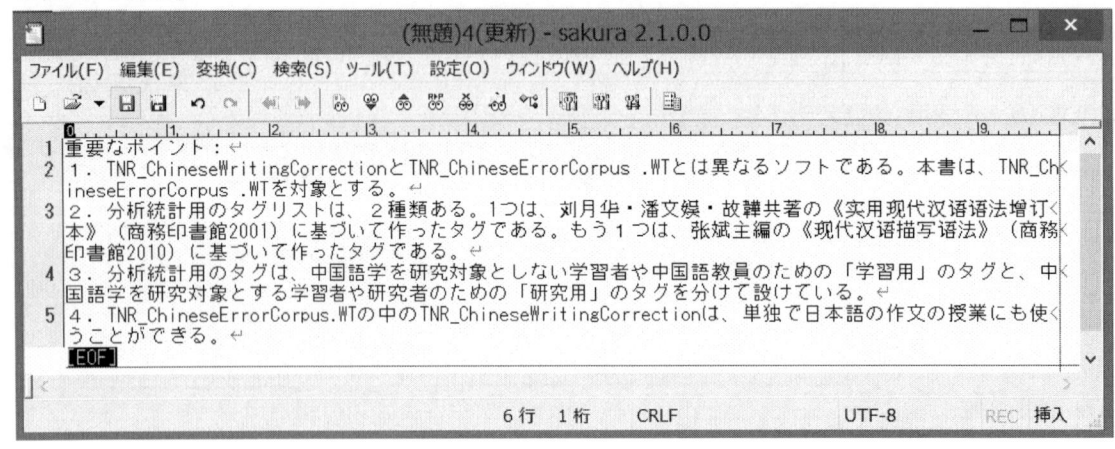

図 5-14

5.1.5 ファイルの命名

誤用例を研究の対象として取り扱う際に、少なくとも次のように3つの情報が必須であろう。

①文章の出典に関する情報

②正誤に関する情報
③誤用の類型に関する情報

　「文章の出典に関する情報」とは、作者の性別、母語、ステータス、学習歴、留学歴、文章のジャンなどに関わる内容である。「正誤に関する情報」とは、間違った言い方と正しい言い方を示す内容である。「誤用の類型に関する情報」とは、統語レベルや意味レベルではどのように間違ったかを示す内容である。

　すべての例文において、以上の3つの情報が、次のように表示できれば、必要な情報は出揃うことになる。

　　我<能愿动词／○→要>介绍的<名词／菜→○>是拉面。（男／日本語／大学1年生／学習歴2年半／留学40日／感想文002）

　以上の例文において、"能愿动词"と"名词"は「誤用の類型に関する情報」であり、"○→要"と"菜→○"は「正誤に関する情報」であるのに対し、"男／日本語／大学1年生／学習歴2年半／留学40日／感想文002"は「文章の出典に関する情報」である。

　「正誤に関する情報」と「誤用の類型に関する情報」に関しては、特別なプログラミング的な処理は不要である。しかし、①の「文章の出典に関する情報」は、文章の出典を示す情報ではあるが、1つの文章の中から複数の用例を引用する際にそれぞれの用例の後に同様の「文章の出典に関する情報」を示さなければならないため、特別な処理が必要である。普通なら、ファイルのプログラムに「文章の出典に関する情報」のすべてを書き込めよいのであるが、これは、どなたでもできることではないし、行おうとしても非常に手間暇がかかる。

　従って、「文章の出典に関する情報」の処理については、どなたでもできる方法を考えなければならない。そこで思いついたのが、ファイル名にそれらの情報を表示させるという方法である。やや素人的なやり方ではあるが、意外に簡単で便利である。

　以下は、**TEXT**の中に新しいフォルダー「中国語学習者の作文」を作成し、そのフォルダーにファイル形式を変換済みの日本語母語話者の中国語学習者の作文を保存することを例にして、本書で取り扱っているファイル名の付け方を紹介する。

　ファイル名にどのような情報を表示させるかは、研究の目的にもよるが、誤用の追跡調査やバックスライディング、化石化の研究にも使うためなら、少なくとも、次のような情報が必要かと思われる。

①性別
②母語
③ステータス
④学習歴
⑤留学歴

⑥文章のジャンル
⑦文章の番号

　文章の番号は、同名のファイルが保存できないことから、回避策として付けるものなので、付け方は特に制限があるわけではない。
　「文章のジャンル」や「文章の番号」は、タグ付与する人が判断できるものであるが、①～⑤の情報は、作文の作者しか把握できない内容なので、文や文章を提出させる際に、文章の最初か最後にそれらの情報を記入させなければならない。
　例えば、本書で例として取り上げている3編の作文は、次のようにファイル名を付けて表示させる。

男／日本語／大学1年生／学習歴2年半／留学40日／感想文001
男／日本語／大学1年生／学習歴2年半／留学40日／感想文002
男／日本語／大学1年生／学習歴2年半／留学40日／感想文003

　以上の3編の作文のファイル名は、Wordの形式の文章をテキスト形式に置き換えた後、TEXTの中のフォルダー「中国語学習者の作文」に保存する際に付けるものである。ファイル名の表示は、図5-15のようになる。

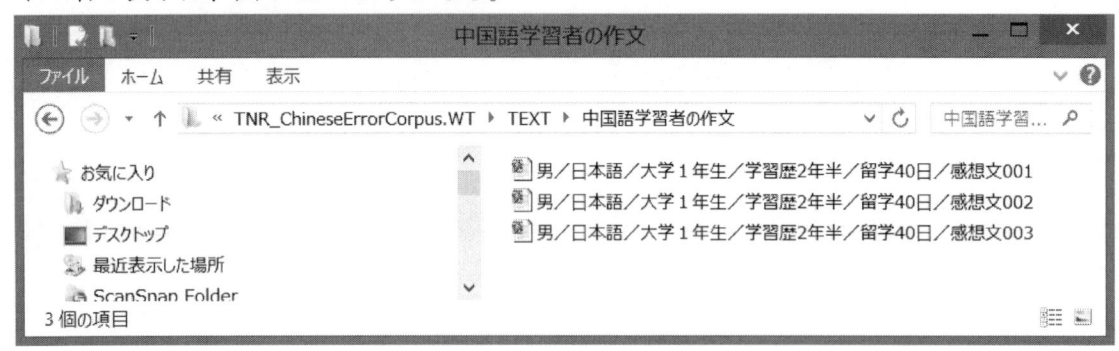

図5-15

5.1.6　作文の読み込み

　TEXTの中に新しいフォルダーを作成し、そのフォルダーにファイル形式を変換済みの作文を保存後には、いよいよ作文添削の作業に入る。
　TNR_ChineseWritingCorrectionを使って、作文の添削を行う場合、複数の作文を同時に読み取ることができないので、添削が必要な作文は1つずつ読み込み、添削を行わなければならない。
　TNR_ChineseWritingCorrectionを立ち上げて表示される図5-16の画面において、作文の読み込みに関係するものは3つある。

①フォルダーの選択
②ファイルの選択
③「読み込み」ボタン

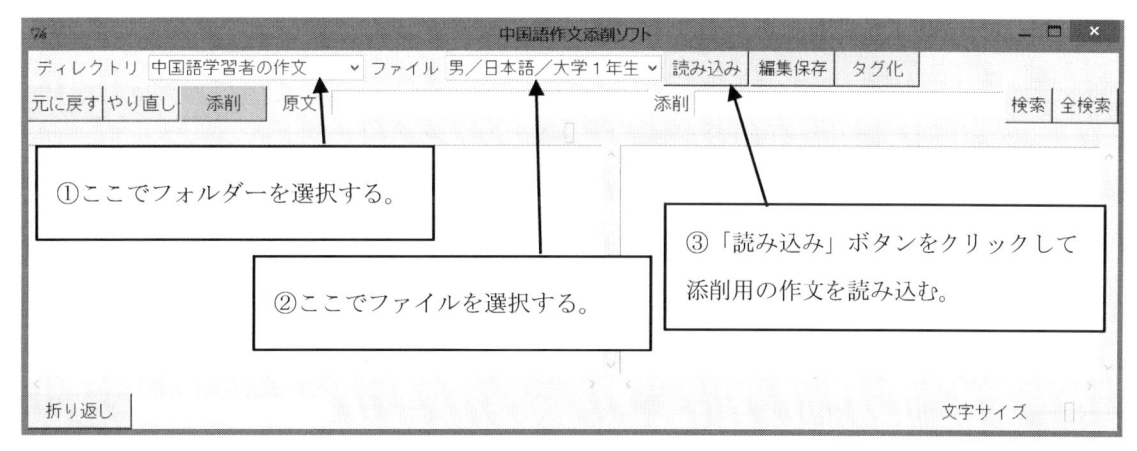

図 5-16

作文を読み込むための主な手順は次の通りである。
①図 5-17 のように、画面の右上の「ディレクトリ」というフォルダー選択コーナーの横にある下向き三角をクリックする。ファイルダーが複数ある場合は、フォルダーのリストが表示される。その中から必要なフォルダーを選択してクリックする。フォルダーが1つしかない場合は、選択は不要である。今回は、フォルダーが1つだけなので、選択が不要である。
②同じく図 5-17 のように、画面の中央の上の「ファイル」というファイル選択コーナーの横にある下向き三角をクリックする。ファイルが複数ある場合は、ファイルのリストが表示される。その中から必要なファイルを選択してクリックする。今回は、「男／日本語／大学1年生／学習歴2年半／留学40日／感想文002」を選択する。

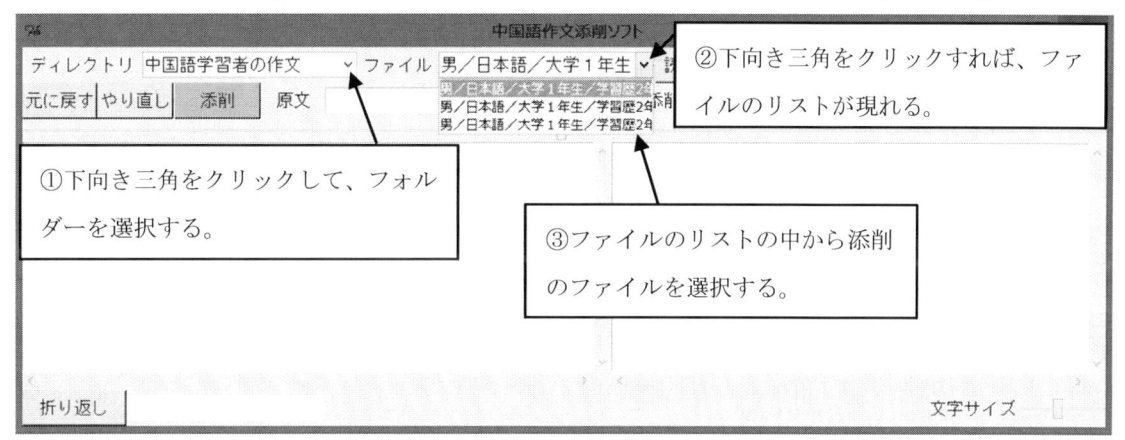

図 5-17

③画面の上の「読み込み」ボタンをクリックする。図 5-18 のように、選択された作文が表示される。これで添削用の作文の読み込みは完了である。

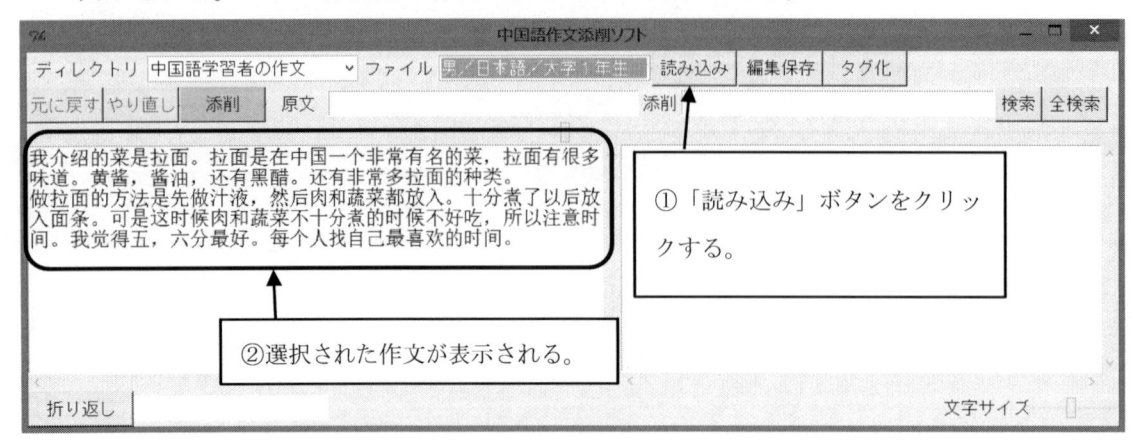

図 5-18

5.1.7 作文の添削方法

作文の添削を行う前に、作文に現れてきそうな間違いのパターンを予想してまとめておけば、添削の作業が円滑に進むであろう。作文の誤用の箇所を精査すると、中国語の間違いのパターンは主に次のように 3 種類に分けられる。

①表現の間違い
②不使用
③過剰使用

「表現の間違い」とは、A 表現を使うべきところに B 表現が使われている間違いである。「不使用」とは、何かを使うべきところに何も使われていない間違いである。「過剰使用」とは、何も使わなくてもよいところに何かが使われている間違いである。

この 3 種類の間違いのうち、「表現の間違い」なら、間違った部分を直接正しい言い方に直せばよいのに対し、「不使用」と「過剰使用」は、添削後にコンコーダンサーを使ってそれぞれの傾向性をより効率的に集計する場合、添削での記述方法は文字表現よりは記号での方が有効であろう。そのため、本書は次の方法でこの 3 種類の間違いを記す。

①表現の間違い：「誤用→正用」
②不使用：「〇→正用」
③過剰使用：「誤用→〇」

5.1.7.1 「表現の間違い」の添削方法

以上のように例として取りあげている作文の中に"拉面是在中国一个非常有名的菜"と

いう文がある。この文においては、"一个"の"个"は"一道"のように"道"に直す必要がある[3]。"个"を"道"に直す方法は、「表現の間違い」の添削方法である。

主な手順は次の通りである。

① マウスのポインタを使って、"个"を選択する。正しく選択した場合は、図 5-19 のように、"个"の色が変わる。

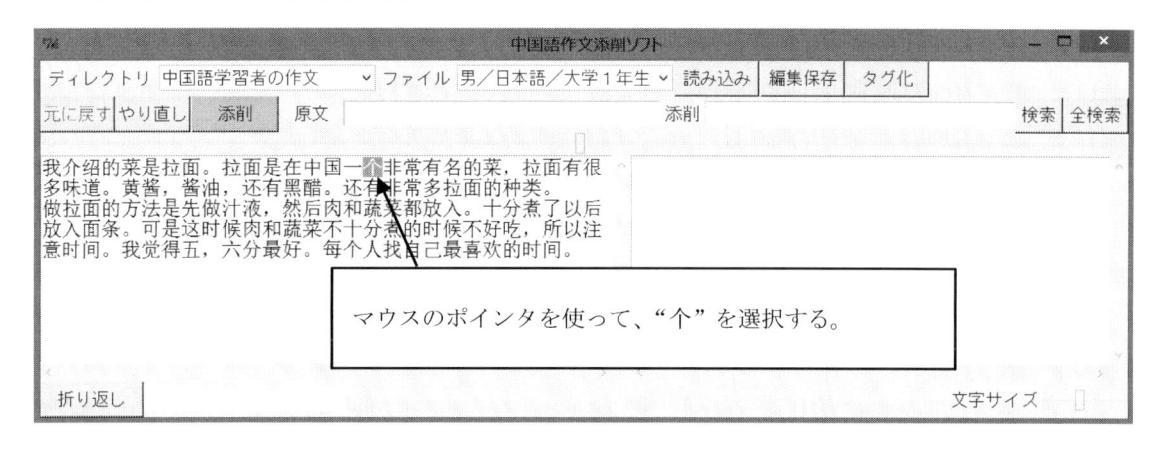

図 5-19

② 「添削」ボタンをクリックする。図 5-20 のように、選択された"个"が画面の右側の作業区域にコピーされる。

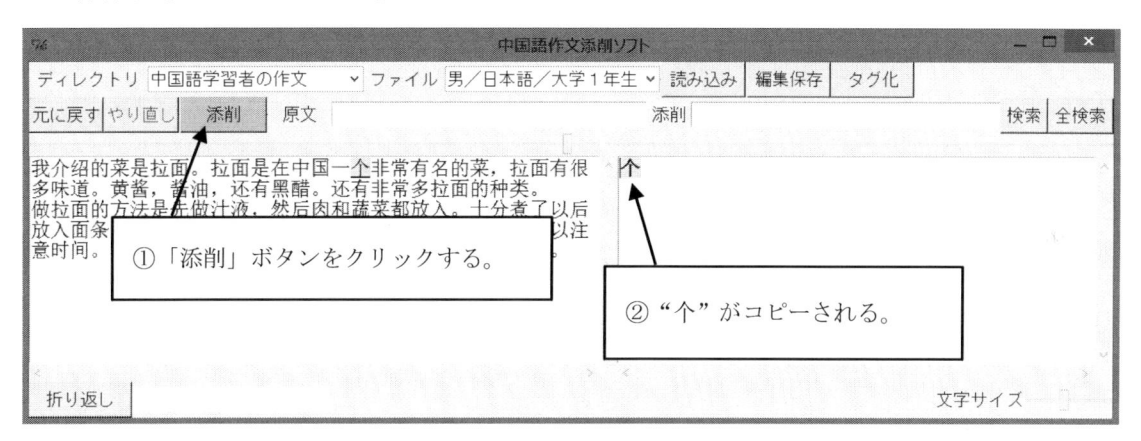

図 5-20

③ "个"を削除して、図 5-21 のように、正しい言い方の"道"を書き込む。

---

[3] この文には他にも間違ったところがあるが、しばらく不問とする。以下同。

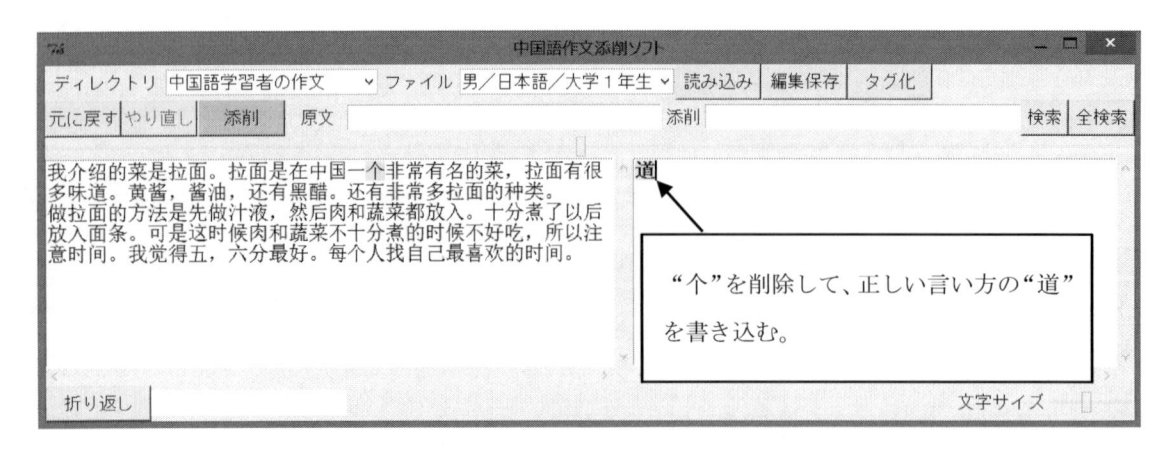

図 5-21

④正しい言い方に置き換えた後、図 5-22 のように、「編集保存」ボタンをクリックして、添削済みの作文を保存する。すべての添削が終了した後にまとめて保存してもよい。

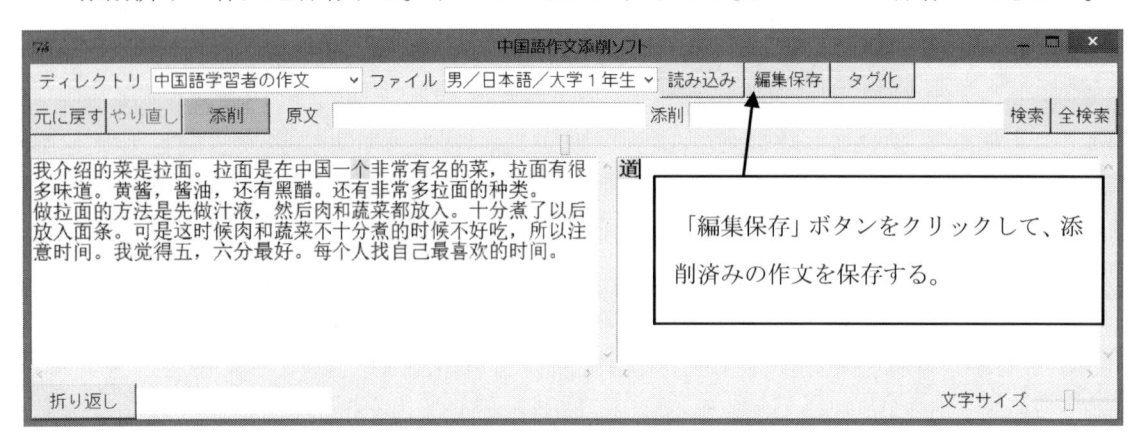

図 5-22

5.1.7.2 「不使用」の添削方法

作文の中の"我介绍的菜是拉面。"は、"我要介绍的菜是拉面。"のように、"我"と"介绍"の間に"要"を使わなければならないが、使われていないため、補う必要がある。この使用されていない"要"を書き入れる方法は、「不使用」の添削方法である。

主な手順は次の通りである。

①マウスのポインタを使って、"我"の後の"介绍"の"介"を選択する。正しく選択した場合は、図 5-23 のように、"介"の色が変わる。

不使用という添削方法は、なにかの表現を使うべきところにそのなにかの表現を表す文字を挿入しなければならない方法である。しかし、文において挿入すべき場所と作業のための選択場所とはすこし異なる。ここに留意されたい。

作業のための選択場所は、挿入すべき場所の直後の文字または記号になる。例えば、"吃了面条。"において、"吃了一碗面条。"のように、"吃了"と"面条"の間に"一碗"

【第5章】作文添削の手順と正誤タグの自動変換　●109●

を挿入しなければならない。しかし、実際に添削する際に、選択する場所は、"吃了"の"了"ではなく、挿入すべきところの直後"面条"の"面"である。

また、"去了梅田。"では、"去了梅田了。"のように、"去了梅田"と"。"の間に"了"を挿入しなければならない。この場合、選択する場所は、"。"である。

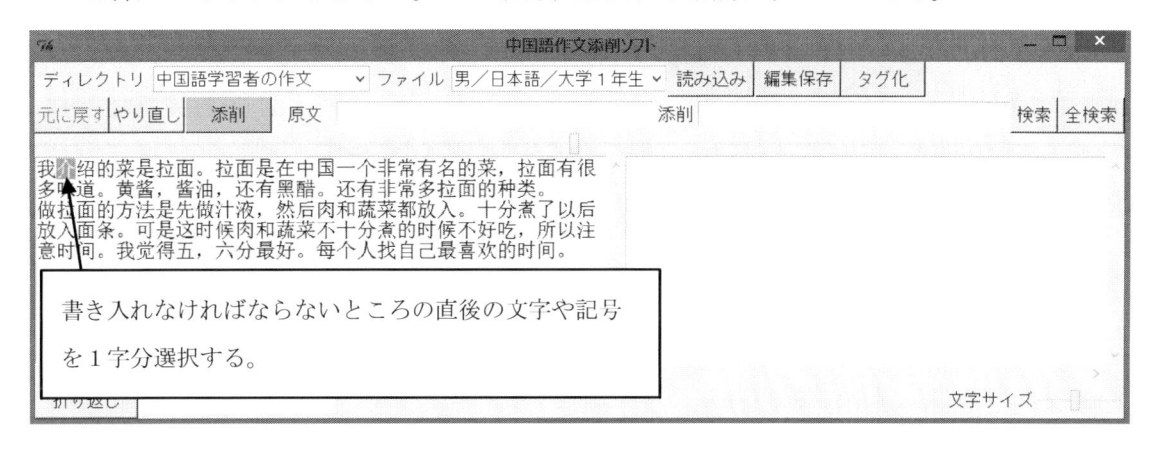

図 5-23

②「添削」ボタンをクリックする。図 5-24 のように、選択された"介"が画面の右側の作業区域にコピーされる。

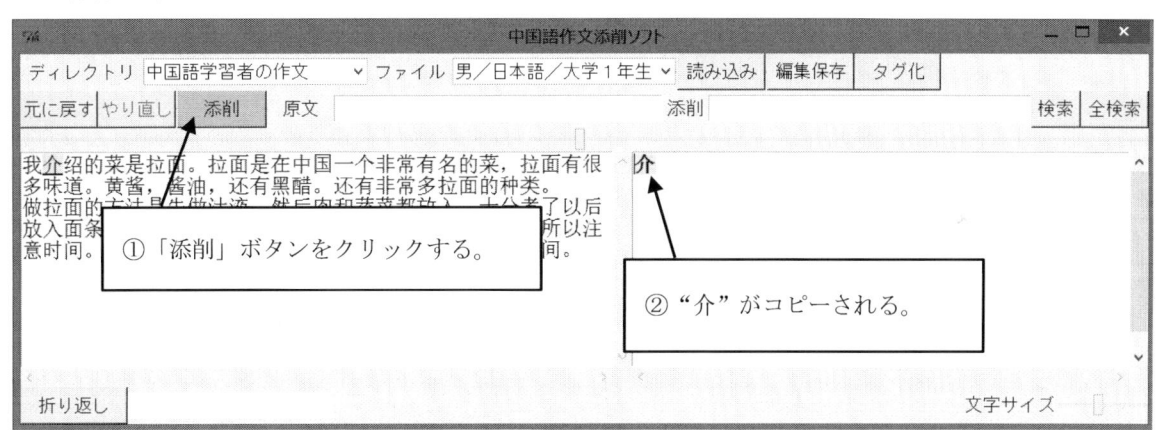

図 5-24

③マウスのポインタでコピーされた"介"を選択した後、マウスの右ボタンをクリックする。図 5-25 のように、選択リストが表示される。選択リストには、5つの選択肢がある。そのうちの「原文側空文字（○→）」を選択してクリックする。

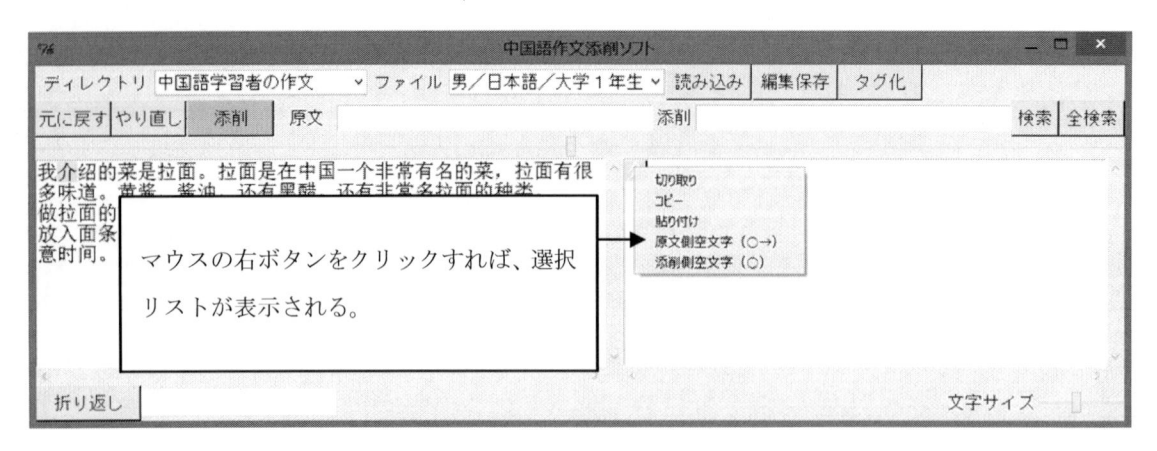

図 5-25

④図 5-26 のように、"介"が消され、「○→」が表示される。

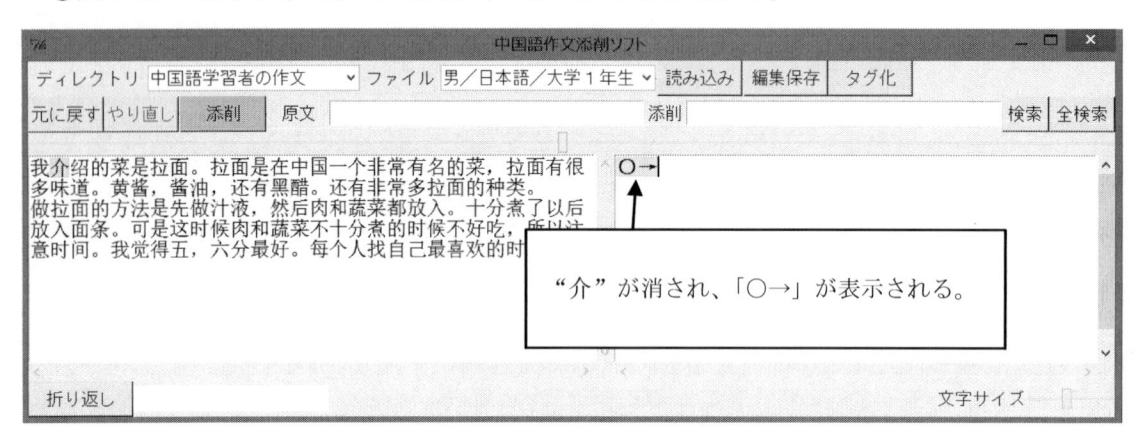

図 5-26

⑤「○→」の「→」の直後に、図 5-27 のように、"要"を書き込む。

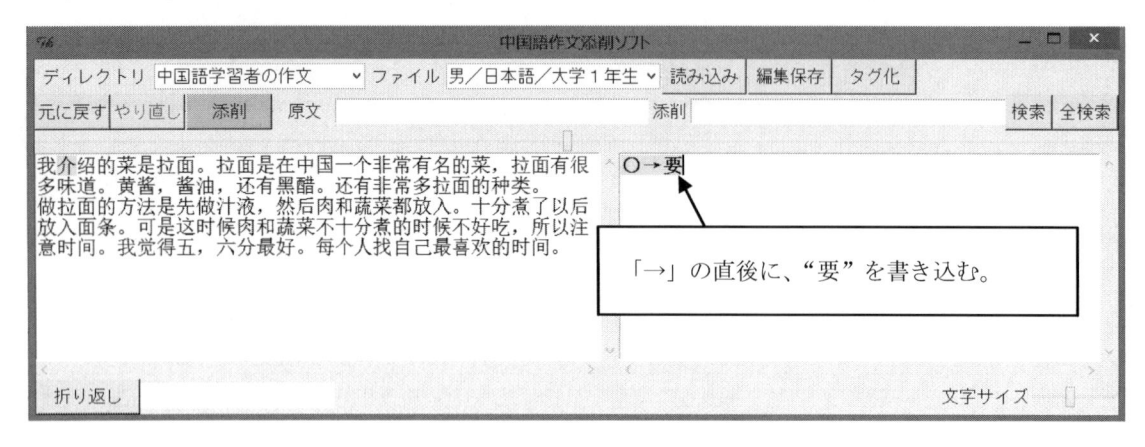

図 5-27

⑥「○→要」に置き換えた後、図 5-28 のように、「編集保存」ボタンをクリックして、

添削済みの作文を保存する。すべての添削が終了した後にまとめて保存してもよい。

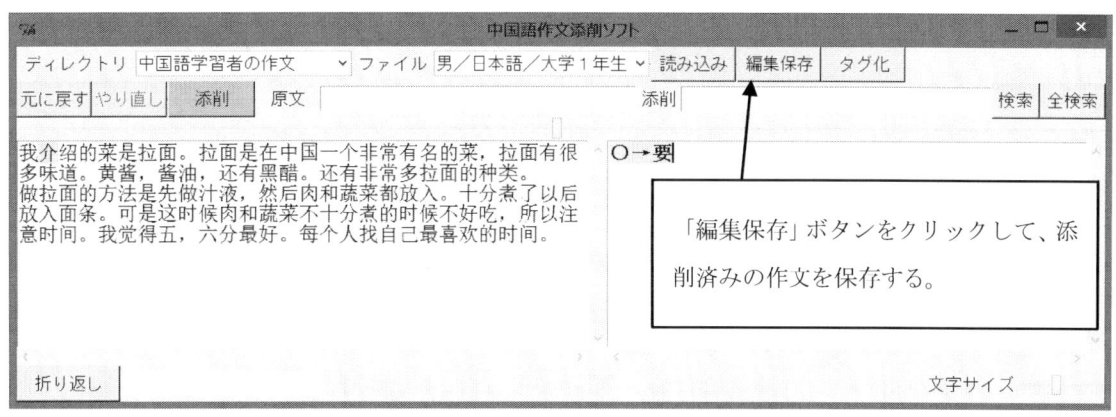

図 5-28

5.1.7.3 「過剰使用」の添削方法

作文の中の"我介绍的菜是拉面。"では、"我介绍的菜是拉面。"のように、"菜"は使わなくてもよいが使われているため、削除する必要がある。この"菜"を削除する方法は、「過剰使用」の添削方法である。

主な手順は次の通りである。

①マウスのポインタを使って、"菜"を選択する。正しく選択した場合は、図 5-29 のように、"菜"の色が変わる。

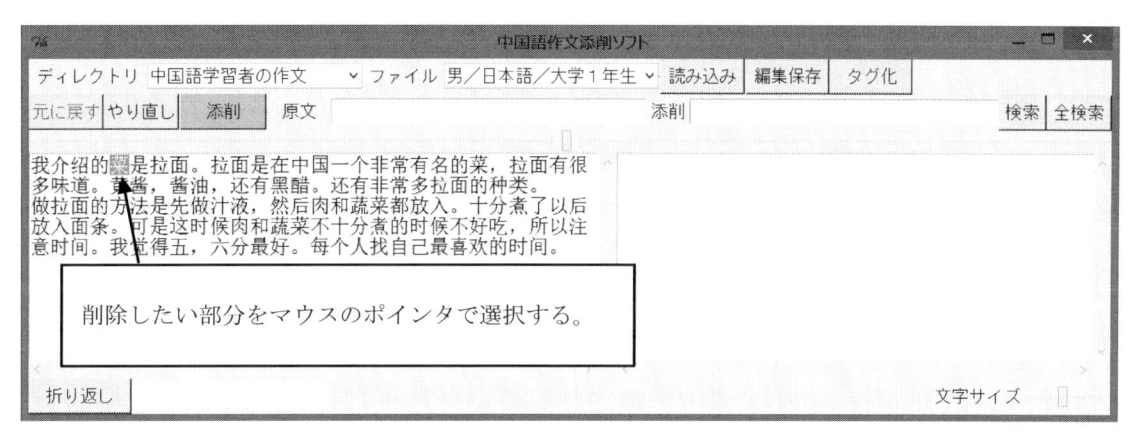

図 5-29

②「添削」ボタンをクリックする。図 5-30 のように、選択された"菜"が画面の右側の作業区域にコピーされる。

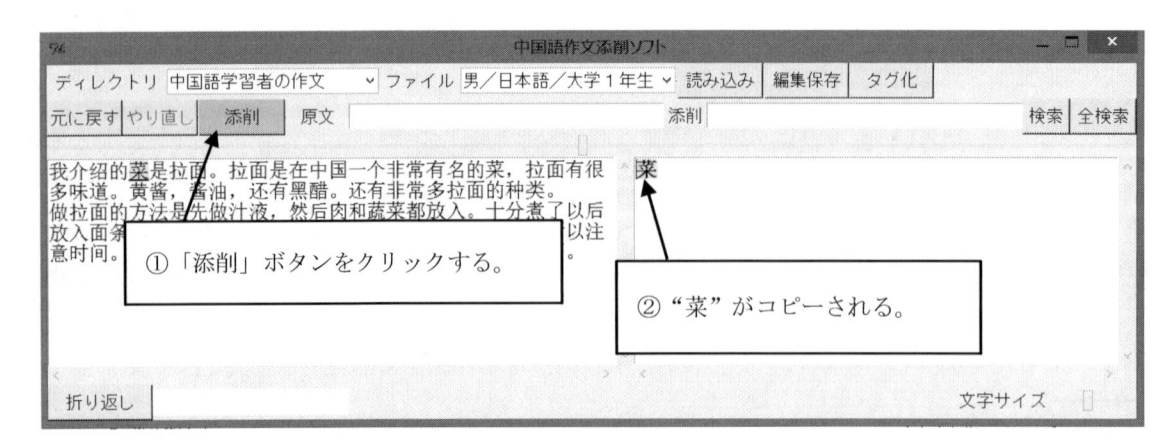

図 5-30

③マウスのポインタで"菜"を選択して、マウスの右ボタンをクリックする。図 5-31 のように、選択リストが表示される。選択リストには、5つの選択肢がある。そのうちの「添削側空文字（○）」を選択してクリックする。

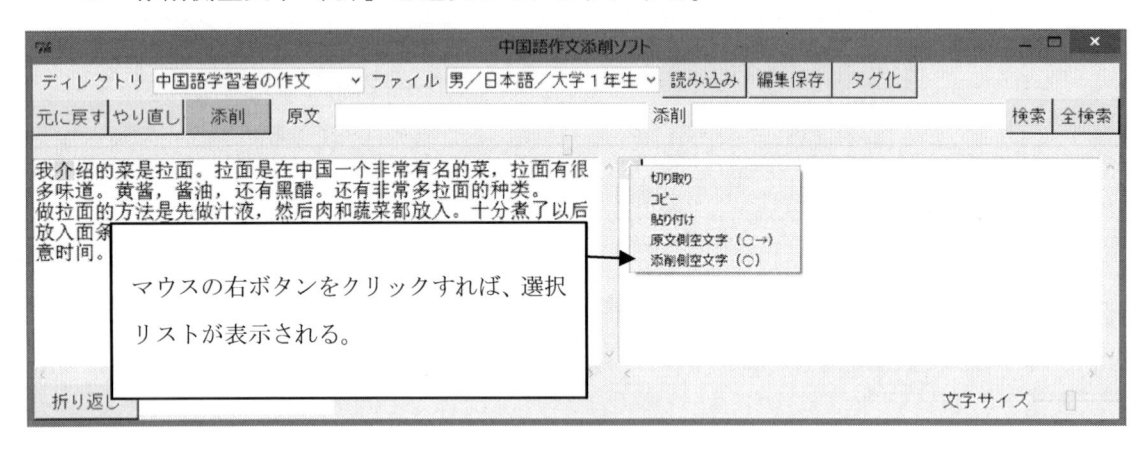

図 5-31

④図 5-32 のように、"菜"が消され、「○」が表示される。

図 5-32

⑤「〇」に置き換えた後、図 5-33 のように、「編集保存」ボタンをクリックして、添削済みの作文を保存する。すべての添削が終了した後にまとめて保存してもよい。

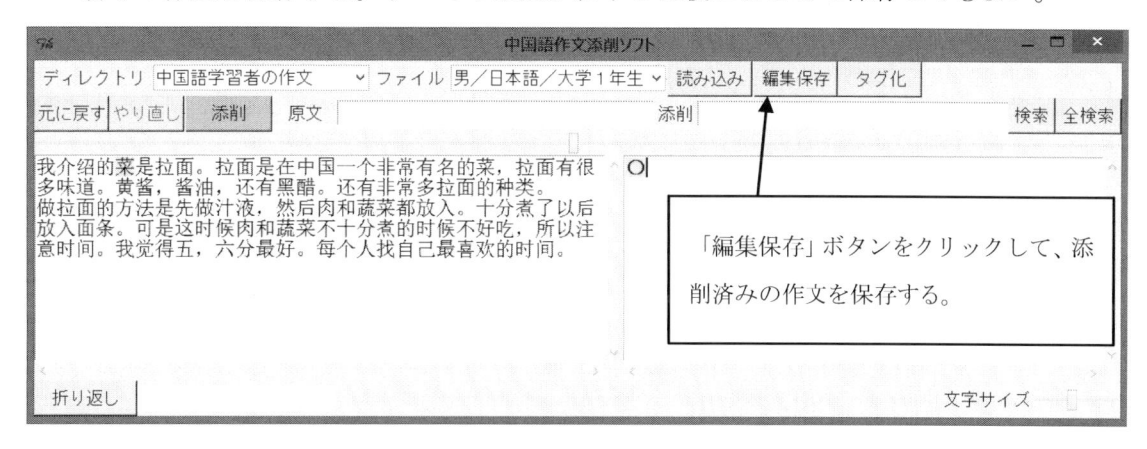

図 5-33

5.1.8　添削した内容の書き直しや削除の方法

　作文添削を行った後、添削した内容を書き直したり、削除したりすることがしばしばある。添削した内容を書き直したり、削除したりする方法は必ずしも1つではない。以下は、本書でよく使う方法だけを中心に紹介する。

5.1.8.1　添削した内容を書き直す方法

　添削した内容を書き直す場合は、添削した内容を削除して、新しい内容を書き込めばよい。

　例えば、"我介绍的菜是拉面。"が"我要介绍的菜是拉面。"のように添削されたとしよう。しかし、その後いろいろと検討した結果、やはりこの場合は"要"よりは"想"の方に変更したい。つまり、"要"を削除して"想"に変更する場合である。

　"要"を削除して"想"に変更する手順は次の通りである。

①図 5-34 における"要"を削除する。

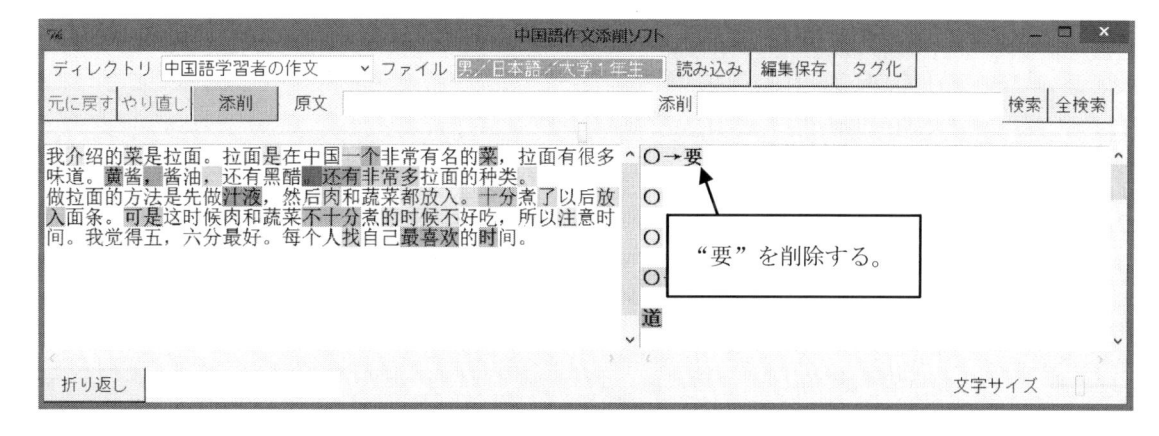

図 5-34

②図 5-35 のように "想" を書き込む。

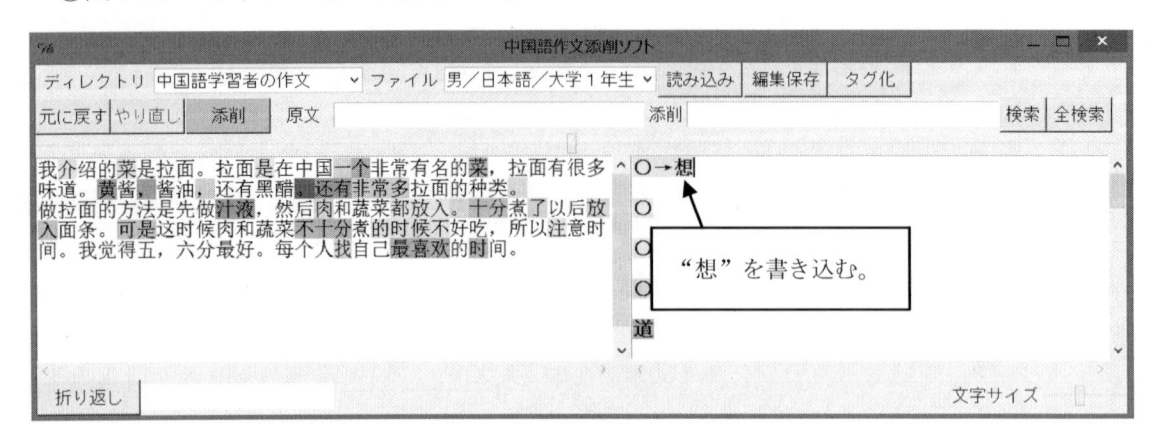

図 5-35

③図 5-36 のように、「編集保存」ボタンをクリックして、修正済みの作文を保存する。

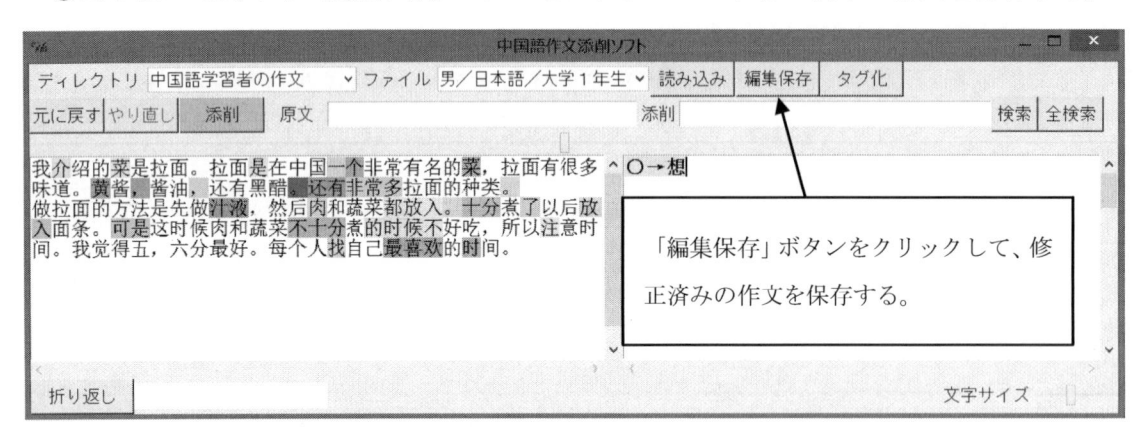

図 5-36

　同様の方法で添削した内容を書き直して修正する。最後に忘れてはならないことは「編集保存」ボタンをクリックして書き直した内容を保存することである。

5.1.8.2　添削した内容を削除する方法
　添削の内容を削除する場合は、削除の方法が 2 つある。

①「元に戻す」ボタンを活用して添削した内容を 1 つずつ戻して削除する方法
②「添削箇所削除」ボタンを活用して添削した内容を一括して削除する方法

5.1.8.2.1　添削した内容を 1 つずつ戻して削除する方法
　添削した内容を 1 つずつ戻して削除する方法とは、添削した内容を 1 つずつ前の内容に戻すという方法でもある。

この場合は、「元に戻す」というボタンを使用する。「元に戻す」ボタンを１回クリックすれば、添削した内容を、一個前の状態に戻すことができる。繰り返してクリックすれば、最初の状態に戻る。
　例えば、"一个非常有名的菜"という文を"一道非常有名的菜"のように添削するためには、次の手順が行われる。

　①作文の"个"を選択する
　②「添削」ボタンをクリックする
　③画面の右側の作業区域に、選択された"个"がコピーされる
　④"个"を削除する
　⑤"道"を書き入れる

　この後、「元に戻す」ボタンを使って削除するなら、次のようになる。
　①「元に戻す」ボタンを１回クリックすれば、図 5-37 のように、"道"が削除される。

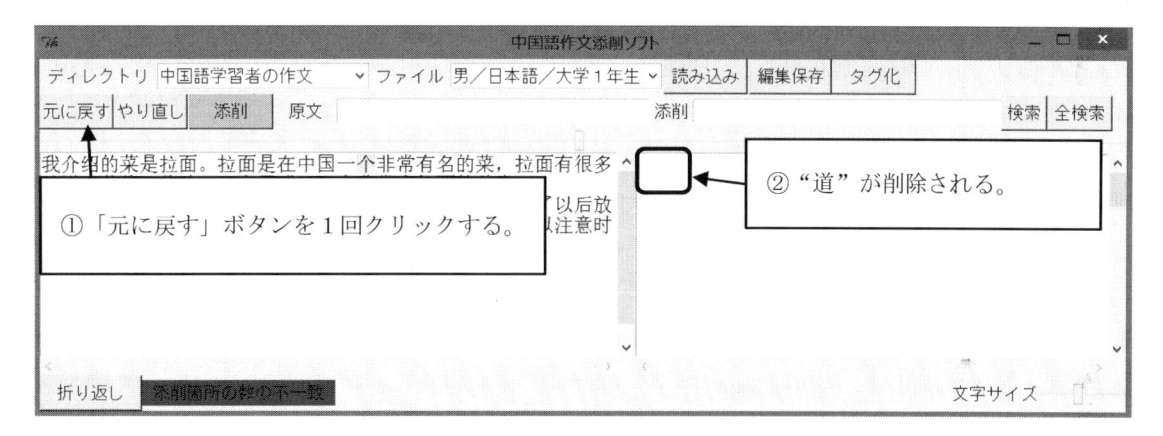

図 5-37

　②もう一度クリックすれば、図 5-38 のように"个"が戻る。

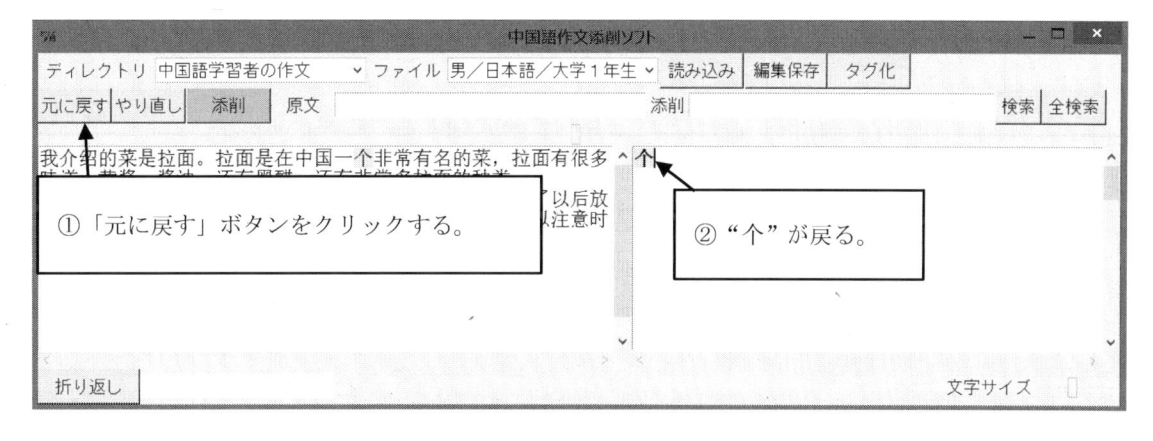

図 5-38

③さらにクリックすれば、図 5-39 のように"个"も削除され、未添削の状態に戻る。

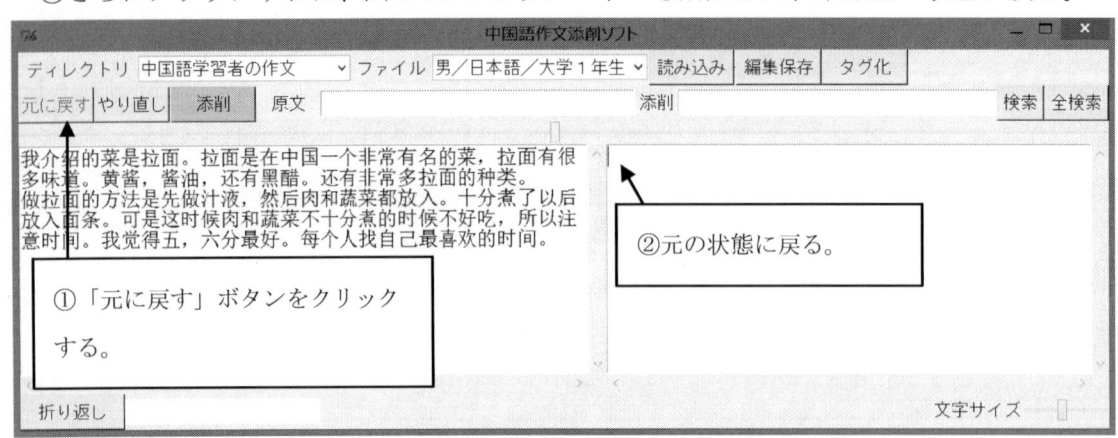

図 5-39

　この方法は、削除しようとする添削の直後なら使用できるが、すべての添削が終了後、添削の箇所を選択して削除する場合には使用できない。

5.1.8.2.2　添削内容を対応関係ごと削除する方法
　普通、添削した内容を削除するなら、パソコンの Back Space キーや Del キーを使って削除すればよいと思われがちであるが、この方法で添削した内容を削除してしまった場合、誤用の表現と添削した内容との対応関係が崩れてしまうので、使ってはならない。万が一、この方法で添削した内容を削除してしまった場合は、編集結果を保存せずにソフトをいったん閉じてもう一度立ち上げれば、元の状態に戻る。
　添削がすべて終了後、添削した箇所を任意に選択して削除する場合は、「添削内容を対応関係ごと削除する方法」を使って当該の内容を削除しなければならない。
　添削内容を対応関係ごと削除する場合は、「添削箇所削除」ボタンを使用する。例えば、図 5-40 のように、"○→要"と"道"を削除するとしよう。

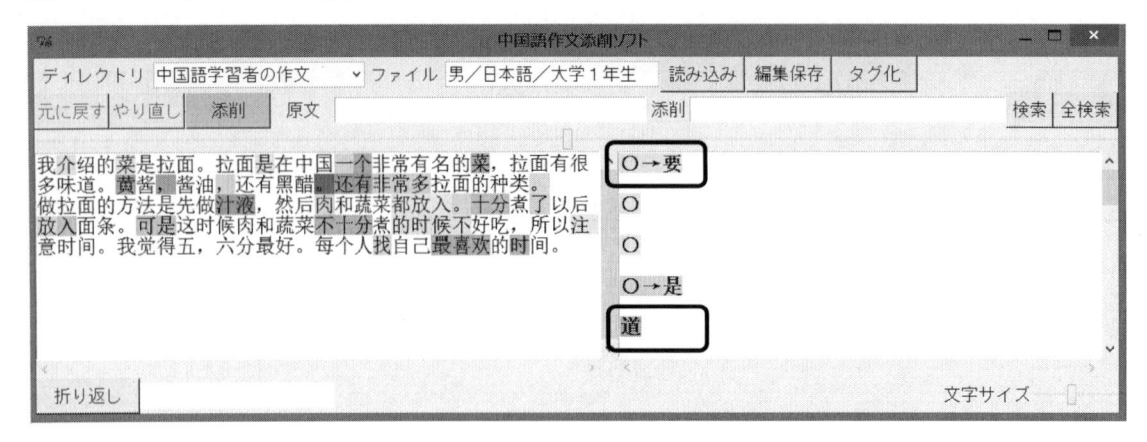

図 5-40

【第5章】作文添削の手順と正誤タグの自動変換 ●117●

"〇→要"を削除する主な手順は次の通りである。

① "〇→要"は、"我介绍的菜是拉面。"における"我"と、"介绍"の"介"の間に、"要"を挿入することを表している。"要"を挿入する際に、"介"を選択して行ったので、削除する場合も、この"介"を選択しなければならない。

マウスのポインタを"我"と"介"の間に置く。画面上では、当たったかどうかが目に見えないが、必ずポインタをそこに当てる。

② マウスの右のボタンをクリックする。図 5-41 のように「添削箇所削除」を含む選択リストが表示される。

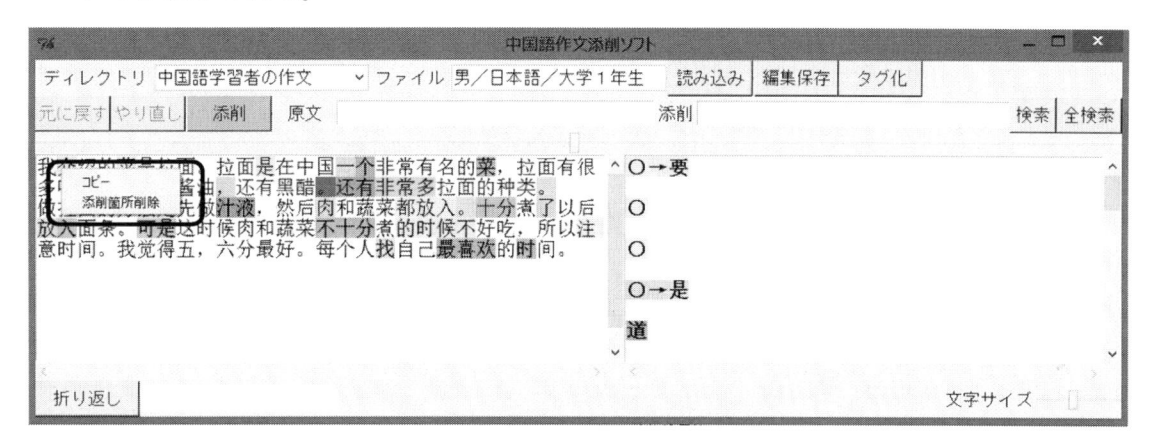

図 5-41

しかし、マウスのポインタを"我"と"介"の間に置くのではなく、"介"の後または関係ないところに置いてしまった場合、図 5-42 のように、マウスの右ボタンをクリックしても、現れてくるのは「コピー」だけで、「添削箇所削除」は表示されない。

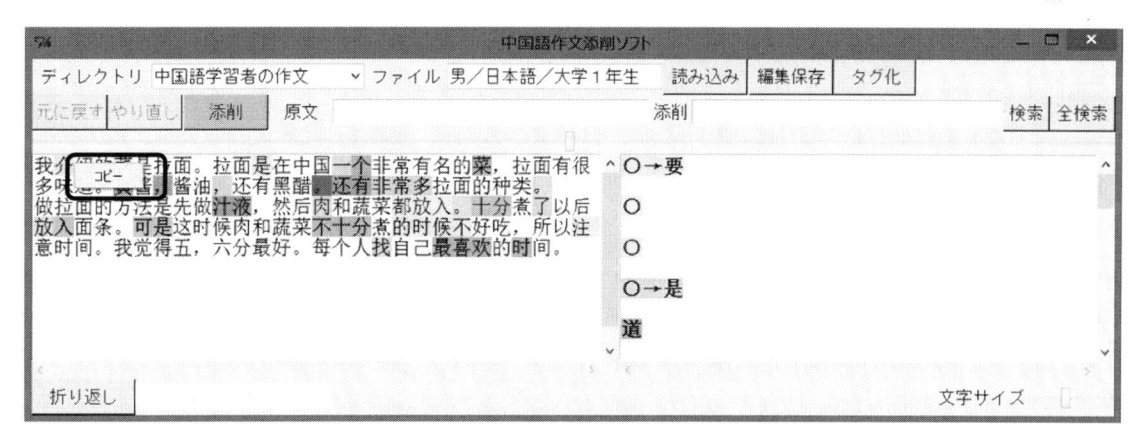

図 5-42

要するに、マウスのポインタの当てる場所が非常に重要である。任意の場所ではなく、画面の右側の添削した内容に対応する作文の誤用箇所の色が変わった最初の文字の直前に置かなければならないのである。

③「添削箇所削除」ボタンをクリックする。図 5-43 のように、"○→要"が削除され、"介"の色も元に戻る。

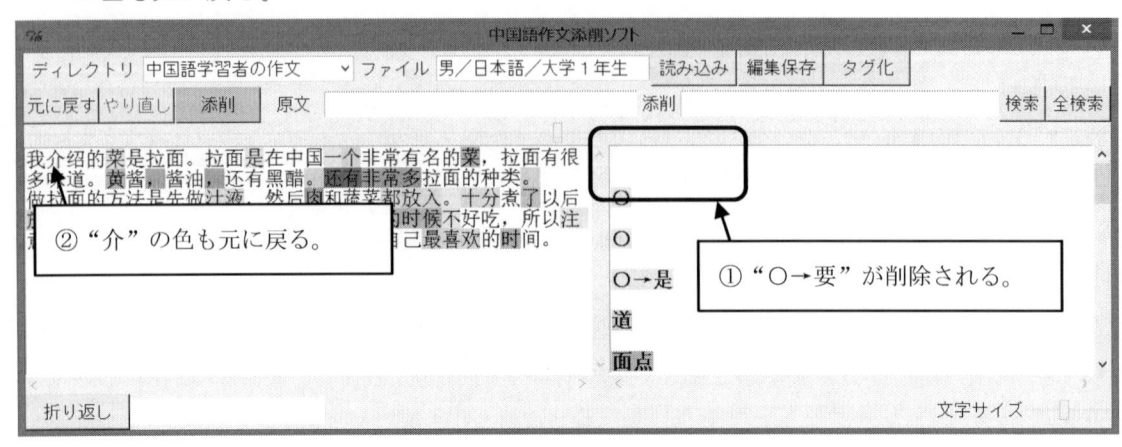

図 5-43

④「編集保存」ボタンをクリックして、ファイルを保存する。

"道"を削除する主な手順は次の通りである。
①"道"を削除するなら、"道"に対応する画面の左側の作文の、"一"と"个"の間にマウスのポインタを当てる。
②マウスの右のボタンをクリックする。図 5-44 のように選択リストが表示される。

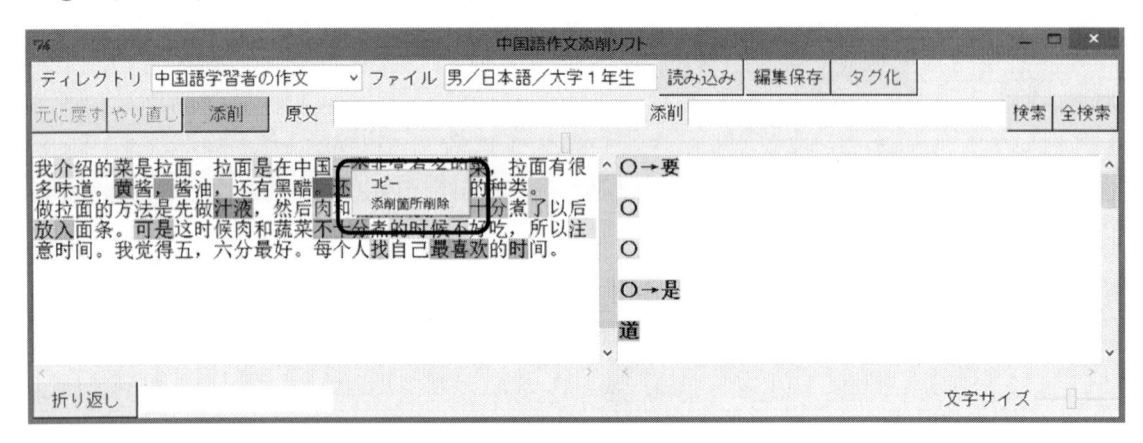

図 5-44

③「添削箇所削除」ボタンが表示されたら、「添削箇所削除」ボタンをクリックする。
④図 5-45 のように、"道"が削除され、"个"の色も元に戻る。

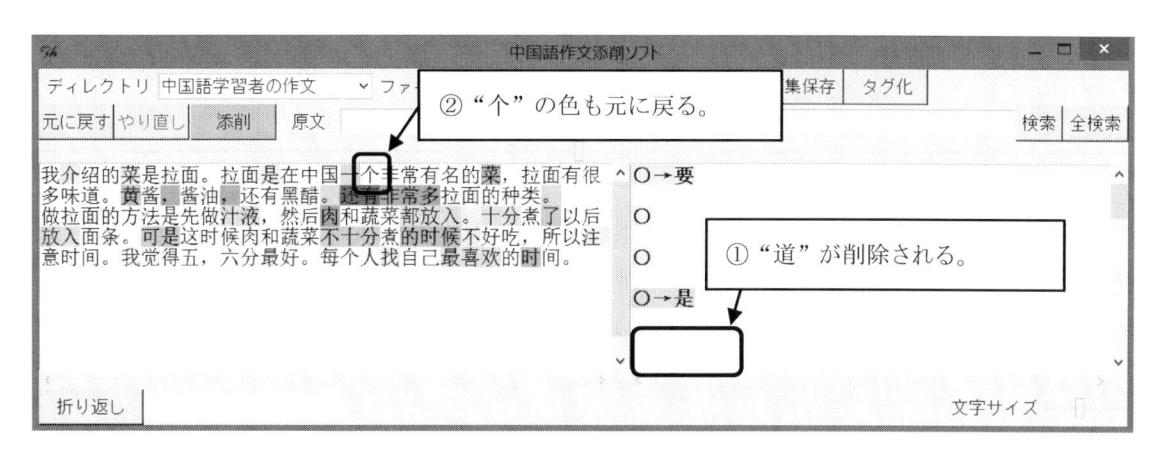

図 5-45

5.1.9 コメントの記入方法

作文添削の目的は大きく分けると、2つある。

①学習者に中国語の正しい言い方を伝え作文能力の向上を図るため
②タグ付きの誤用コーパスを作成するため

①は、授業の一環として、作文の間違いを直して、それを学習者に伝えるのが重要なポイントである。作文の添削は、授業の担当者だけが行い、その結果個性のある添削結果になったとしても特に問題視されることはなかろう。しかし、②は、誤用コーパスの作成に関わるデータ作りなので、個性のある添削結果というよりは、汎用性の高い添削結果が求められる。従って、添削の作業は、2人がペアを組み、1人が添削を行い、1人がチェックを行うという形の方が望まれるであろう。

①についても、②についても、正しい言い方が必ずしも1つだけではないということは作文添削の経験者ならどなたでも経験されたことであろう。複数の正しい言い方から1つだけを選ばなければならないとしても、他にも正しい言い方があるということを学習者またはペアの添削者に伝えたい場合がある。また、添削に迷ったり、特にペアで添削を行う場合は、その迷いを記録して、ペアの相手に伝えたり、または自分が確認したいときに備えたりすることもある。

そのため、添削結果以外に、コメントとして記録した内容はタグとして認識されないようになるという機能を設けている。

例えば、"拉面在中国是一道非常有名的菜"において、"拉面"は"菜"ではなく、麺類なので、図5-46のように、"面点"に直すのは特に問題があるわけではない。

しかし、中国の北方や西北の地域では"主食"としても見なされているということから、"面点"を正解としても、同時に"主食"も正しい言い方である。両方を正しい言い方として"面点/主食"のように併記することもできるが、正解を"面点"にして、"主食"を

コメントとして記入し、その記入したコメントは正誤タグとして表示されないようにすることもできるなら便利であろう。

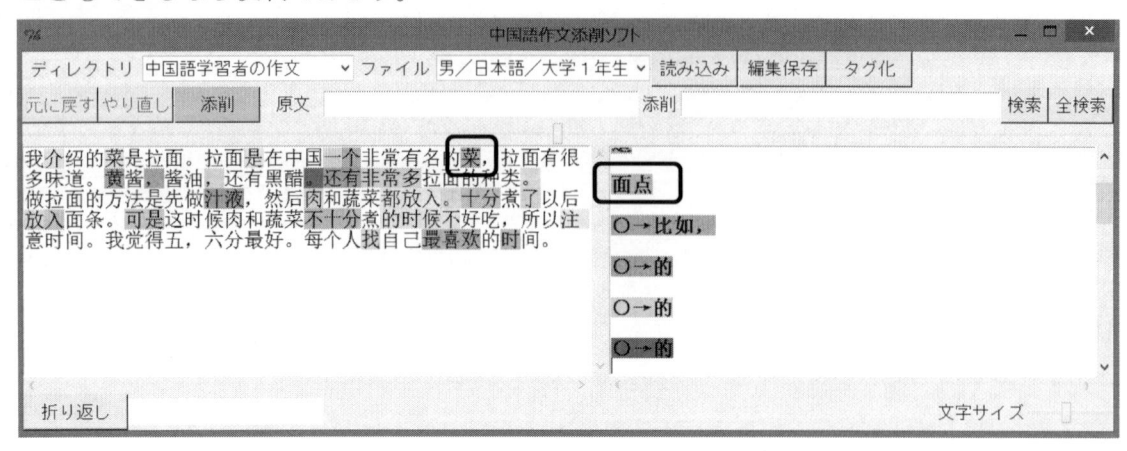

図 5-46

　TNR_ChineseWritingCorrection は、そのニーズに応えるために、正誤タグとして認識されないようにコメントを記入する機能を設けている。以下は、"主食"も正しい言い方であるという内容をコメント欄に記入することを例としてその記入の方法を紹介する。
　主な手順は次の通りである。
　①"面点"の後、改行する。
　②コメントを記入する。例えば、"'面点'是正确的说法之一，但不是唯一的。如果改为'主食'也未尝不可。"というコメントを記入するとしよう。図 5-47 のように、改行してから、そのコメントを書き込む。
　③「編集保存」ボタンをクリックして、コメントを書き込んだ作文を保存する。

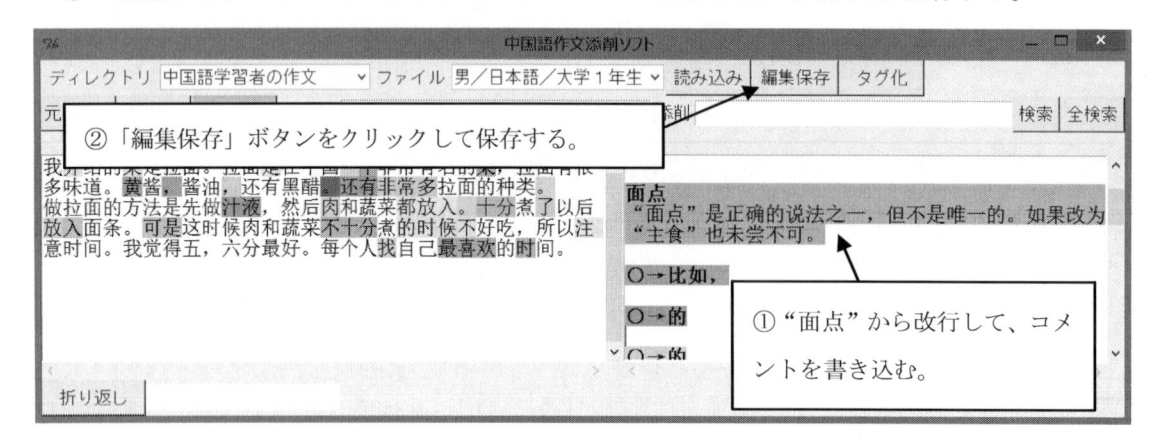

図 5-47

　この後の工程でのタグ化後、正誤タグは、〈菜→面点〉になっているが、"'面点'是正确的说法之一，但不是唯一的。如果改为'主食'也未尝不可。"というコメントは正誤タグには組み込まれないので表示されない。コメントの内容は、

TNR_ChineseWritingCorrection を立ち上げれば、いつでも閲覧することができる。

5.1.10　作文の添削結果
　例として取り上げている作文の内容は、次のようになる。

　　　我介绍的菜是拉面。拉面是在中国一个非常有名的菜，拉面有很多味道。黄酱，酱油，还有黑醋。还有非常多拉面的种类。
　　　做拉面的方法是先做汁液，然后肉和蔬菜都放入。十分煮了以后放入面条。可是这时候肉和蔬菜不十分煮的时候不好吃，所以注意时间。我觉得五，六分最好。每个人找自己最喜欢的时间。

　文の中の間違いは、「表現の間違い」、「不使用」、「過剰使用」というように分類すれば、次のようになる。
　①表現の間違い
　　　一个→一道
　　　菜→面点
　　　还有→而且
　　　汁液→面汤
　　　煮了→煮出味道
　　　不十分→一定要
　　　煮的时候→煮出味道来
　　　找→都可以寻找
　②不使用
　　　○→要
　　　○→是
　　　○→比如
　　　○→的
　　　○→的
　　　○→的
　　　○→也非常多
　　　○→再放
　　　○→再
　　　○→否则会
　　　○→要特别
　　　○→最佳
　③過剰使用
　　　是→○

非常多→○

都放入→○

十分→○

入→○

可是→○

最喜欢→○

　添削者によって添削の結果は必ずしも同じではないが、「中国語母語話者なら、どなたでも認められない用法」と「文法的には合っているが、不自然または非常に不自然な用法」を誤用の判断の基準とすれば、図5-48のような添削の結果になるであろう。

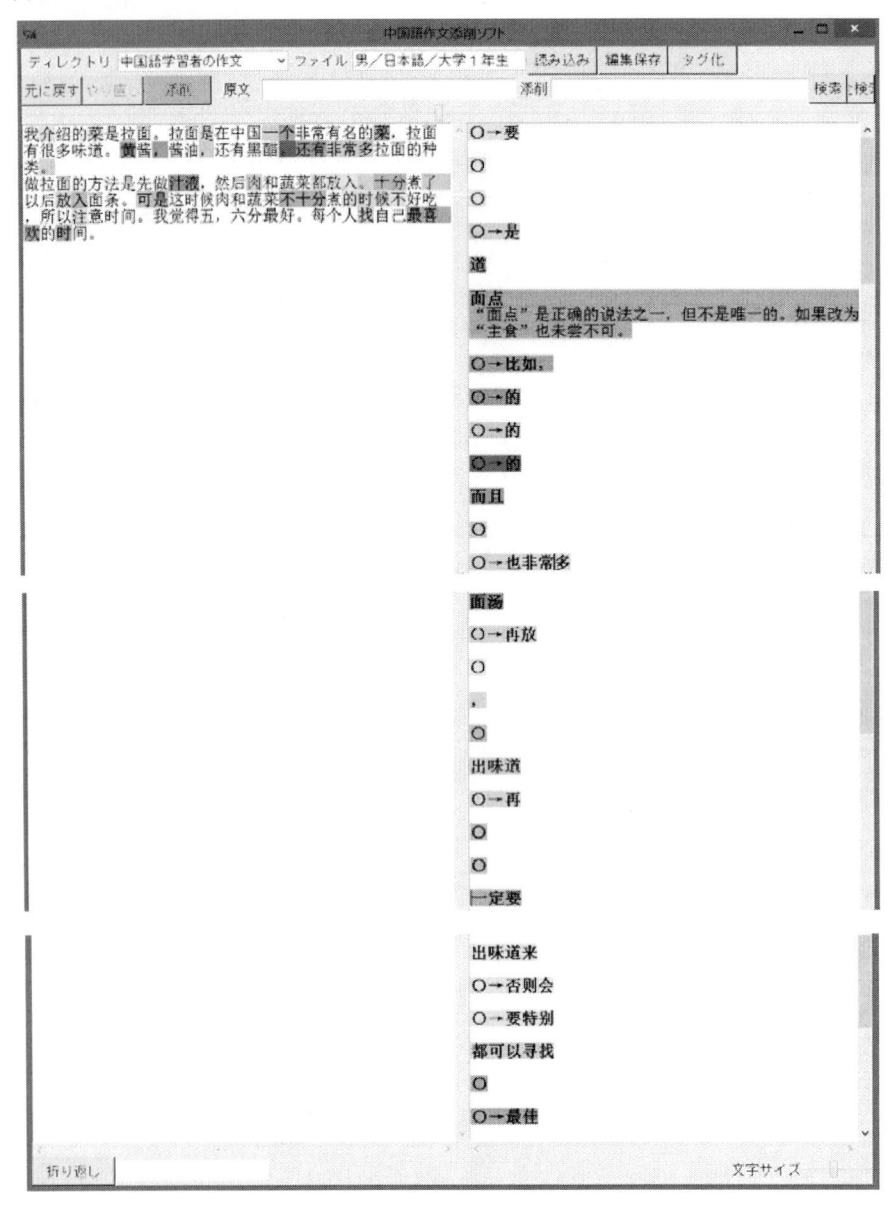

図 5-48

添削後の正しい言い方だけで表示するなら、次の通りである。

> 我要介绍的是拉面。拉面在中国是一道非常有名的面点，拉面有很多味道。比如，黄酱的，酱油的，还有黑醋的。而且拉面的种类也有很多。
> 做拉面的方法是先做面汤，然后再放肉和蔬菜，煮出味道以后再放面条。这时候肉和蔬菜一定要煮出味道来，否则会不好吃，所以要特别注意时间。我觉得五，六分最好。每个人都可以寻找自己的最佳时间。

「編集保存」ボタンをクリックすれば、これで TNR_ChineseWritingCorrection を使った作文添削の手順は一通り終わる。この手順を踏まえ、他の作文を１つずつ添削していく。

5.2 正誤タグの自動変換

作文の添削を行い、添削済みのファイルを保存した後は、添削の結果を正誤タグに変換させる作業に入る。正誤タグは、次のように３種類ある。

①<X→Y>類
②<○→Y>類
③<X→○>類

<X→Y>類は「表現の間違い」を表す正誤タグであるのに対し、<○→Y>類は「不使用」を、<X→○>類は「過剰使用」を表す正誤タグである。"→"の前は誤用で、"→"の後は正用である。"○"は、<○→Y>類においては、不使用を表すが、<X→○>類においては、使用の必要がないことを表す。

これまでは、この３種類のタグを作文の中に表示させるのは、手動で入力するしか方法がなかった。しかし、TNR_ChineseWritingCorrection では、ワンクリックをするだけで文中の間違った部分と添削の内容が必要に応じて自動的に<X→Y>、<○→Y>、<X→○>という形で表記される。

正誤タグの自動変換の手順は次の通りである。

①作文の添削が終了後、「編集保存」ボタンをクリックして、ファイルを保存する。

この時点では、添削済みのファイルが保存されただけで、正誤タグの変換はまだ行われていない。これは、フォルダーCorpusFiles をクリックすれば、確認できる。

TNR_ChineseErrorCorpus.WT をダブルクリックして開くと、フォルダーが２つ表示される。１つが TEXT、もう１つが CorpusFiles である。

CorpusFiles をダブルクリックすると、図 5-49 のように、corpus というフォルダー以外は何も入っていない。これは、正誤タグに変換されたファイルがまだ生成されていないことを表しているので、正誤タグの変換がまだ行われていないということである。

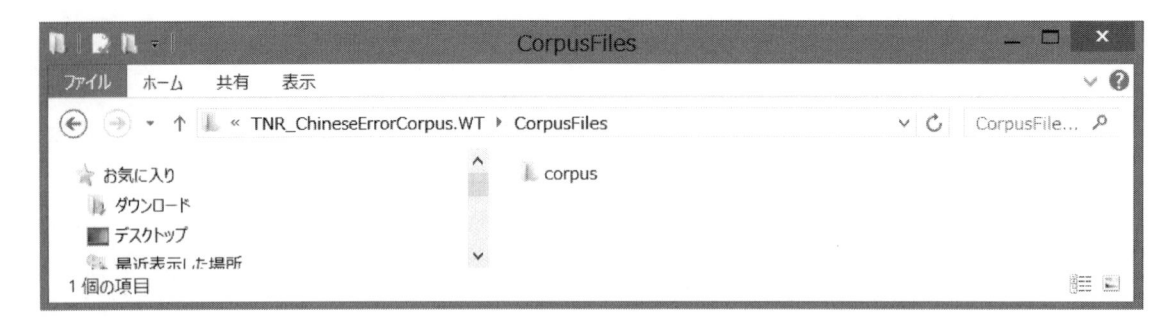

図 5-49

②図 5-50 のように、「編集保存」ボタンの右隣にある「タグ化」ボタンをクリックする。このクリックで、添削の内容はそのすべて一括して自動的に正誤タグに変換される。

「タグ化」ボタンをクリックして、正誤タグに変換する。

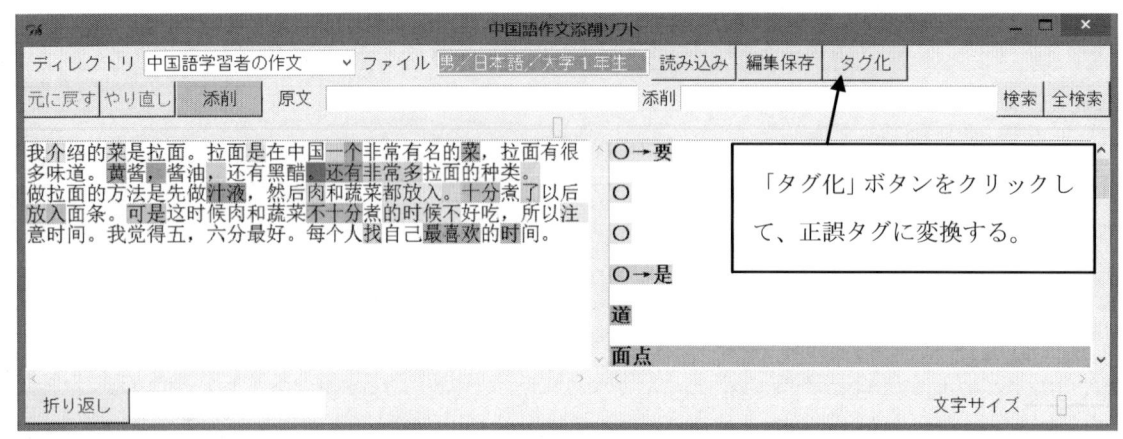

図 5-50

これは、フォルダーCorpusFiles をダブルクリックすれば、確認できる。

CorpusFiles をダブルクリックすれば、図 5-51 のように、corpus というフォルダー以外に「中国語学習者の作文」というフォルダーが生成されている。このフォルダーは、TEXT の中に作成したフォルダーと同名のフォルダーであり、なおかつこれも自動的に生成されるものである。

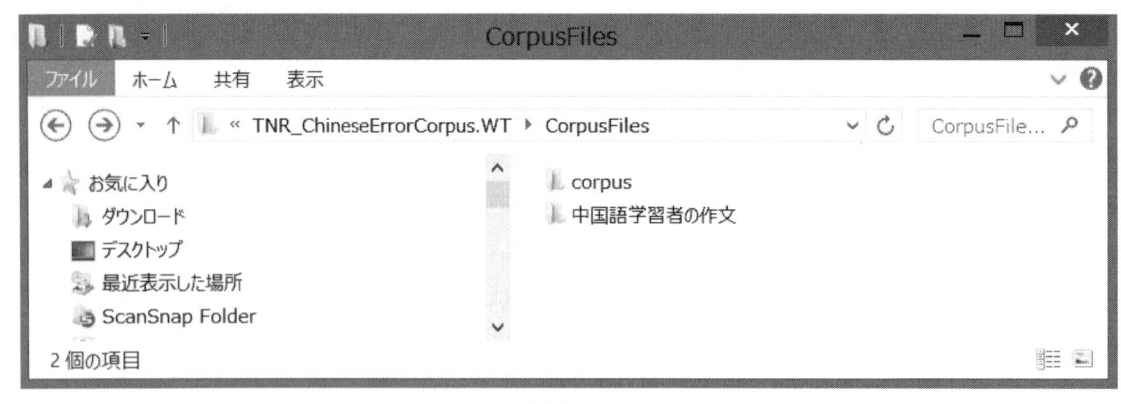

図 5-51

【第5章】作文添削の手順と正誤タグの自動変換 ●125●

「中国語学習者の作文」というフォルダーをクリックすると、図5-52のようにTEXTの中に保存した作文のファイルと同名のものがある。これも自動的に生成されるものである。TEXTの中に保存した同名のファイルとこのファイルとの違いは、前者が添削結果が保存された作文のファイルであるのに対し、このファイルは、添削済みでなおかつその箇所が正誤タグの形へ自動的に変換されたものであるという点である。

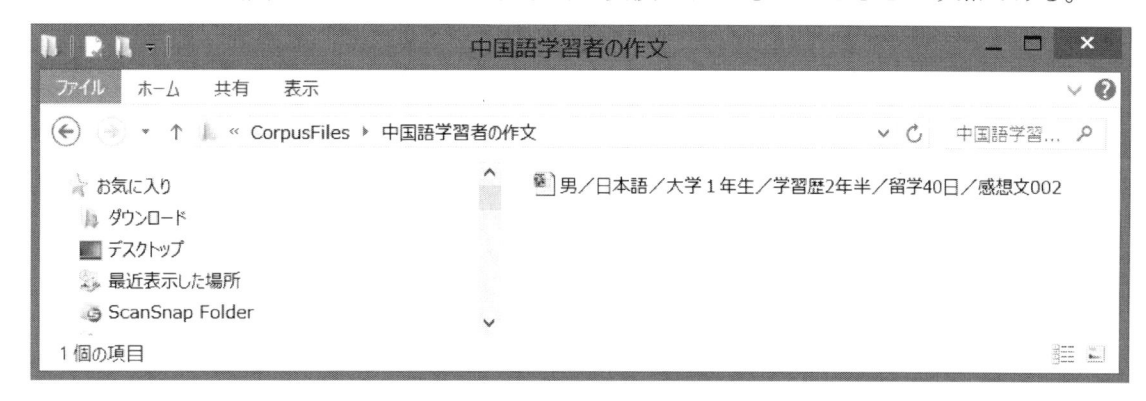

図5-52

③自動的に生成されたファイル「男／日本語／大学1年生／学習歴2年半／留学40日／感想文002」をクリックすれば、図5-53のように、正誤タグに変換された添削の内容が表示される。

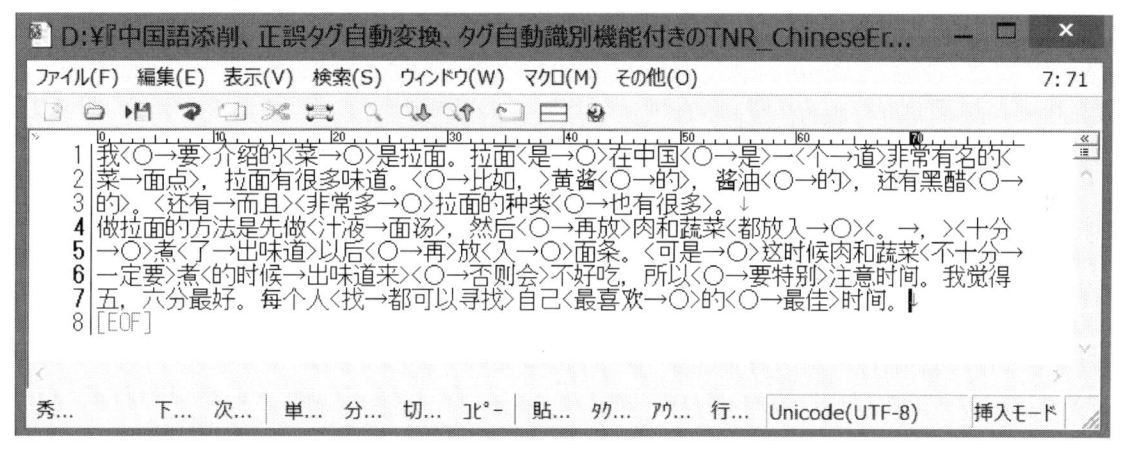

図5-53

④正誤タグの修正が必要な場合は、「5.1.8　添削した内容を書き直したり削除したりする方法」で紹介した方法で行うことができるが、図5-53に示された画面でもできる。例えば、〈菜→面点〉における"面点"の後にもう1つ正しい言い方の"主食"を付け加える場合、図5-54の<菜→面点／主食>のように直接"面点"の後に全角の"／"を書き入れてから"主食"を書き加える。書き加えた後、上書き保存を行う。

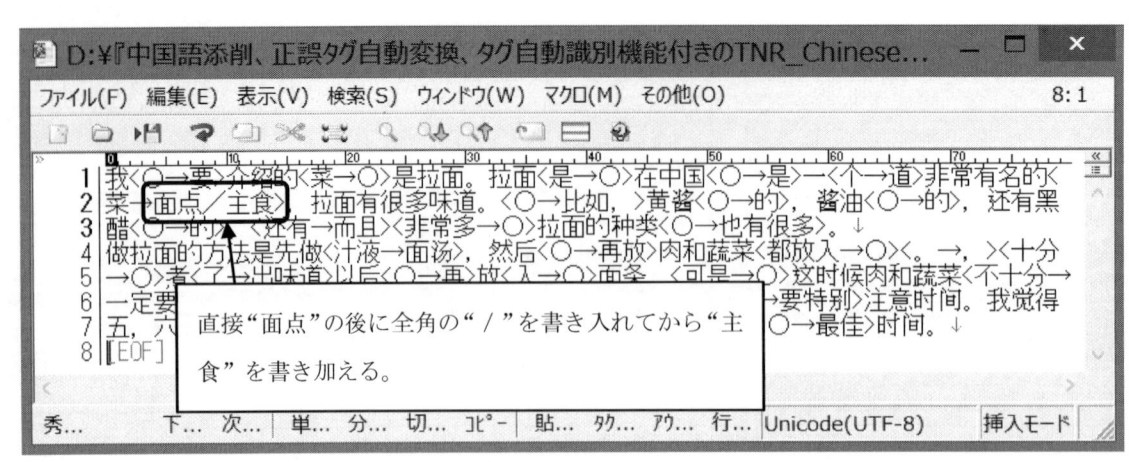

図 5-54

　　ここで修正した内容は、TNR_ChineseWritingCorrection に表示されないが、TNR_ChineseErrorCorpusTagger3.0 には表示される。
　これで正誤タグの自動変換はすべて終わる。「タグ化」ボタンをクリックすれば、自動変換と保存は同時に行われるので、特に再度「編集保存」ボタンをクリックする必要がない。

5.3　MS-Word の添削結果を TNR_WritingCorrection に変換する手順

　TNR_WritingCorrection を使うとすれば、1 つのソフトの中で、作文の添削、コメントの記入、正誤タグへの自動変換といった一連の作業が、滞りなく行うことができる。しかし、TNR_WritingCorrection を未入手の場合は、MS-Word を使って作文の添削を行うことがほとんどであろう。MS-Word で添削を行った作文は、そのままでは TNR_WritingCorrection に読み込まれないため、いつくかの読み替えの手続きを行わなければならない。以下において、読み替えの手順について説明する。

5.3.1　MS-Word の添削のパターン
　MS-Word を使って作文の添削を行う場合は、添削のパターンが 2 つある。

①取り消し線添削法
②校閲添削法

　「取り消し線添削法」とは、図 5-55 のように、間違ったところに取り消し線を引いた後、正しい言い方を「(　)」に記入する添削法である。

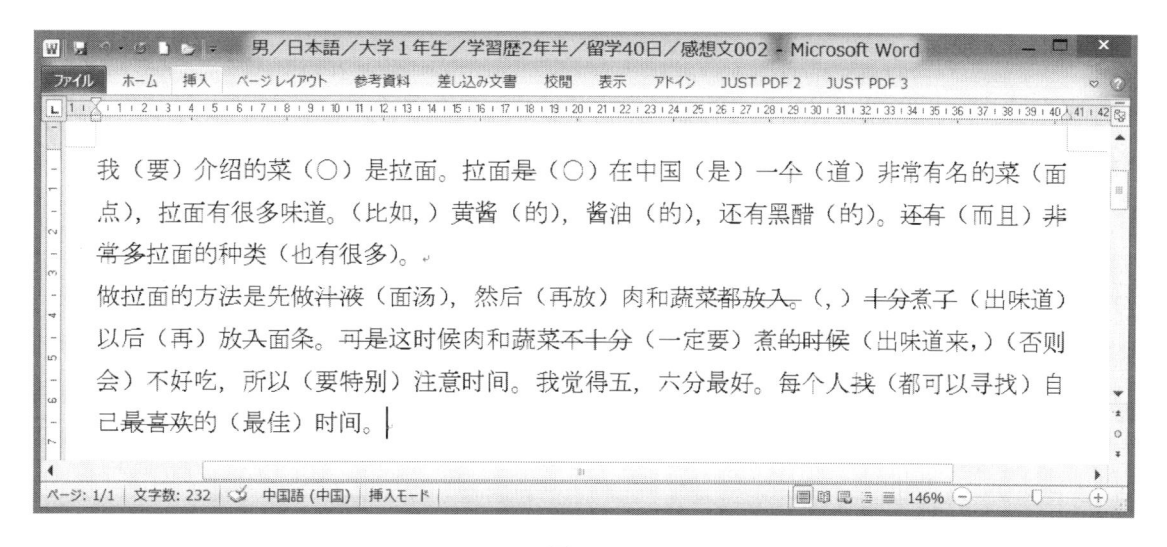

【第 5 章】作文添削の手順と正誤タグの自動変換　●127●

```
我（要）介绍的菜（○）是拉面。拉面是（○）在中国（是）一个（道）非常有名的菜（面点），拉面有很多味道。（比如，）黄酱（的），酱油（的），还有黑醋（的）。还有（而且）非常多拉面的种类（也有很多）。
做拉面的方法是先做汁液（面汤），然后（再放）肉和蔬菜都放入。（，）十分煮了（出味道）以后（再）放入面条。可是这时候肉和蔬菜不十分（一定要）煮的时候（出味道来，）（否则会）不好吃，所以（要特别）注意时间。我觉得五，六分最好。每个人找（都可以寻找）自己最喜欢的（最佳）时间。
```

図 5-55

「校閲添削法」とは、図 5-56 のように、MS-Word の「校閲」機能の中にある「コメントの挿入」を使い、「コメント」欄に作文の添削結果を示す添削法である。

図 5-56

上にも述べたように、MS-Word で作文の添削を行い、Word 形式で保存したものは、作文添削ソフト TNR_WritingCorrection に正常に読み込まれないため、テキスト形式に変換し、テキスト形式で保存しなければならない。

5.3.2 「取り消し線添削法」で添削した作文の変換方法

MS-Word で添削した作文は、テキストファイルに変換する場合、2つの方法がある。

①「秀丸エディタ」または「サクラエディタ」の「開く」ボタンを使って直接 MS-Word で保存した添削済みのファイルを読み取る方法
②MS-Word で保存したファイルの内容をコピーして「秀丸エディタ」または「サクラエディタ」に貼り付ける方法

①の方法は文字化けが生じるので、採用できそうな方法ではない。しかし、②の方法は、内容が読み込め、文字化けも生じないが、図 5-57 のように「（　）」内の添削情報は残ってはいるものの、取り消し線が消えてしまうのである。

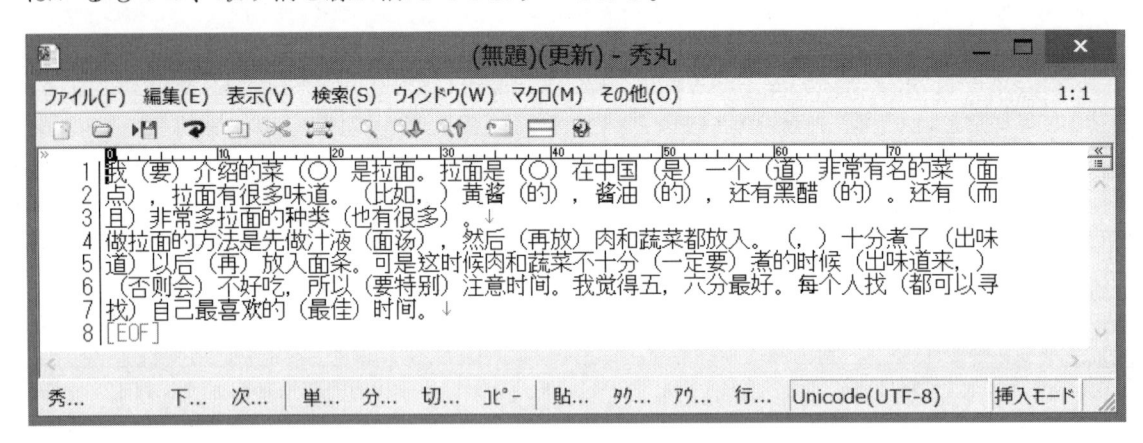

図 5-57

従って、コピー＆貼り付けも有効な手段ではない。MS-Word の「取り消し線添削法」で添削した内容を「秀丸エディタ」に表示させるには、非常に手間がかかるが、添削の情報を改めて書き込まなければならない。

その主な手順は次の通りである。
①MS-Word で保存した作文を開く。図 5-58 のようにすべての内容を選択して、マウスの右ボタンをクリックする。選択リストの中から「コピー（C）」を選択してクリックし、選択した内容をすべてコピーする。

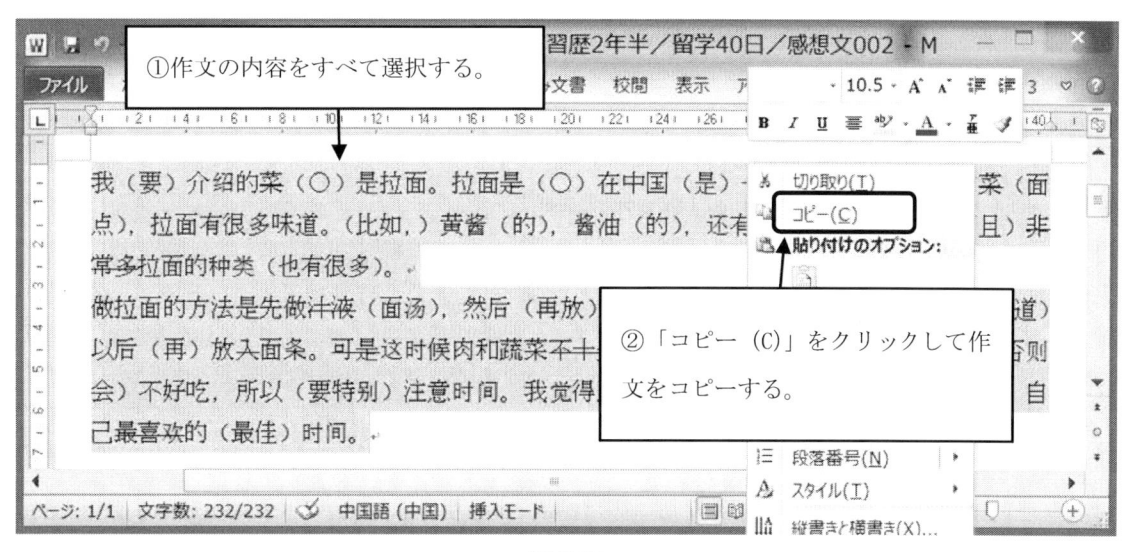

【第 5 章】作文添削の手順と正誤タグの自動変換 ●129●

図 5-58

③「秀丸エディタ」を開く。
④先ほどコピーした MS-Word の内容を図 59 のように「秀丸エディタ」に貼り付ける。

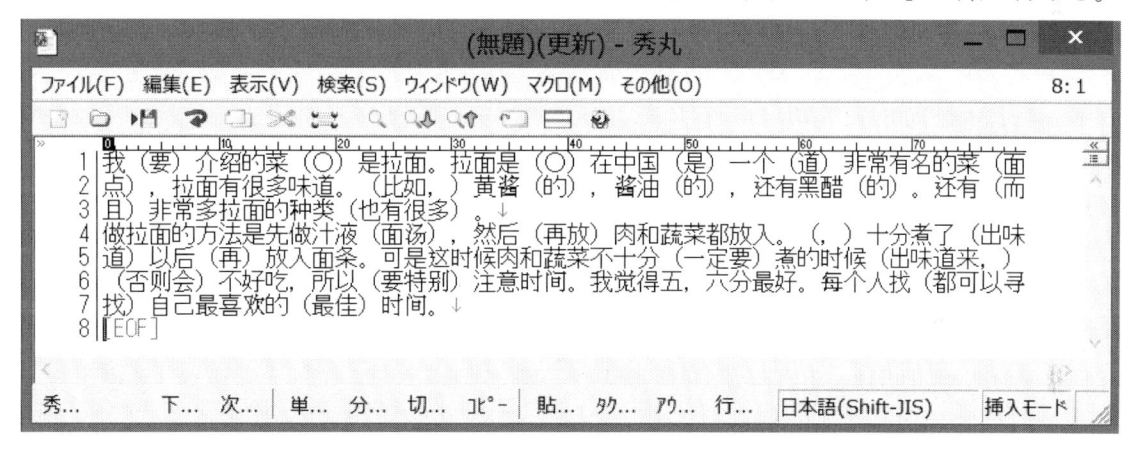

図 5-59

⑤ファイル名を付け、エンコードを Unicode（UTF-8）に指定してフォルダーTEXT の中の所定のフォルダに保存する。
⑥「正規表現」を使って、「秀丸エディタ」に貼り付けた作文の「()」内の内容をすべて削除する。主な手順は次の通りである。
　a.「検索(S)」をクリックすると、図 5-60 のように選択リストが表示される。「置換(R)」を選択してクリックする。

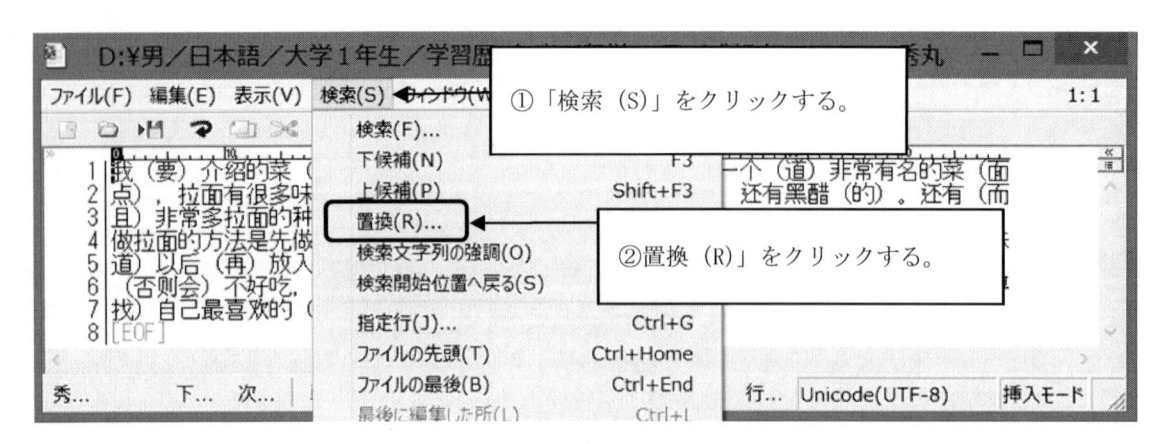

図 5-60

b.「検索（S）：」の横のボックスに、図 5-61 のように、正規表現、「（[^]+）」を書き込む。この正規表現は、文中の「（　）」で括った内容をすべて削除することを意味する。「（　）」はいずれも全角、「[^]+」はいずれも半角である。うまく削除できない場合は、「（　）」がすべて全角になっているかどうか、「[^]+」がすべて半角になっているかどうかをチェックする。

c.「置換（E）：」の横のボックスを空欄のままにする。「正規表現（R）」と「一周する（O）」の前の□にチェックを入れる。

d.「全置換（A）：」をクリックする。

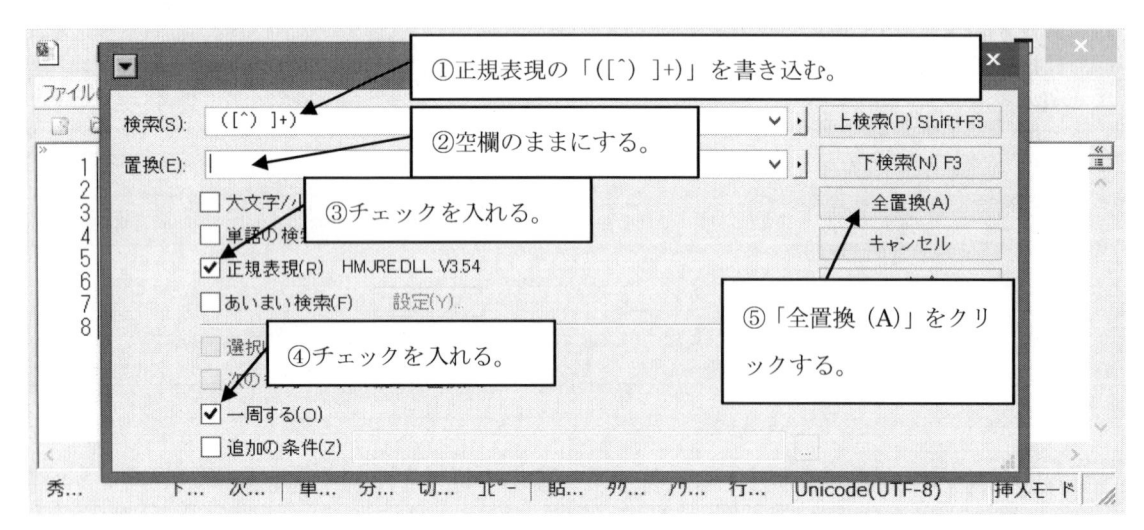

図 5-61

⑦図 5-62 のように「23 個の置換を行いました。」と表示されたら「OK」をクリックする。

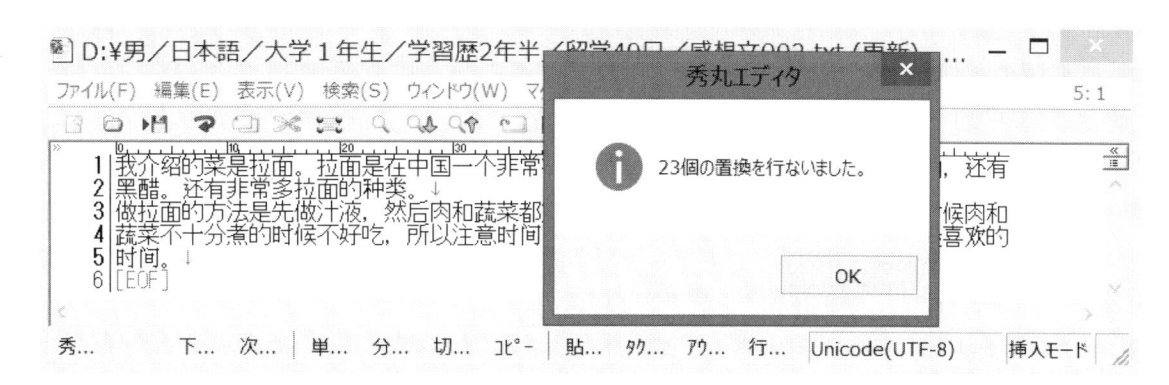

【第5章】作文添削の手順と正誤タグの自動変換　●131●

図 5-62

⑧図 5-63 のように文中の（　）で括った内容が一括して削除される。上書き保存を行う。

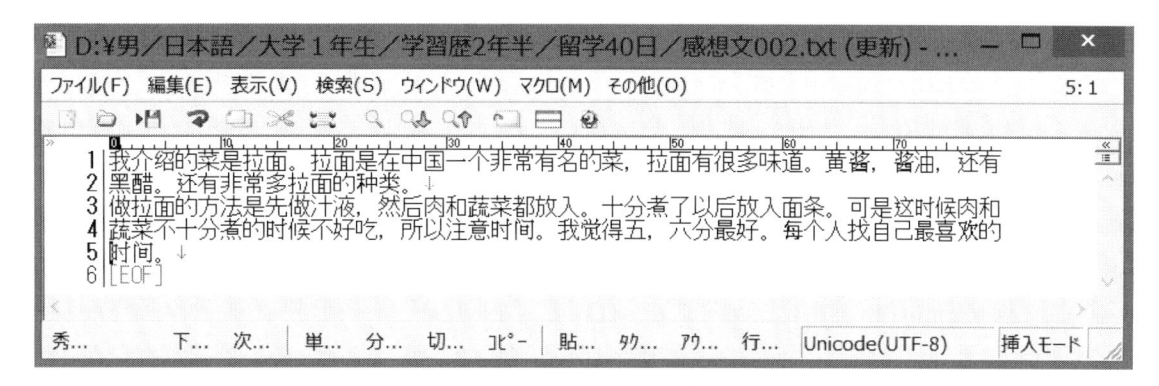

図 5-63

⑨TNR_WritingCorrection を立ち上げ、図 5-64 のように先ほど上書き保存したファイルを読み込む。

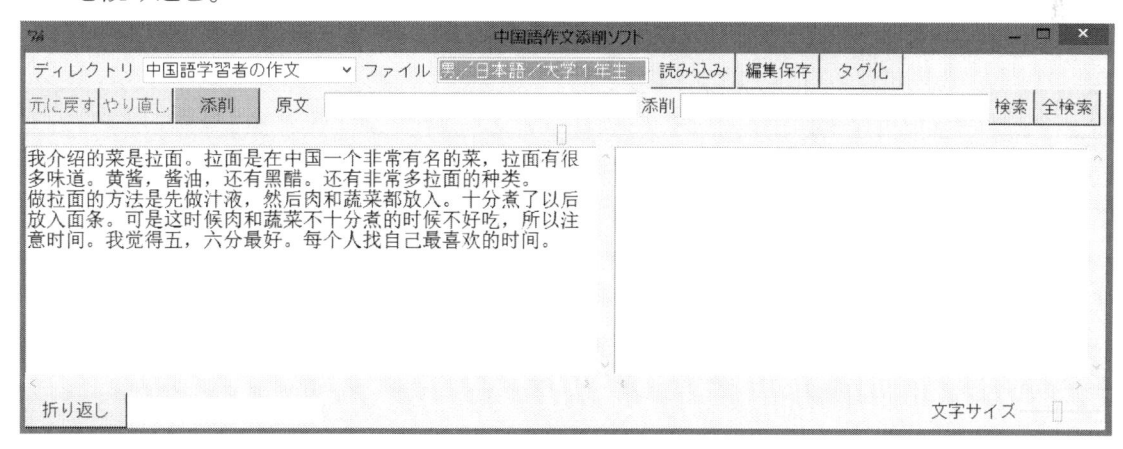

図 5-64

⑩MS-Word の添削情報が閲覧できるように、図 5-65 のように TNR_WritingCorrection と並べて表示する。または MS-Word の添削情報を印刷する。

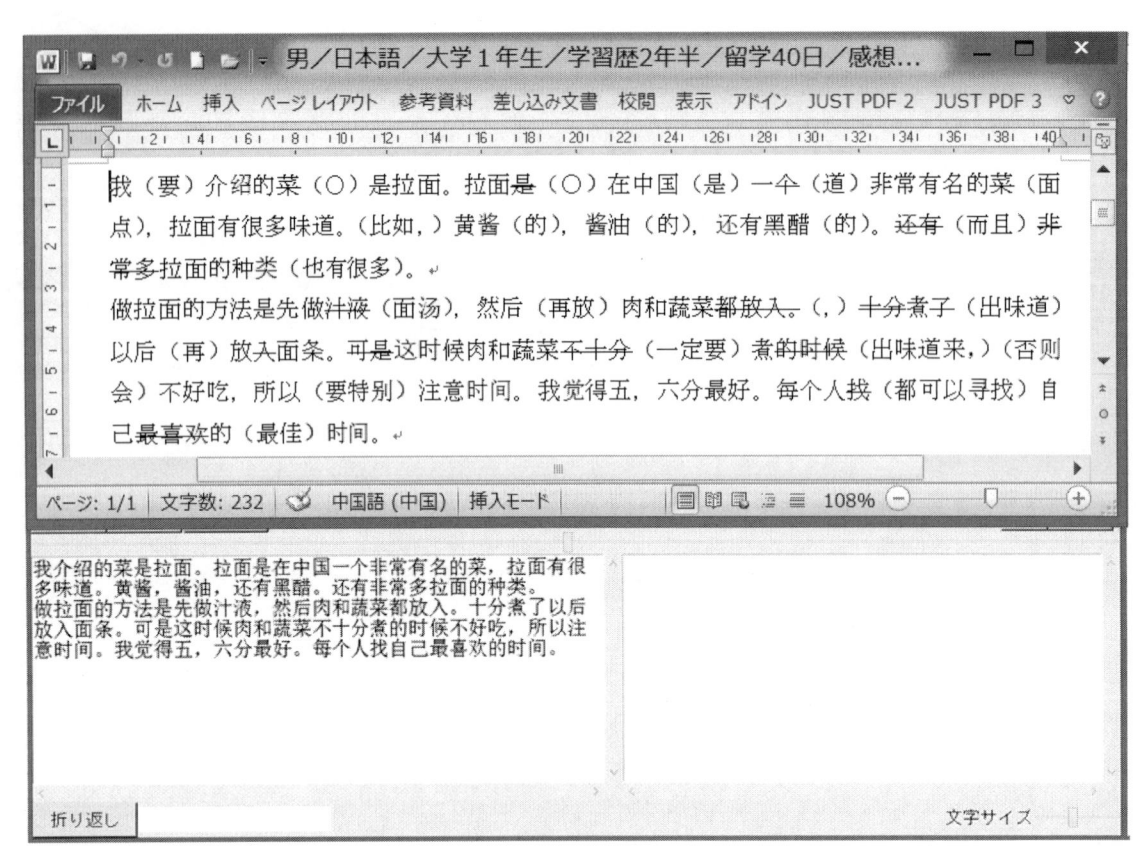

図 5-65

⑪「5.1.7　作文の添削方法」で紹介した作文添削の手順を踏まえて MS-Word の添削情報を移す。すべての添削情報を移した後、図 5-66 のように「編集保存」ボタンをクリックして保存する。

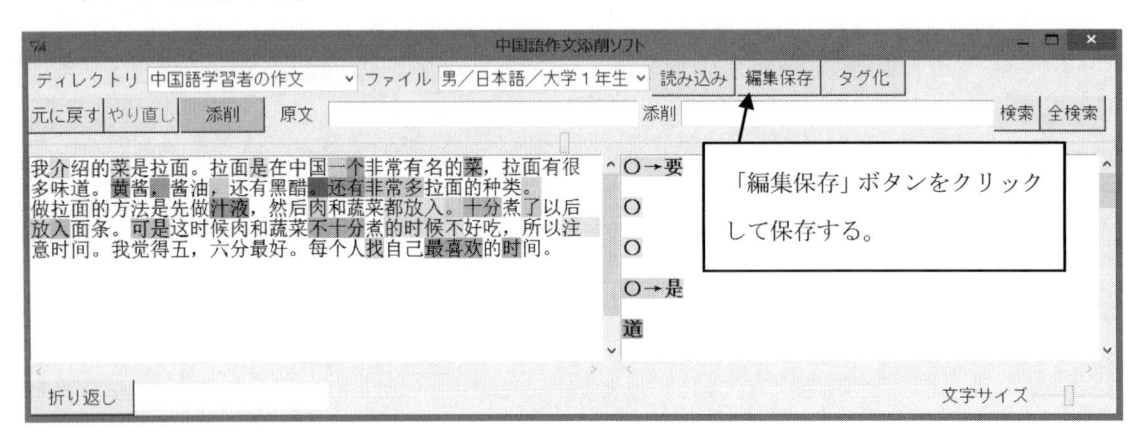

図 5-66

⑫図 5-67 のように「タグ化」ボタンをクリックして、添削の情報を正誤タグに変換させる。

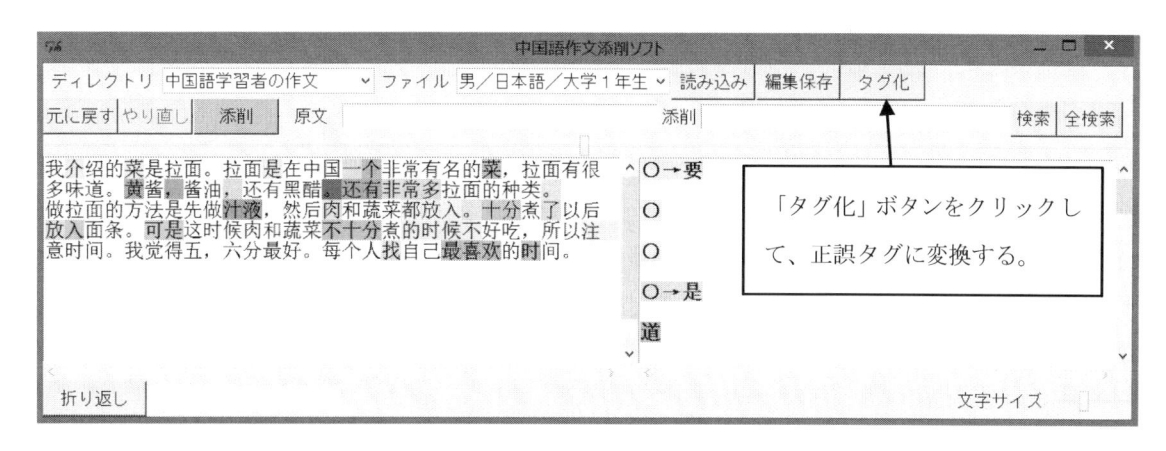

【第 5 章】作文添削の手順と正誤タグの自動変換 ●133●

図 5-67

5.3.3 「校閲添削法」で添削した作文の変換方法

　MS-Word の「校閲」機能を使って添削した作文は、「取り消し線添削法」で添削した作文と同じように、「秀丸エディタ」または「サクラエディタ」の「開く」ボタンを使って直接 MS-Word で保存した添削済みのファイルを読み込むことはできない。

　しかし、MS-Word で保存したファイルの内容をコピーして「秀丸エディタ」または「サクラエディタ」に貼り付けるとしても、図 5-68 のように添削の結果が表示されないだけでなく、添削の結果を示すところに空白の半角のスペースが生じてしまう。

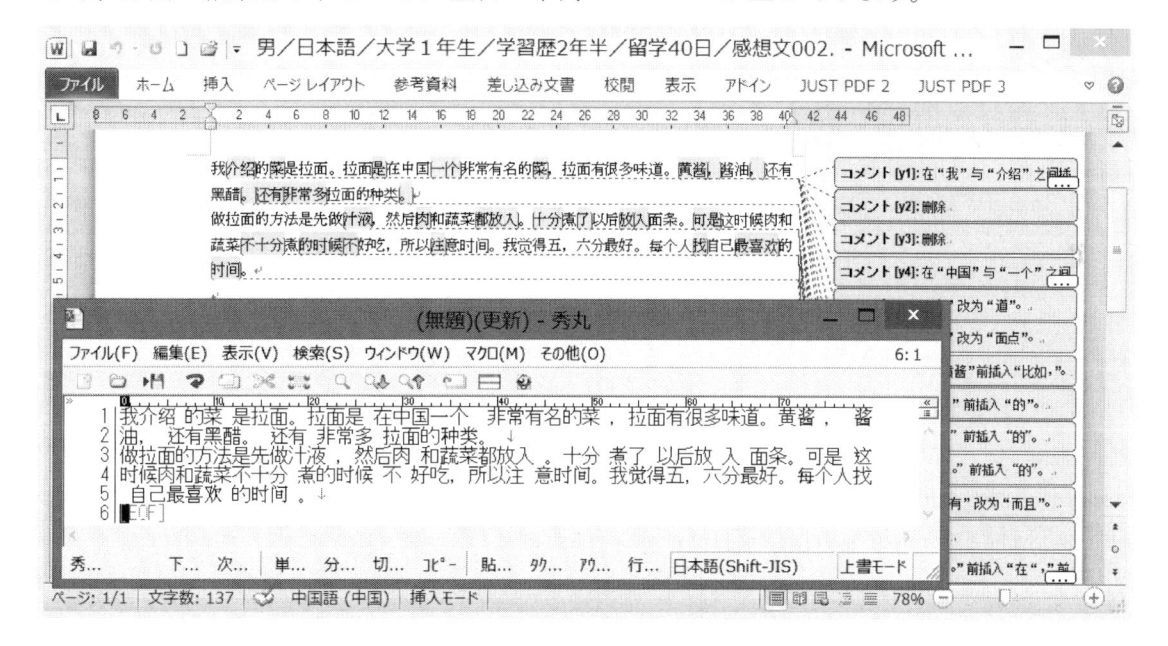

図 5-68

　要するに、「取り消し線添削法」と同じようにこの「校閲添削法」でも、「秀丸エディタ」で直接読み取りの方法とコピー＆貼り付けの方法のいずれもが有効ではないのである。MS-Word の「校閲添削法」で添削した内容を「秀丸エディタ」に表示させるには、添削の

情報を改めて書き込まなければならない。

その主な手順は次の通りである。

①MS-Word で保存した作文を開く。図 5-69 のようにすべての内容を選択して、マウスの右ボタンをクリックする。選択リストの中から「コピー（C）」を選択してクリックし、選択した内容をすべてコピーする。

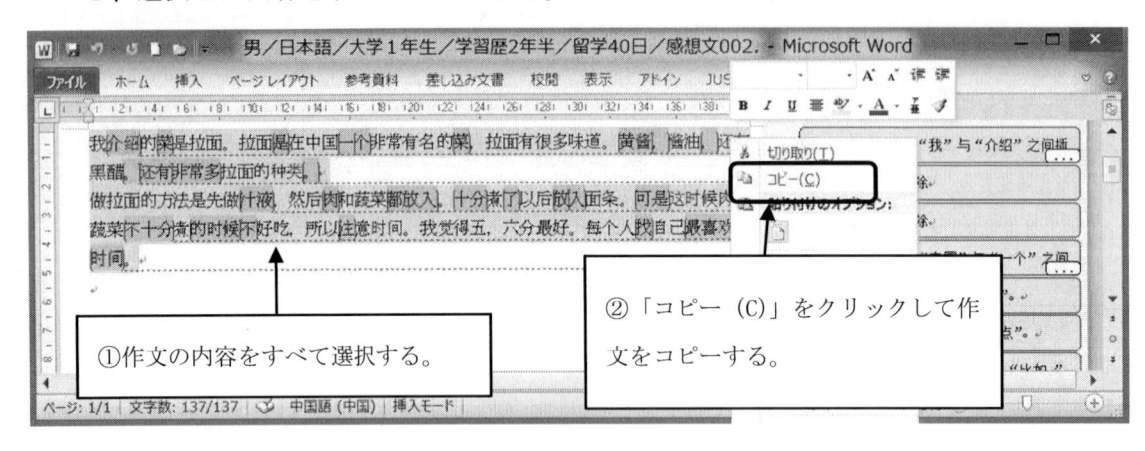

図 5-69

③「秀丸エディタ」を開く。

④先ほどコピーした MS-Word の内容を図 5-70 のように「秀丸エディタ」に貼り付ける。

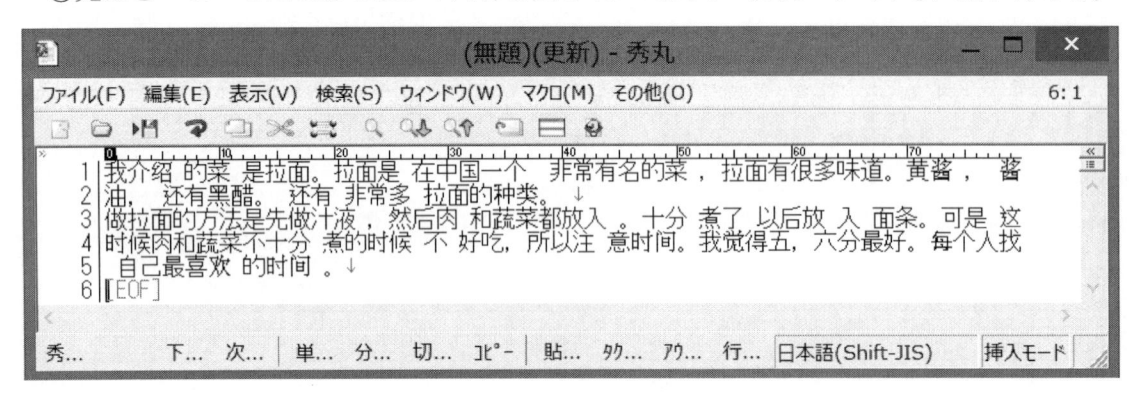

図 5-70

⑤ファイル名を付け、エンコードを Unicode（UTF-8）に指定してフォルダーTEXT の中の所定のフォルダーに保存する。

⑥「正規表現」を使って、「秀丸エディタ」に貼り付けた作文の中に生じている半角スペースをすべて削除する。主な手順は次の通りである。

a.「検索(S)」をクリックすると、図 5-71 のように選択リストが表示される。「置換(R)」を選択してクリックする。

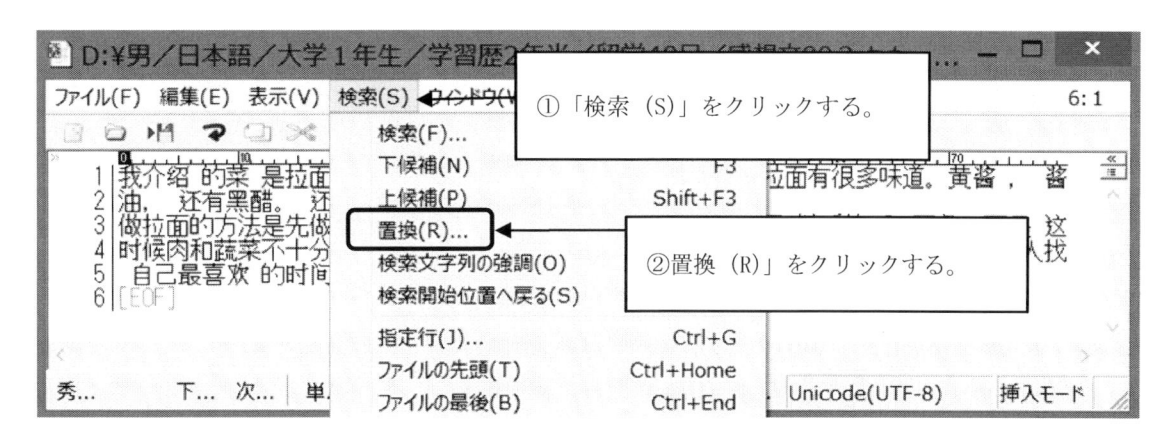

【第5章】作文添削の手順と正誤タグの自動変換　●135●

図 5-71

b.「検索（S）:」の横のボックスに、半角のスペースを一括して削除する正規表現を書き込む。

　半角のスペースを一括して削除する正規表現は、図 5-72 のように「 +」である。つまり、空白の半角のスペースを空けてから半角の「+」を書き込む。

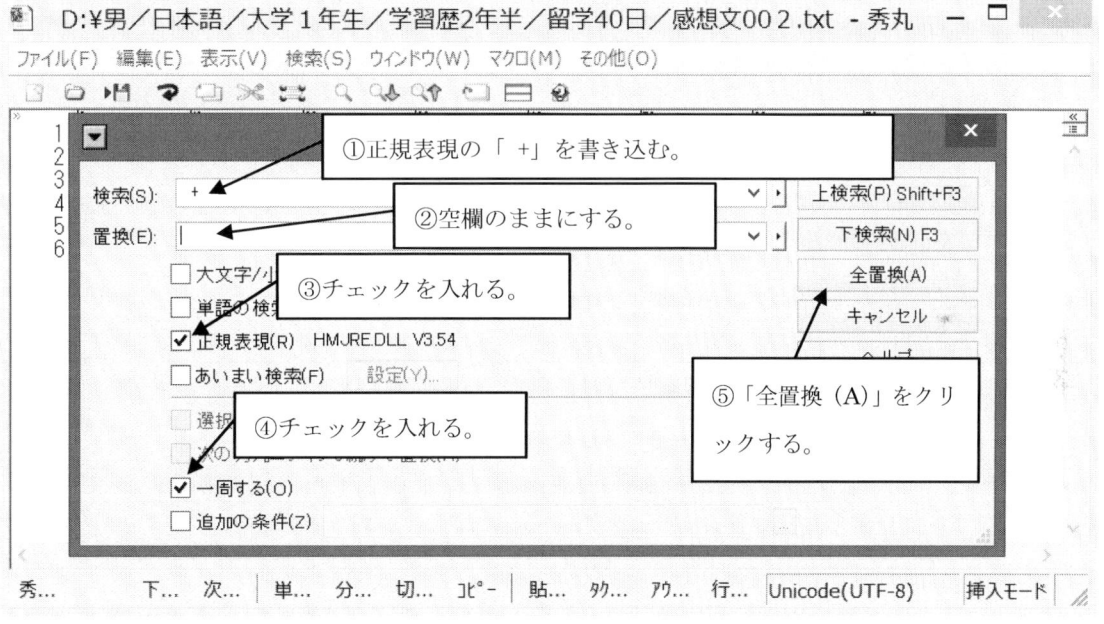

図 5-72

c.「置換（E）:」の横のボックスを空欄のままにする。「正規表現（R）」と「一周する（O）」の前の□にチェックを入れる。
d.「全置換（A）:」をクリックする。
⑦図 5-73 のように「27 個の置換を行いました。」が表示されたら「OK」をクリックする。

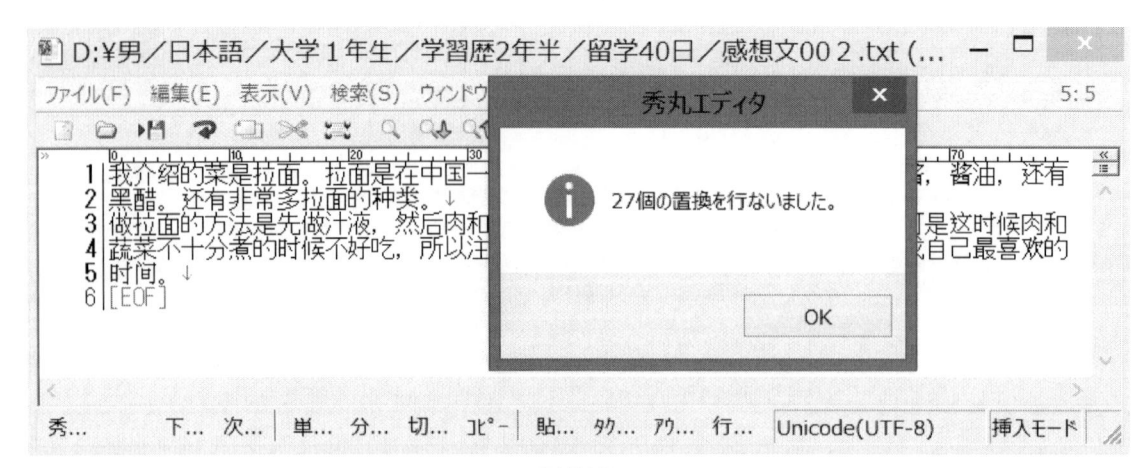

図 5-73

⑧図 5-74 のように文中の空白の半角スペースが一括して削除される。上書き保存を行う。

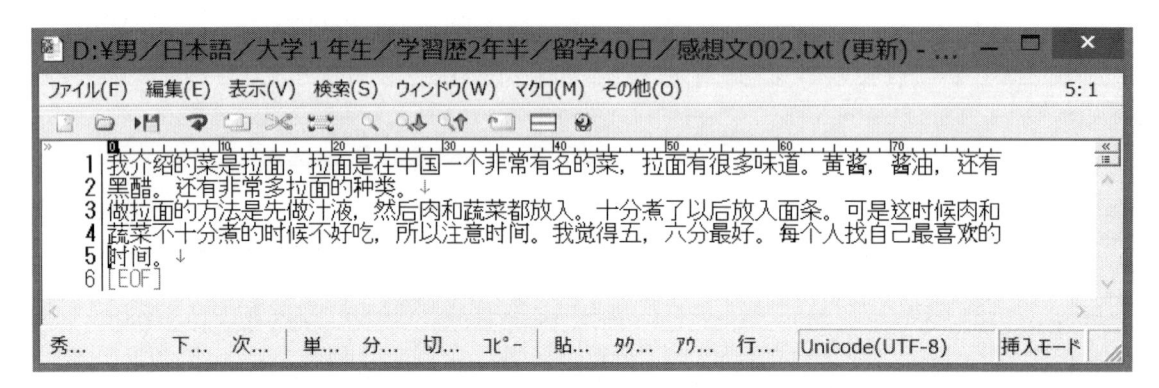

図 5-74

⑨TNR_WritingCorrection を立ち上げ、図 5-75 のように先ほど上書き保存したファイルを読み込む。

図 5-75

⑩MS-Word の添削情報が閲覧できるように、図 5-76 のように TNR_WritingCorrection

と並べて表示する。または MS-Word の添削情報を印刷する。

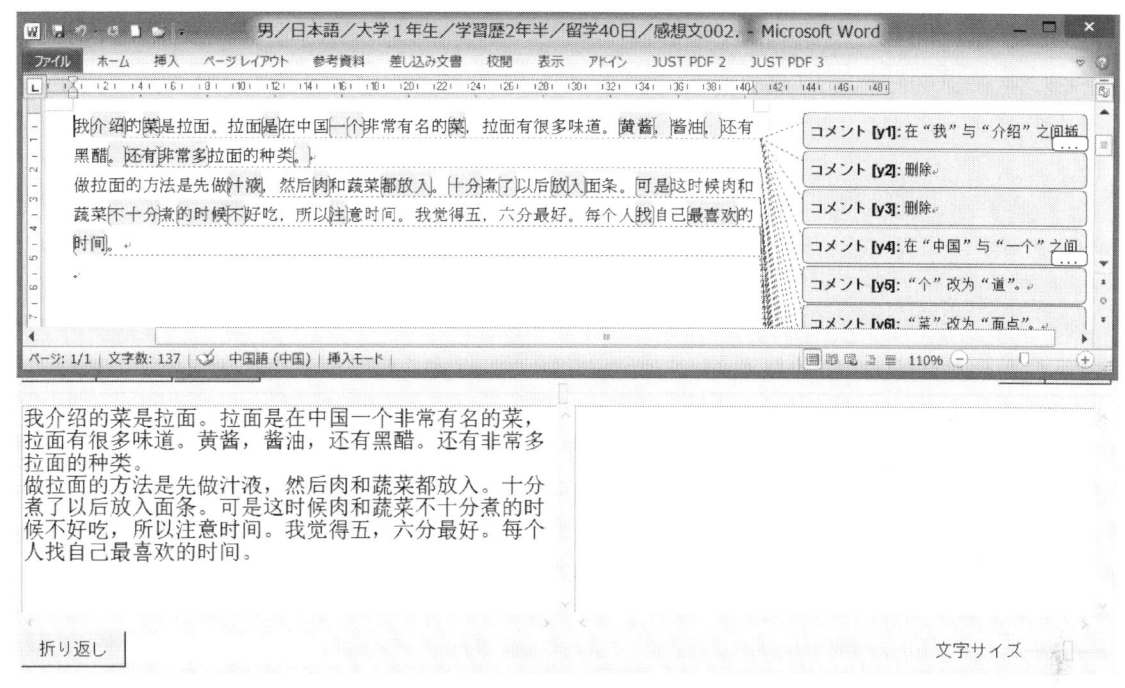

図 5-76

⑪ 「5.1.7 作文の添削方法」で紹介した作文添削の手順を踏まえて MS-Word の添削情報を移す。すべての添削情報を移した後、図 5-77 のように「編集保存」ボタンをクリックして保存する。

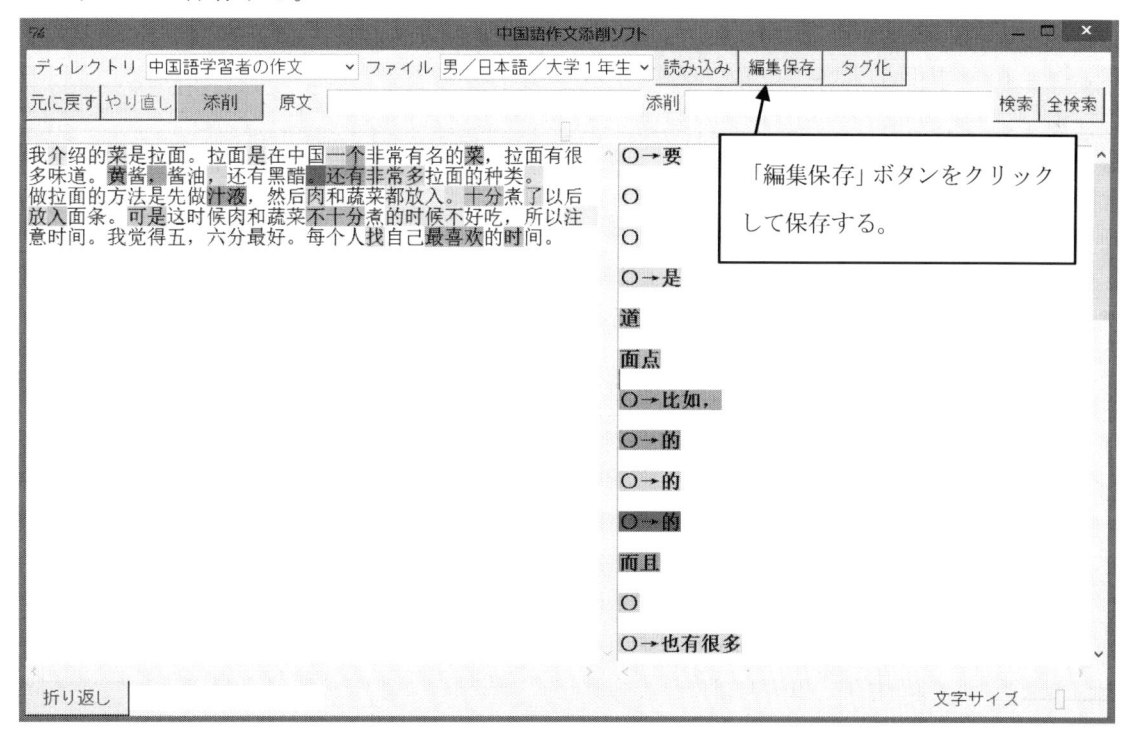

図 5-77

⑫図 5-67 のように「タグ化」ボタンをクリックして、添削の情報を正誤タグに変換させる。

以上述べたように、MS-Word で添削した結果をテキストエディタに移行する場合は、いずれも文章の処理や添削結果の再入力を行わなければならない。

5.4　まとめ

本章において、「作文添削の手順」「正誤タグの自動変換」「MS-Word の添削結果をTNR_WritingCorrection に変換する手順」を中心に述べてきた。それをまとめてみると、次のようになる。

（1）誤用の判定は、「らしさ」ではなく、「中国語母語話者なら、どなたでも認められない用法」と「文法的には合っているが、不自然または非常に不自然な用法」を基準とする。

（2）作文を保存するフォルダーは、任意の場所ではなく、必ず TEXT というフォルダーの中に作成する。

（3）作文のファイルの保存形式は、テキスト形式であり、エンコードは Unicode（UTF-8）でなければならない。

（4）「文章の出典に関する情報」は、ファイル名で表示する。

（5）正誤タグに変換されないコメントの記入もできるが、必ず添削の語句の後、改行して記入する。

（6）正誤タグの自動変換を行う場合は、添削の結果を「編集保存」ボタンをクリックして保存した上で、「タグ化」ボタンをクリックする。正誤タグの自動変換と、変換結果の保存は同時に行われるので、特に更に保存する必要はない。

（7）MS-Word で添削を行った文章を TNR_WritingCorrection で読み込むためには、MS-Word の添削の情報をテキストエディタに移行させなければならない。移行する際に文章の処理や添削結果の再入力を行う必要がある。

作文を添削し、その添削の結果が自動的に正誤タグに変換された時点で1つ目の大きな目的は達成できた。作文添削ソフトを使って学習者が作成した文や文章を添削することにより、これまでペンで添削を行ってきた面倒な作業から解放され、添付ファイルという形で作文の提出や添削済みの作文の返却もスムーズに行えるようになる。添削の結果が自動的に正誤タグに変換されることにより、文や文章の中の誤用の箇所に一々手作業で正誤タグを付与する手間も省かれる。さらに、目視や簡易の検索により学習者の誤用の傾向性を確認するための手がかりも得られる。作文の添削だけを目的とするなら、作文添削ソフト TNR_WritingCorrection を使いこなせば十分であるので、一応ここでピリオドを打つことができる。

しかし、中国語学習者の誤用問題を研究対象とするなら、誤用の用例から誤用の傾向性

や規則性を見いださなければならない。傾向性や規則性を見いだすなら、データを集計しなければならない。データを集計するなら、誤用のデータに研究のためのタグを付与しなければならない。次章からは、正誤タグに誤用データを分析したり集計したりするための研究タグを付与する方法を述べる。

第 6 章

正誤タグに分析・集計用のタグの付与

主な内容：
- 6.1 タグ付与の方法
- 6.2 タグ付与の目的
- 6.3 研究用のタグ付与の方法
  - 6.3.1 正誤タグが付いている箇所に1つの分析・集計用のタグを付与する方法
  - 6.3.2 正誤タグが付いている箇所に複数の分析・集計用のタグを付与する方法
- 6.4 タグリストにないタグを付与する方法
  - 6.4.1 手動でタグを入力する方法
  - 6.4.2 タグリストに追加してワンクリックでタグを付与する方法
- 6.5 タグの修正と削除の方法
  - 6.5.1 付与したタグに新しいタグを追加する方法
  - 6.5.2 付与したタグを削除して新しいタグを付与する方法
  - 6.5.3 付与したタグを削除する方法
- 6.6 まとめ

【重要なポイント】
1. 分析・集計用のタグを付与する際に、タグ付与の目的を明らかにしなければならない。つまり、「タグの集計からどのような傾向性や規則性を見いだすか」「どのようなタグを付与すれば研究の目的が達成できるか」を念頭に置きつつ、タグ付与を考えなければならないのである。
2. 集計の結果に信憑性を持たせるために、タグ付与の一貫性を保たなければならない。Aというタグリストを使ってタグ付与を行うとすれば、すべての文章にAというタグリストのタグを付与しなければならないのである。
3. 文章内のすべてのタグを削除する場合は、正誤タグも削除されるので、正誤タグを復活させるには再度正誤タグを含むファイルを読み込み「タグ化」する必要がある。

作文添削ソフト TNR_ChineseWritingCorrection は、これまでペンを使って行われてきた作文添削の作業をスムーズに行い、添削の結果を正誤タグに自動的に変換することにおいて、大きく前進したものであろう。これによって、学習者と教員との宿題のやりとりや誤用傾向、今後の学習のポイントの確認などがより円滑かつ迅速に行われることになる。つまり、中国語教育だけになら、この作文添削ソフトは十分活躍できるであろう。
　第5章でも述べたように、添削の結果は、正誤タグに変換された後、誤用データとして蓄積されていく。この誤用データ元のまま、中国語教育だけではなく、中国語学習者の誤用研究や日中言語の対照研究にも活用させたいという要望も強く出てくる。
　中国語学習者の誤用研究や日中対照研究のためにも活用するなら、正用例と誤用例の比率、正用と誤用の傾向性や規則性を見いださなければならない。傾向性や規則性を見いだすために最も効率的な方法としては、データを集計することであろう。データを集計するためには、データに何らかのタグを付けなければならない。つまり、集計とは、同類のタグを集計することであり、その同類のタグを元に他のタグの集計結果と比較しながら、学習者の誤用のメカニズムを明らかにするのである。
　ここでのタグは、正誤タグとは異なり、正用と誤用の表現を示すものではなく、統語レベルや意味レベルにおける誤用の類型を示すものである。統語レベルや意味レベルのタグは、本書では「分析・集計用のタグ」と呼ぶが、場合によっては「研究用のタグ」と呼ぶこともある。両者は同義である。
　以下において、TNR_ChineseErrorCorpusTagger3.0 を使って分析・集計用のタグ付与について詳細に述べていく。

6.1　タグ付与の方法
　タグ付与は、これまでは以下のように2つの方法を中心に行われてきた。

　①用例毎に文字入力でタグを付与する方法
　②誤用の類型をアルファベットで表しタグを付与する方法

　「用例毎に文字入力でタグを付与する方法」とは、誤用の箇所に誤用の種類を表す文字を入力して示す方法である。「誤用の類型をアルファベットで表しタグを付与する方法」とは、誤用の箇所に誤用の種類を表すアルファベットを入力して示す方法である。前者は、これまでは MS-Excel での集計が難しかったためかあまり使われていないのに対し、後者は、MS-Excel での集計ができるため、よく使われている方法である。
　後者は MS-Excel でデータの集計ができるという利点があるが、すべての誤用の類型をアルファベットで表示し直さなければならないので、間違われやすいことや覚えにくいことがデメリットの1つである。もう1つ共通するデメリットとしては、いずれのタグ付与もワンクリックで付与するのではなく、すべて入力しなければならないことである。

以上の問題点をクリアするために、**TNR_ChineseErrorCorpusTagger3.0** では、タグリストにないタグを手動で入力する機能を残しつつ、主にタグリストに示されたタグボタンをワンクリックするだけでタグ付与ができるようにしている。ワンクリックで付与したタグは、アルファベットではなく、文字表記であるため、直観的に認識できるし、心理的負担も少ない。

6.2　タグ付与の目的

　分析・集計用のタグは研究目的によって異なる。つまり、文法を研究対象とするなら、文法のタグを、誤用のパターンを研究対象とするなら、誤用パターンのタグを、非言語行動を研究対象とするなら、視線や表情などのタグを付与することになるであろう。従って、ソフトに付いているタグリストを使用するにしても、自作のタグリストを使用するにしても、タグ付与の目的について、次の２つの問題をまず考えなければならないであろう。

　　①タグの集計からどのような傾向性や規則性を見いだすか
　　②どのようなタグを付与すれば研究の目的が達成できるか

　例えば、日本語母語話者の中国語学習者に見られる中国語の"了"の学習難易点を明らかにすることを目的とし、統語レベルや意味レベルのタグを付与するとする。見いださなければならない傾向性や規則性と、付与すべきタグは次のようになるであろう。

　　①動詞直後の"了"の誤用と文末の"了"の誤用について、それぞれに誤用の傾向性や規則性を集計し、両者の誤用の比率を算出した上で、動詞直後の"了"と文末の"了"のどちらが学習しにくいかを明らかにする。
　　②動詞直後の"了"の誤用と文末の"了"の誤用には、それぞれに学習難易点がある。どのような類型の動詞と共起する場合に、学習しにくいかまたは学習しやすいかを、どのような類型の文末に使われる場合に、学習しにくいかまたは学習しやすいかを明らかにする。
　　③上の①と②の目的を達成させるために、動詞の類型、文の類型、"了"の意味類型を表すタグを付与する。

　誤用例における"了"と共起する動詞の類型や文の類型、"了"の意味類型を明らかにしておけば、中国語教育における"了"の学習だけではなく、時間表現における日中の発想の違いのメカニズムを究明することができるであろう。
　要するに、タグ付与は任意的なものではなく、研究の目的に結びつかなければ、求めるものが得られないので、研究の目的の達成に直結するタグ付与をしなければならないのである。

6.3　研究用のタグ付与の方法

　ここで言う「研究用のタグ付与の方法」とは、正誤タグが付いている箇所に分析・集計用のタグを付与することである。タグ付与の方法は、大きく分けると2種類ある。

　　①正誤タグが付いている箇所に1つの分析・集計用のタグを付与する方法
　　②正誤タグが付いている箇所に複数の分析・集計用のタグを付与する方法

　「正誤タグが付いている箇所に1つの分析・集計用のタグを付与する方法」とは、正誤タグが付与されたところに、統語レベルのタグか、意味レベルのタグか、その他のレベルのタグのどれか1つを選択して付与する方法である。それに対し、「正誤タグが付いている箇所に複数の分析・集計用のタグを付与する方法」とは、正誤タグが付与されたところに、必要に応じていろいろなレベルのタグを同時に付与する方法である。
　ここで最も重要なことは、タグ付与の一貫性である。例えば、統語レベルのタグを付与するなら、すべての誤用の箇所において、いずれも統語レベルのタグだけを付与するということである。これは、統語レベルのタグを付与したりしなかったり、意味レベルのタグを付与したりしなかったりしてしまうと、データを集計しても、正確な結果が得られないからである。
　統語レベルのタグの他に、意味レベルのタグ付与が必要な場合もある。誤用の箇所に同時にレベルが異なる複数のタグを付与することはできるが、その際でもタグ付与の一貫性は保たなければならない。つまり、すべての誤用の箇所において、統語レベルのタグと意味レベルのタグを付与するなら、最初から最後まで両レベルのタグを同時に付与しなければならないのである。そうでなければ、タグ付与の一貫性が崩れてしまうので、集計によって見いだした傾向性や規則性は信憑性を欠くものになる。

6.3.1　正誤タグが付いている箇所に1つの分析・集計用のタグを付与する方法
　例えば、本書で例として取りあげている以下の正誤タグ付与済みの文章を対象として分析・集計用のタグを付与することを例とする。

　　　我<○→要>介绍的<菜→○>是拉面。拉面<是→○>在中国<○→是>一<个→道>非常有名
　　　的<菜→面点／主食>，拉面有很多味道。<○→比如，>黄酱<○→的>，酱油<○→的>，
　　　还有黑醋<○→的>。<还有→而且><非常多→>拉面的种类<○→也非常多>。
　　　做拉面的方法是先做<汁液→面汤>，然后<○→再放>肉和蔬菜<都放入→○><。→，><十
　　　分→○>煮<了→出味道>以后<○→再>放<入→○>面条。<可是→○>这时候肉和蔬菜<不
　　　十分→一定要>煮<的时候→出味道来><○→否则会>不好吃，所以<○→要特别>注意时间。
　　　我觉得五，六分最好。每个人<找→都可以寻找>自己<最喜欢→○>的<○→最佳>时间。

その主な手順は次の通りである。
①TNR_ChineseErrorCorpus.WT をダブルクリックする。
②図 6-1 において、TNR_ChineseErrorCorpusTagger3.0 を選択してダブルクリックする。

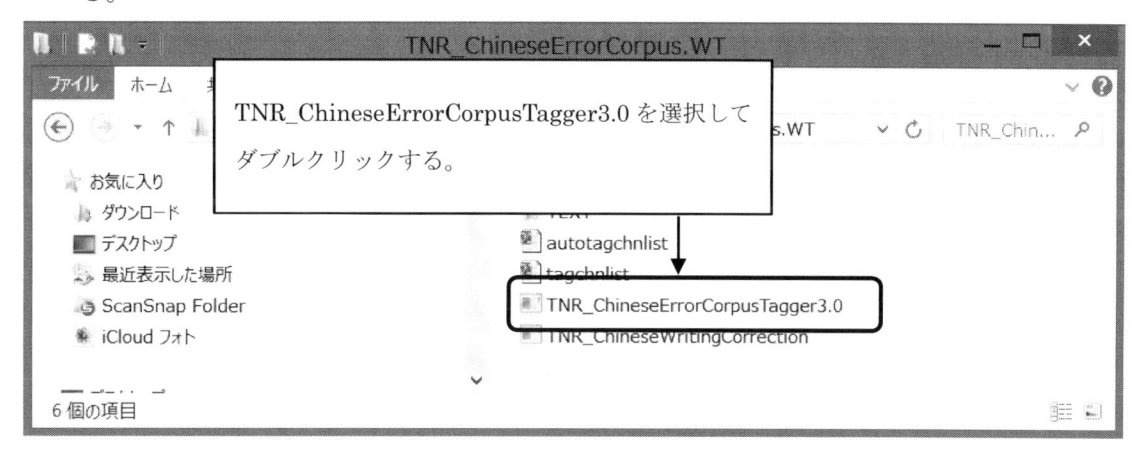

図 6-1

③図 6-2 が現れる。「フォルダ」の右側の下向き三角をクリックしてリストの中からフォルダーを選択した上で、「ファイル」の右側の下向き三角をクリックしてリストの中からファイルを選択する。

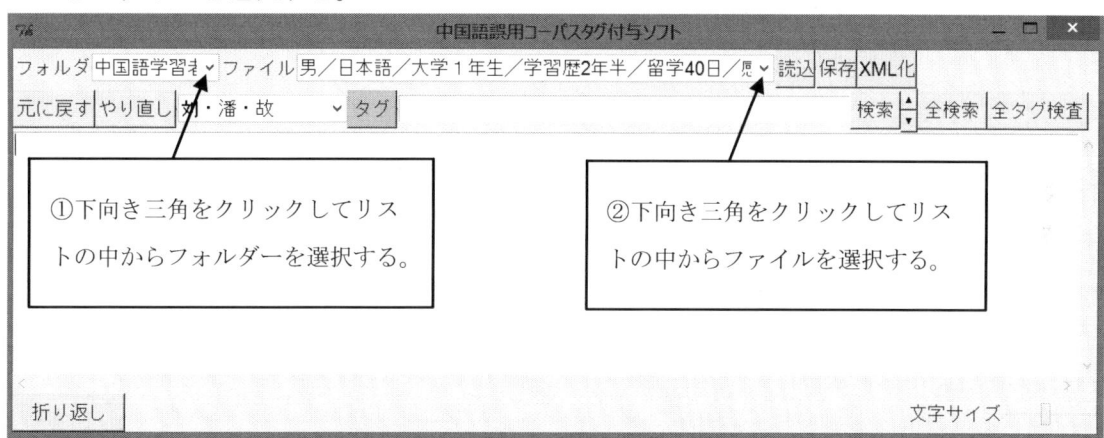

図 6-2

④例えば、「中国語学習者の作文」というフォルダーを選択した上で、「男／日本語／大学１年生／学習歴２年半／留学 40 日／感想文 002」というファイルを選択する。「読込」ボタンをクリックすれば、図 6-3 のように添削済みでなおかつ正誤タグ付きの文章が表示される。

以下は、例文の最初のセンテンス"我<〇→要>介绍的<菜→〇>是拉面。"における正誤タグの"<〇→要>"と"<菜→〇>"に分析・集計用のタグを付与する例である。付与するタグは、統語レベルのタグだけを使用することを例としよう。

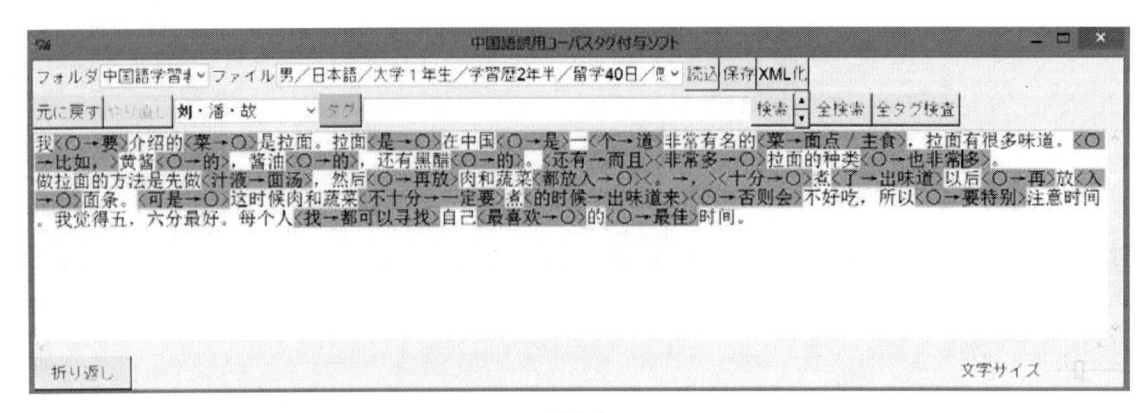

図 6-3

⑤まず、正誤タグの"〈○→要〉"に分析・集計用のタグを付与する。

図 6-4 のように「タグ」ボタンの左側の下向き三角をクリックしてタグリスト"描写語法"を選択する。

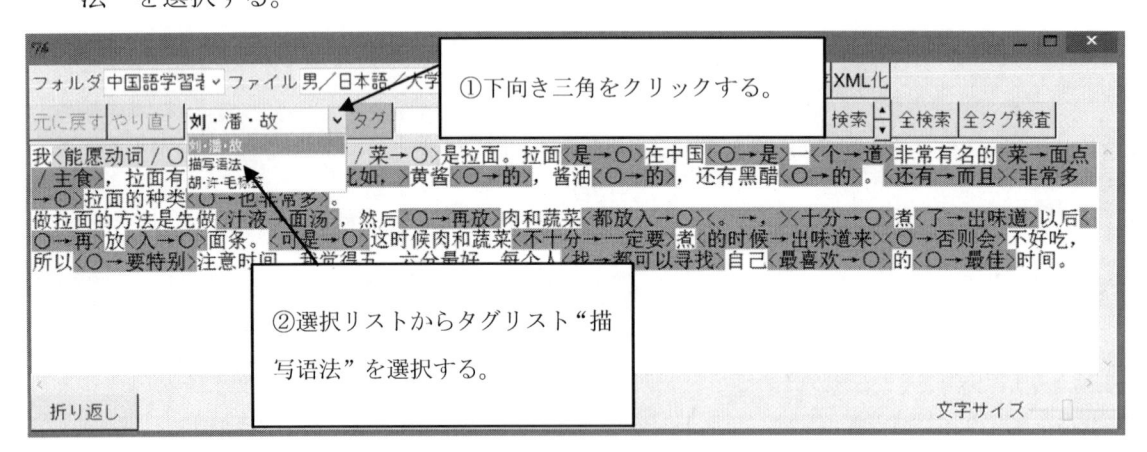

図 6-4

⑥マウスのポインタで"〈○→要〉"を選択する。図 6-5 のように選択された内容は色が変わる。

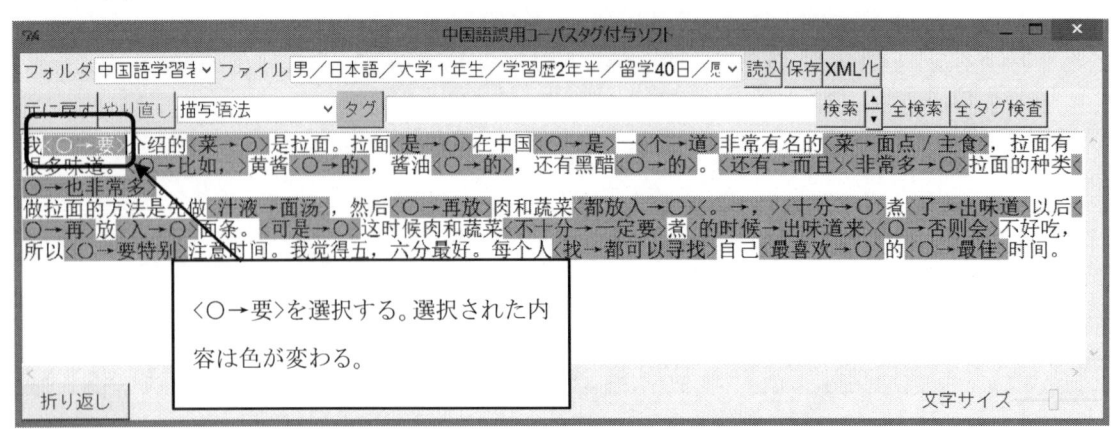

図 6-5

⑦図6-6のように「タグ」ボタンをクリックする。

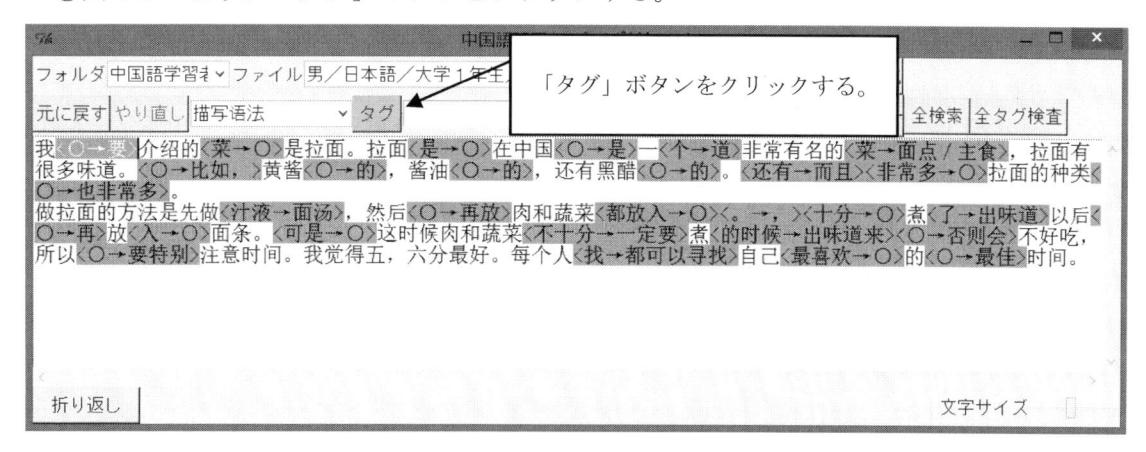

図 6-6

⑧図6-7のように"描写语法"のタグリストが表示される。"〈○→要〉"のように、「→」の左側の語彙や符号が「タグ付与」ボタンの右側のボックスに自動的に表示される。「→」の左側が符号ではなく、語彙なら「タグ確認」ボタンの右側に自動的に判別の結果が表示される。ただし、「常用語」として収録されていない語彙なら自動判別はされない。

図 6-7

⑨"〈○→要〉"は"能愿动词"の"要"を使うべきところに何も使われていないため、"能愿动词"の誤用とすることができる。

図6-8のように、まず、タグリストの中から"能愿动词"を選択してクリックする。次に、上の「タグ付与」ボタンの左側のボックスに、選択されたタグである"能愿动词"が表示されたら、「タグ付与」ボタンをクリックしてタグ付与を行う。

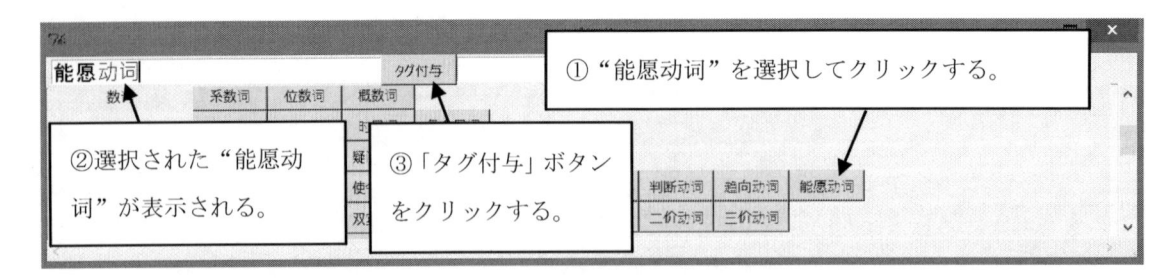

図 6-8

⑩タグリストを閉じる。タスクバーから TNR_ChineseErrorCorpusTagger3.0 をクリックすれば、図 6-9 の"〈能愿动词／〇→要〉"のように元からある、正誤タグ"〈〇→要〉"の前部分に分析・集計用のタグ"能愿动词"が付与される。分析・集計用のタグと正誤タグの間は"／"で区切られている。必要に応じて、「保存」ボタンをクリックしてファイルを保存する。

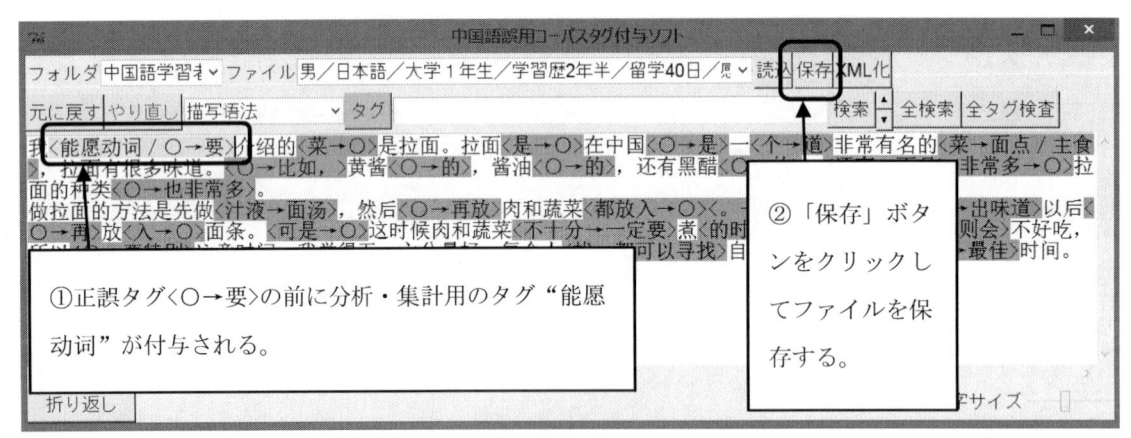

図 6-9

⑪次に、正誤タグの"〈菜→〇〉"に分析・集計用のタグを付与する。図 6-10 のように「タグ」ボタンの左側の下向き三角をクリックして、"描写语法"を選択する。

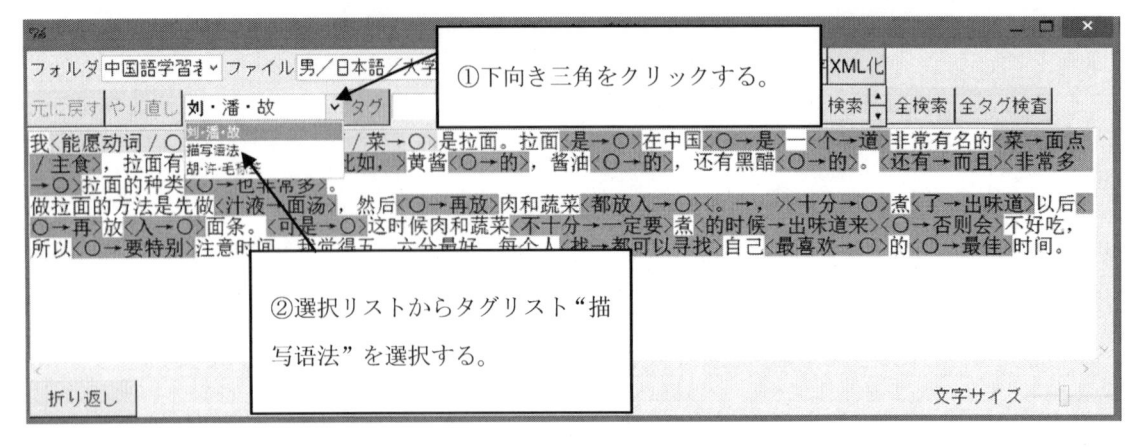

図 6-10

⑫マウスのポインタで"〈菜→〇〉"を選択する。図 6-11 のように選択された内容は色が変わる。

"〈菜→〇〉"を選択する。選択された内容は色が変わる。

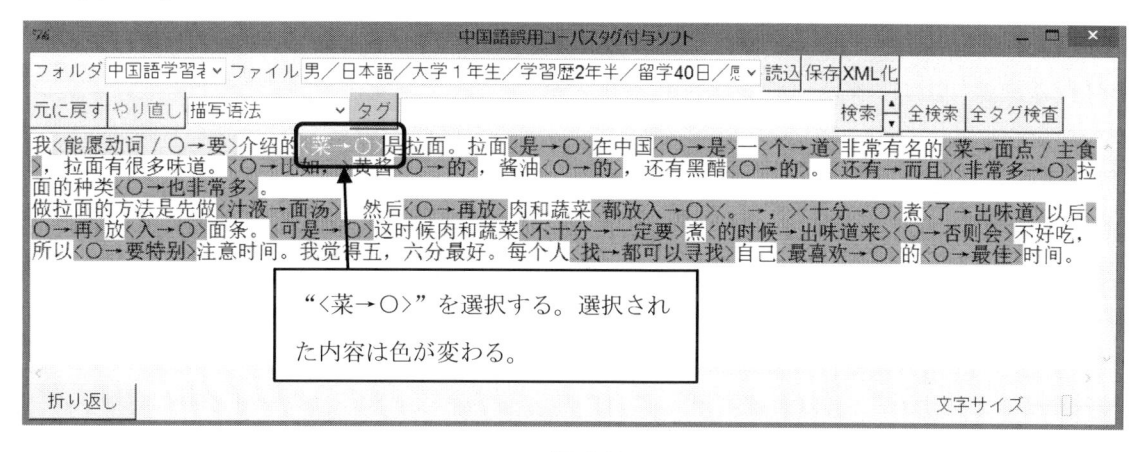

図 6-11

⑬図 6-12 のように「タグ」ボタンをクリックする。

「タグ」ボタンをクリックする。

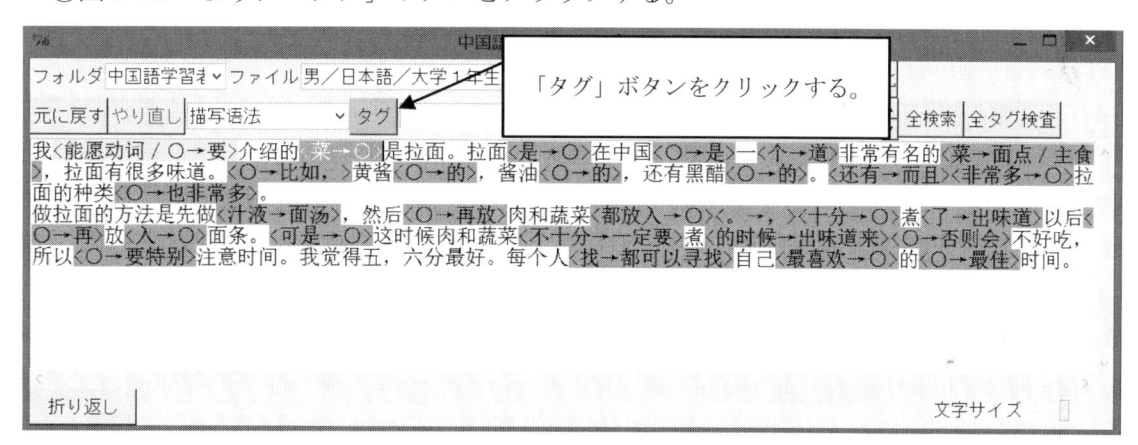

図 6-12

⑭図 6-13 のように"描写語法"のタグリストが表示される。

図 6-13

⑮ "〈菜→〇〉"は"菜"の過剰使用を表している。"菜"は名詞なので、誤用の種類としては名詞の過剰使用になる。名詞の誤用と見なすことができるので、図 6-14 のようにタグリストの中から"名词"を選択してクリックする。次に、「タグ付与」ボタンの左側のボックスに、選択された"名词"が表示されたら、「タグ付与」ボタンをクリックしてタグ付与を行う。

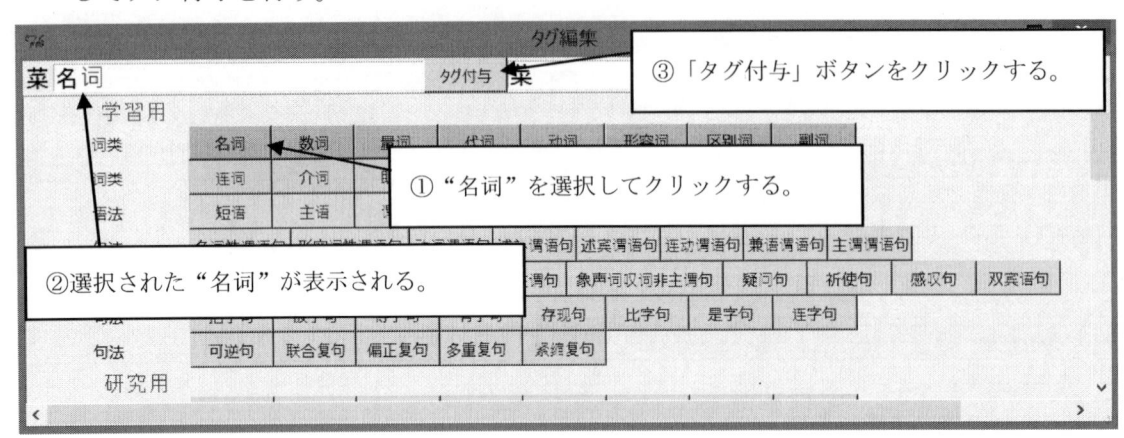

図 6-14

⑯ タグリストを閉じる。タスクバーから TNR_ChineseErrorCorpusTagger3.0 をクリックすれば、図 6-15 の"〈名词／菜→〇〉"のように、正誤タグ"〈菜→〇〉"の前部分に分析・集計用のタグ"名词"が付与される。分析・集計用のタグと正誤タグの間は"／"で区切られている。

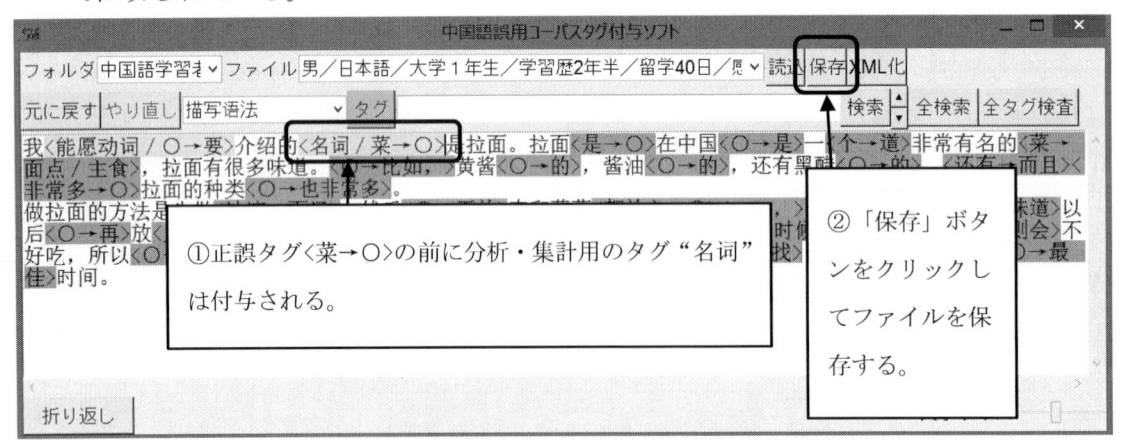

図 6-15

以上の2つの例において付与したタグは統語レベルのタグなので、他の箇所にタグ付与を行う際は、同様に統語レベルのタグを付与することになる。

6.3.2　正誤タグが付いている箇所に複数の分析・集計用のタグを付与する方法

1つの誤用の箇所に複数の分析・集計用のタグを付与する場合は、大きく分けると、次

のように2つの方法がある。

①1つのタグリストを使用して複数のタグを付与する方法
②複数のタグリストを使用して複数のタグを付与する方法

「1つのタグリストを使用して複数のタグを付与する方法」とは、同一のタグリストを使用して1つの誤用箇所に複数のタグを付与する方法である。それに対し、「複数のタグリストを使用して複数のタグを付与する方法」とは、2つか2つ以上のタグリストを使用して1つの誤用箇所に複数のタグを付与する方法である。

6.3.2.1　1つのタグリストを使用して複数のタグを付与する方法
　例えば、例文の"拉面<是→○>在中国<○→是>～"における正誤タグの"<是→○>"に、タグリスト"描写语法"を使用して複数の分析・集計用のタグを付与するとしよう。
　その主な手順は次の通りである。
　①図 6-16 のように「タグ」ボタンの左側の下向き三角をクリックして、"描写语法"を選択する。

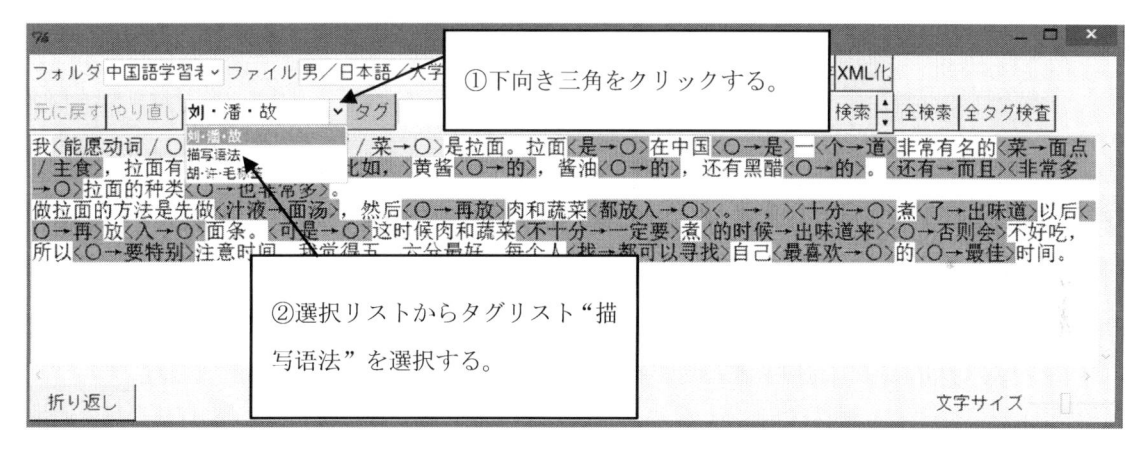

図 6-16

②図 6-17 のようにマウスのポインタで"<是→○>"を選択する。

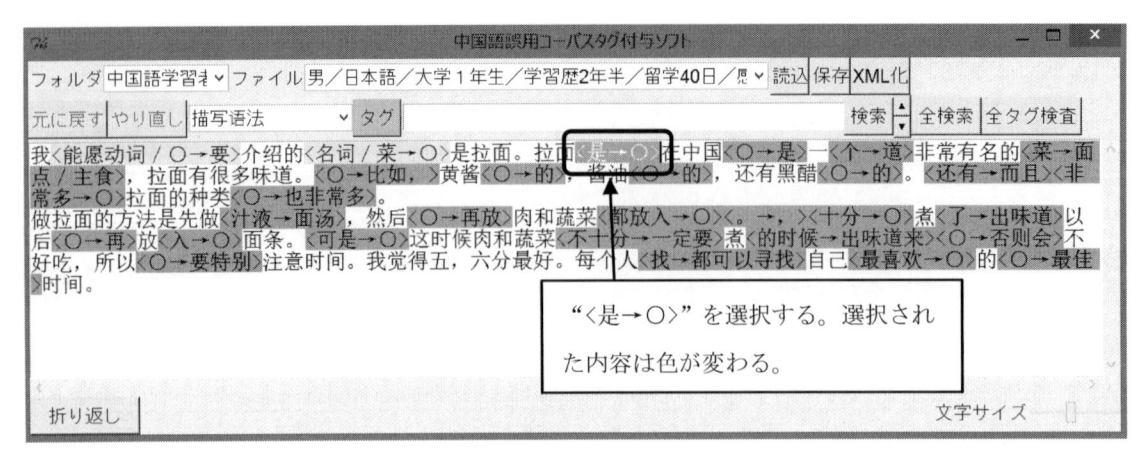

図 6-17

③図 6-18 のように「タグ」ボタンをクリックする。

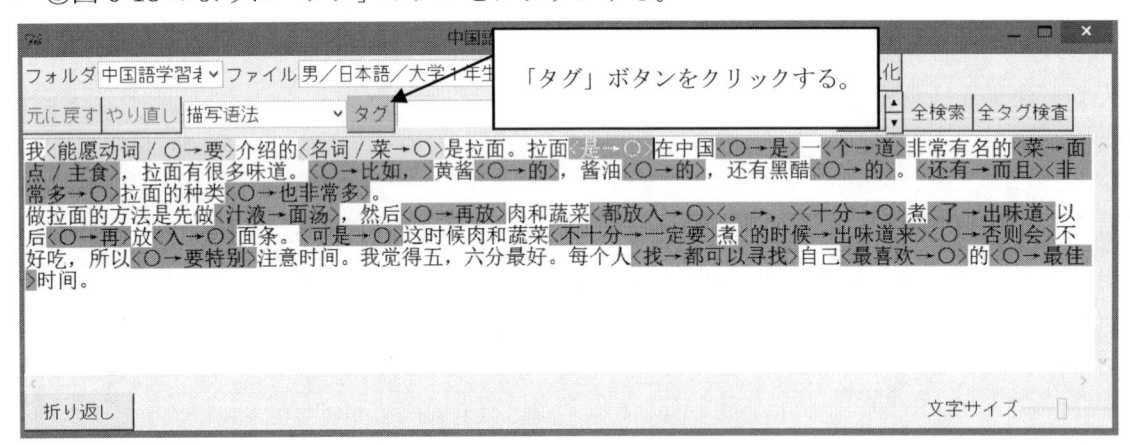

図 6-18

④ "是"は、常用語のリストに登録されているため、「自動判別」が自動的に行われる。図 6-19 のように「タグ確認」ボタンの右側に自動判別の結果が表示される。

選択された正誤タグにおける「→」の左側の語彙は常用語のリストにない場合、自動判別をしたとしても、何も表示されない。

"是"は、"判断动词"ではあるが、"存现动词""起事""止事"でもある。

図 6-19

【第6章】正誤タグに分析・集計用のタグの付与

⑤例えば、<是→○>における"是"は、"指示代词"ではないが、"判断动词"や"存现动词"、"起事"、"止事"と見なすことができるので、"<是→○>"に、"判断动词"、"存现动词"、"起事"、"止事"の4つのタグを同時に付与するとしよう。

タグを選択する際に、2つの方法がある。1つは、自動判別の結果の中から選択する方法。もう1つはタグリストから選択する方法である。今回は、自動判別の結果の中から選択する。

まず、自動判別の結果の中から"判断动词"を選択してクリックする。図6-20のように「タグ付与」ボタンの左側のボックスに"判断动词"が表示される。

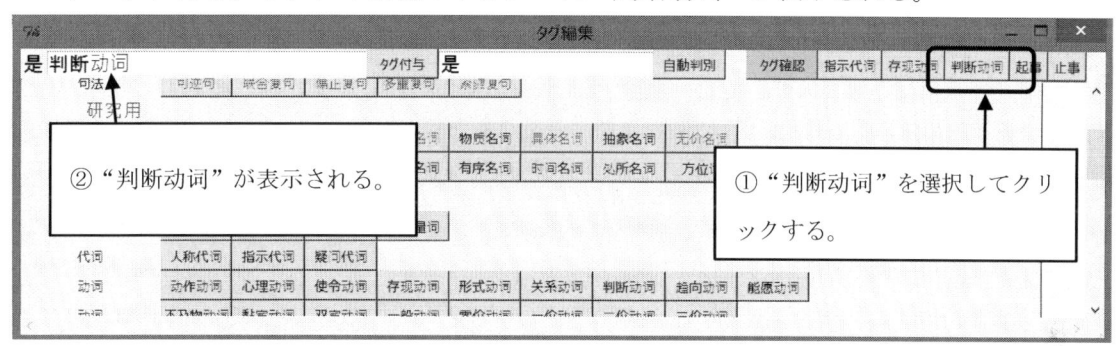

図6-20

⑥"存现动词"を選択してクリックする。図6-21のように「タグ付与」ボタンの左側のボックスの"判断动词"の右側に"存现动词"が表示される。"判断动词"と"存现动词"との間に自動的は"／"で区切られている。

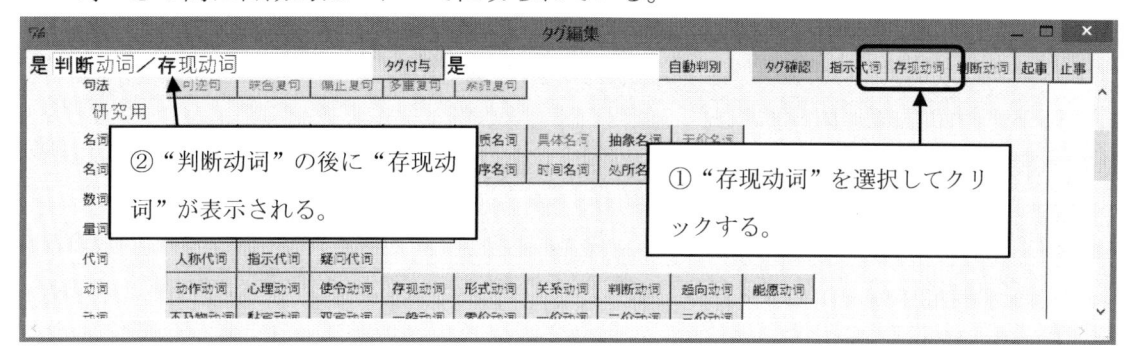

図6-21

⑦"起事"と"止事"を選択してクリックする。図6-22のように"存现动词"の右側に"起事"と"止事"が表示される。タグとタグとの間に自動的は"／"で区切られている。「タグ付与」ボタンをクリックしてタグ付与を行う。

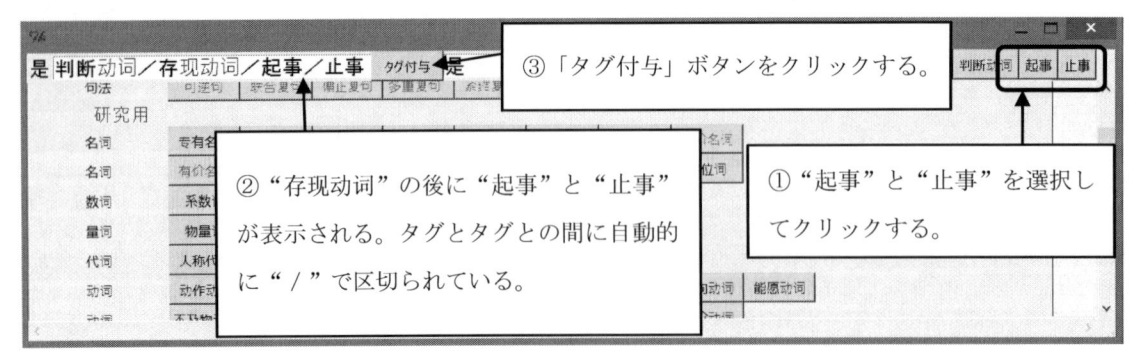

図 6-22

⑧タグリストを閉じる。タスクバーから TNR_ChineseErrorCorpusTagger3.0 をクリックすれば、図 6-23 の"<判断动词／存现动词／起事／止事／是→○>"のように、正誤タグ"<是→○>"の前部分に分析・集計用のタグ"判断动词／存现动词／起事／止事／"が付与される。分析・集計用のタグと正誤タグの間は"／"で区切られている。

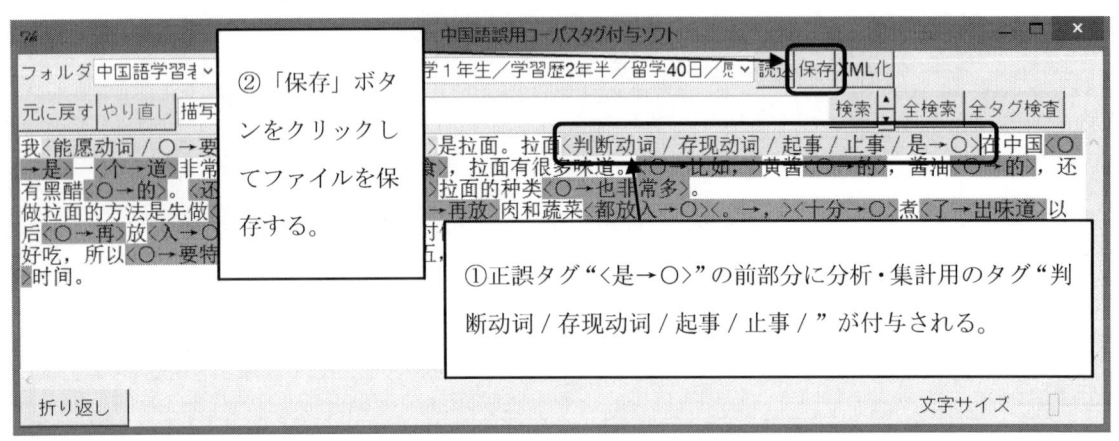

図 6-23

1つの誤用箇所に1つのタグリストを使用して複数のタグを付与する場合は、前述の通り、レベルが異なるタグを選択して付与することもあるので、タグ付与の一貫性を保つのが非常に重要である。

6.3.2.2　複数のタグリストを使用して複数のタグを付与する方法
　例えば、例文の"拉面<是→○>在中国<○→是>一<个→道>非常有名的<菜→面点／主食>"における正誤タグの"<是→○>"に、タグリスト"描写语法"を使用して"判断动词／存现动词"というタグを付与した上で、タグリスト"胡・许・毛标签"を使用して"述语残缺"というタグを付与するとしよう。
　その主な手順は次の通りである。
　①図 6-24 のように「タグ」ボタンの左側の下向き三角をクリックして、"描写语法"を選択する。

【第6章】正誤タグに分析・集計用のタグの付与　●155●

①下向き三角をクリックする。

②選択リストからタグリスト"描写语法"を選択する。

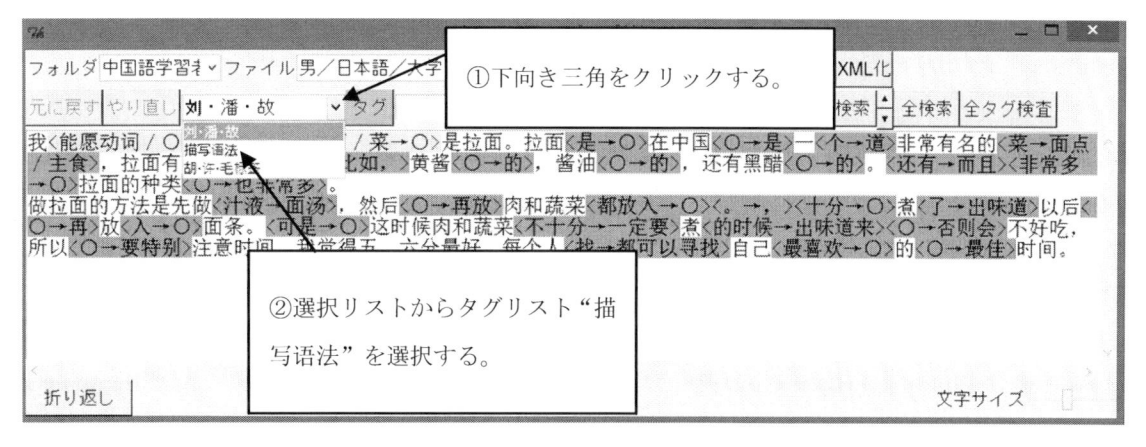

図 6-24

②図 6-25 のようにマウスのポインタで"〈是→○〉"を選択する。

"〈是→○〉"を選択する。選択された内容は色が変わる。

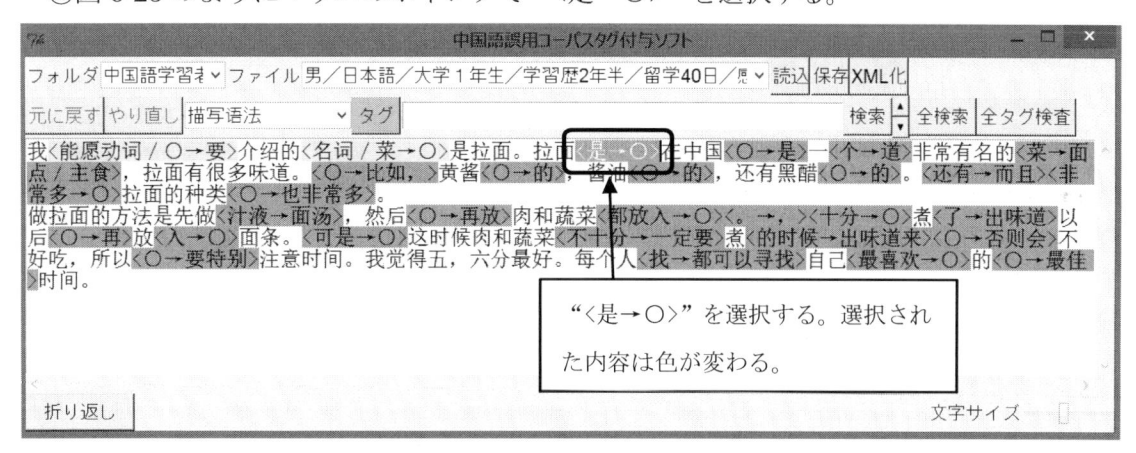

図 6-25

③図 6-26 のように「タグ」ボタンをクリックする。

「タグ」ボタンをクリックする。

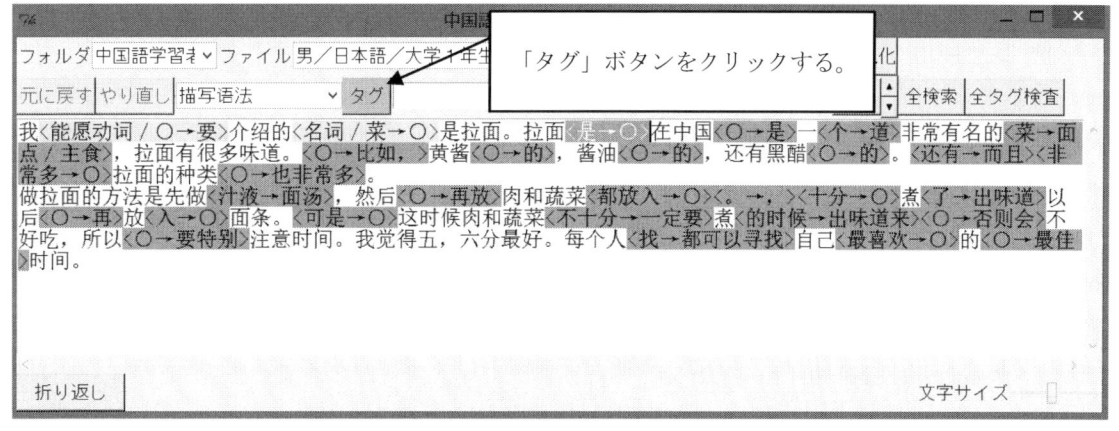

図 6-26

④図 6-27 のように「タグ確認」ボタンの右側に自動判別の結果が表示される。

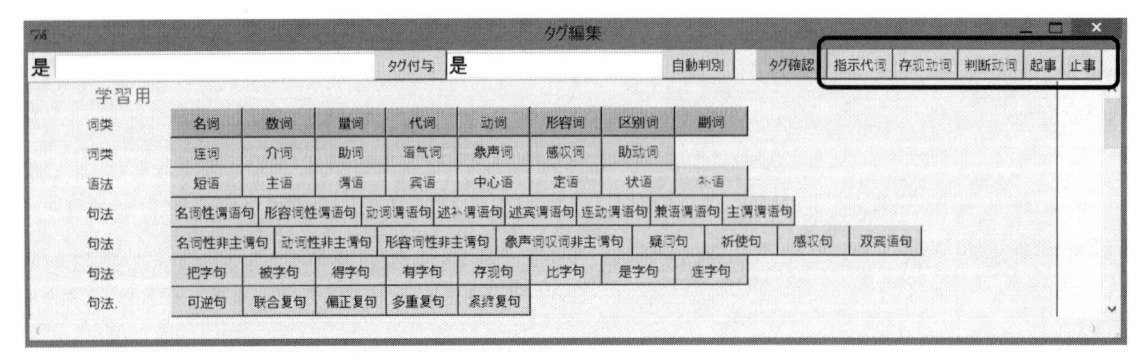

図 6-27

⑤自動判別の結果の中から"判断动词"と"存现动词"を選択してクリックする。図 6-28 のように「タグ付与」ボタンの左側のボックスに"判断动词"と"存现动词"が表示される。「タグ付与」ボタンをクリックしてタグ付与を行う。

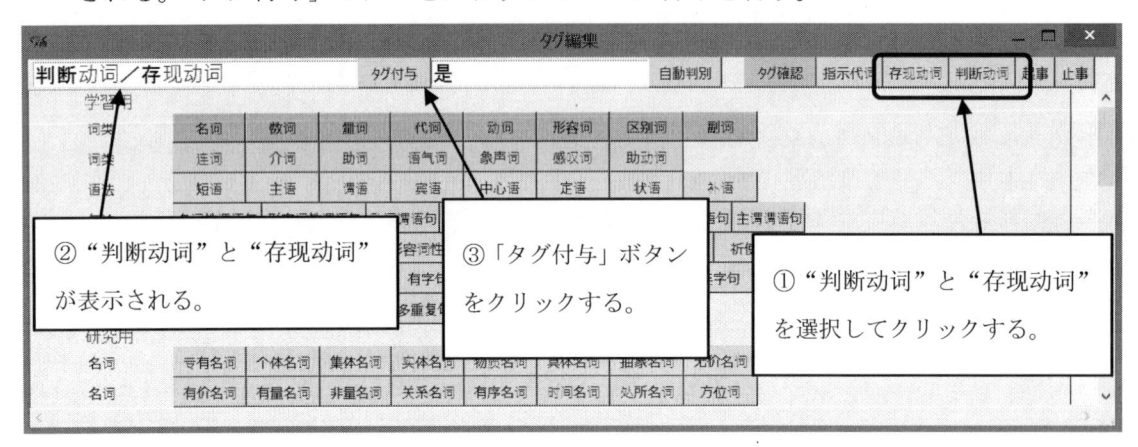

図 6-28

⑤タグリスト"描写语法"を閉じる。タスクバーから TNR_ChineseErrorCorpusTagger3.0 をクリックすれば、図 6-29 の"<判断动词 / 存现动词 / 是→○>"のように、正誤タグ"<是→○>"の前部分に分析・集計用のタグ"判断动词 / 存现动词 /"が付与される。

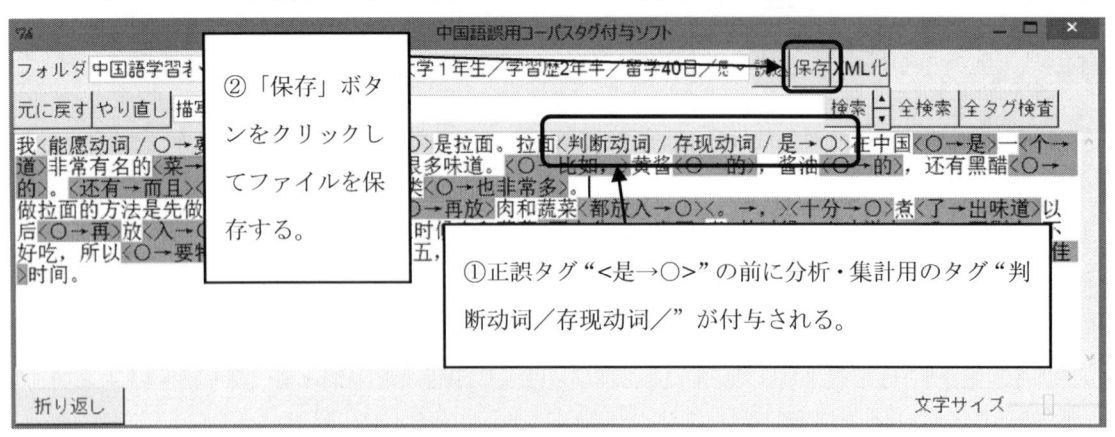

図 6-29

【第6章】正誤タグに分析・集計用のタグの付与　●157●

⑥図 6-30 のように「タグ」ボタンの左側の下向き三角をクリックして、"胡・许・毛标签"を選択する。

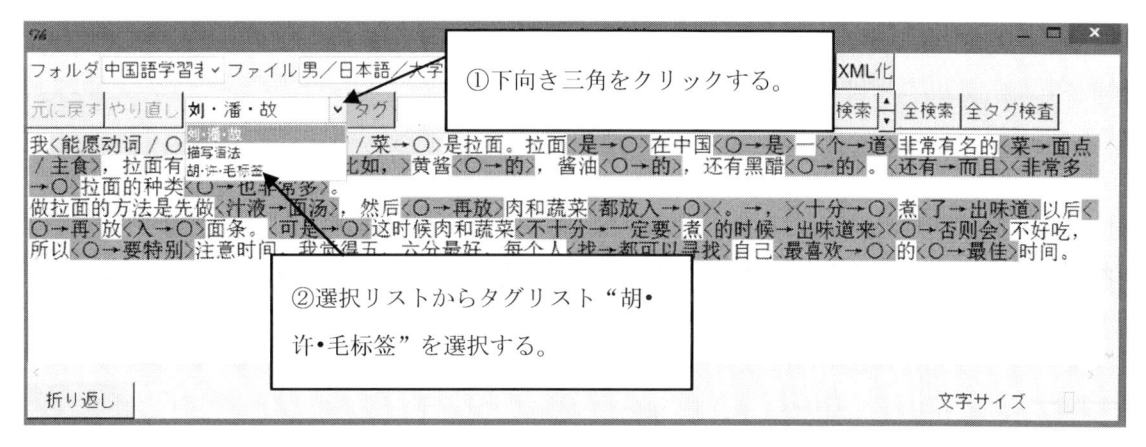

図 6-30

⑦図 6-31 のようにマウスのポインタで"<判断动词 / 存现动词 / 是→〇>"を選択する。

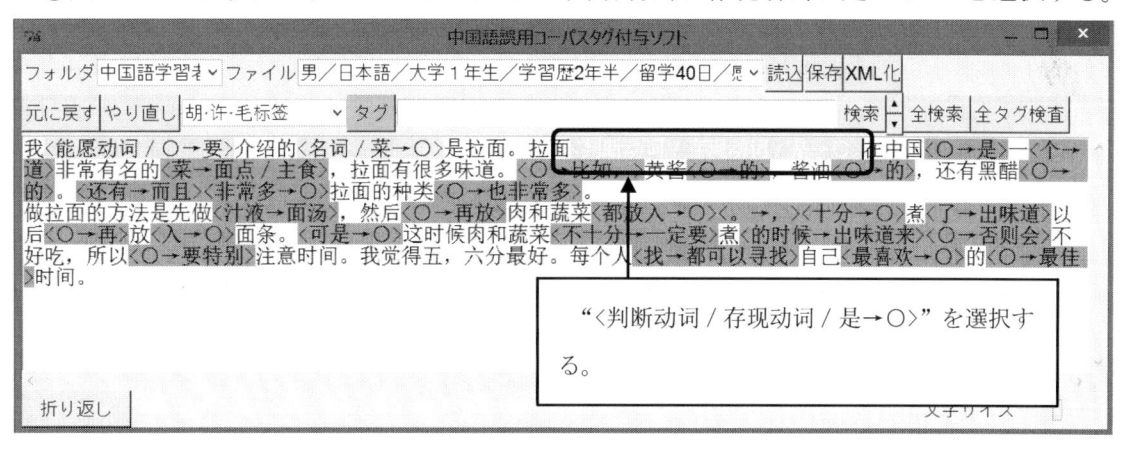

図 6-31

⑧図 6-32 のように「タグ」ボタンをクリックする。

図 6-32

⑧タグリスト"胡・许・毛标签"の中から図 6-33 のようにタグ"述语残缺"を選択してクリックする。先ほど付与したタグ"判断动词 / 存现动词"の後にタグ"述语残缺"が追加される。「タグ付与」ボタンをクリックしてタグ付与を行う。

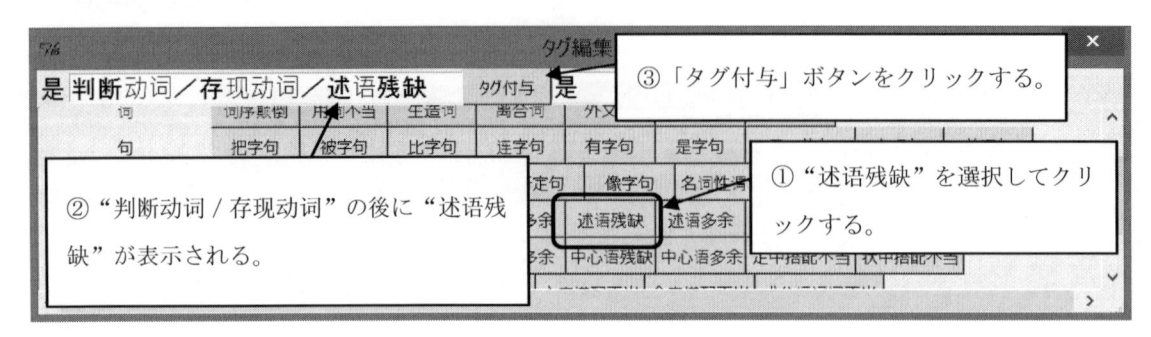

図 6-33

⑨タグリストを閉じる。タスクバーから TNR_ChineseErrorCorpusTagger3.0 をクリックすれば、図 6-34 の"〈判断动词 / 存现动词 / 述语残缺 / 是→○〉"のように、分析・集計用のタグ"判断动词 / 存现动词 /"の後にタグ"述语残缺"が付与される。

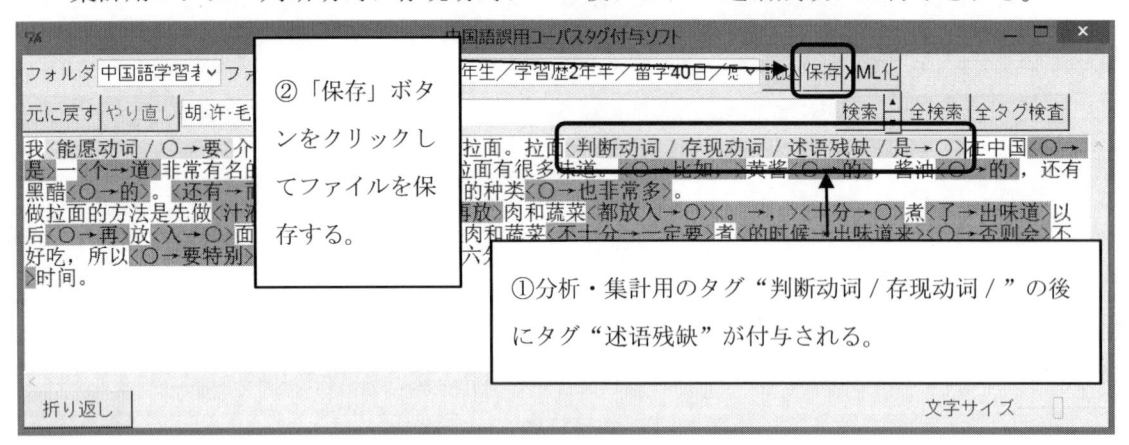

図 6-34

6.4 タグリストにないタグを付与する方法

TNR_ChineseErrorCorpusTagger3.0 には 2 つのタグリストが付いているが、すべての使用者はそれで満足するわけではないかと思われる。例えば、"自主""非自主""前景""背景""有定""无定""有界""无界""有生物""无生物""显现""隐现""参照物"などのタグも必要かもしれないが、既存の 2 つのタグリストにはそれがない。

既存のタグリストにないタグを追加する場合は、2 つの方法がある。

①手動でタグを入力する方法
②タグリストに追加してワンクリックでタグを付与する方法

【第6章】正誤タグに分析・集計用のタグの付与　●159●

以下はそれぞれの方法について述べていく。

6.4.1 手動でタグを入力する方法

例えば、"我〈○→要〉介绍的〈菜→○〉是拉面。"における"我〈○→要〉介绍的"は、"的字主语句"と見なすことができるので、"〈菜→○〉"にタグ"的字主语句"を付与するとしよう。

その主な手順は次の通りである。

①図 6-35 のように「タグ」ボタンの左側の下向き三角をクリックして、"描写语法"を選択する。

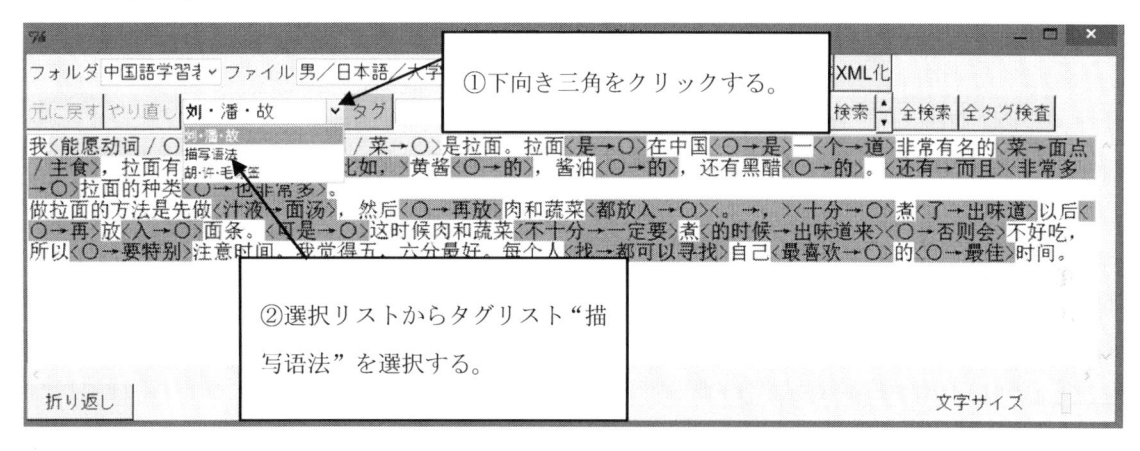

図 6-35

②マウスのポインタで"〈菜→○〉"を選択する。図 6-36 のように選択された部分は色が変わる。

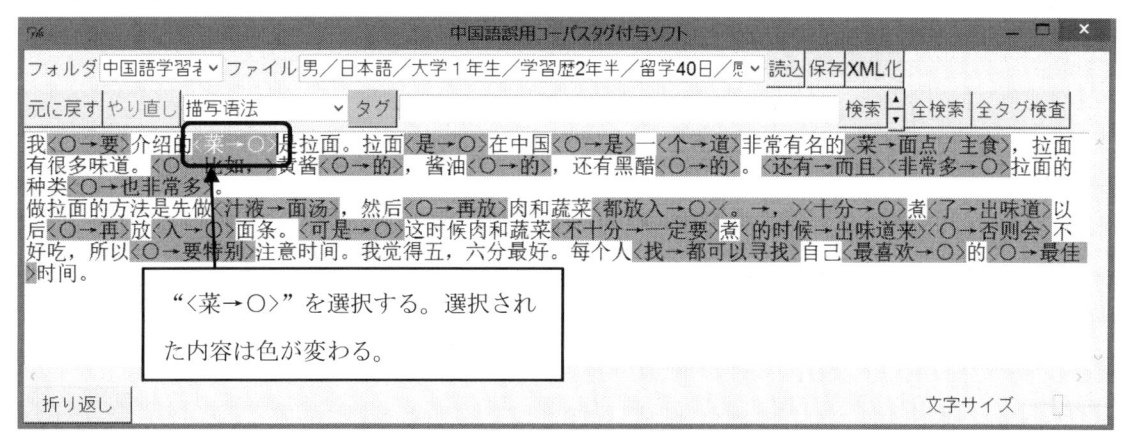

図 6-36

③図 6-37 のように「タグ」ボタンをクリックする。

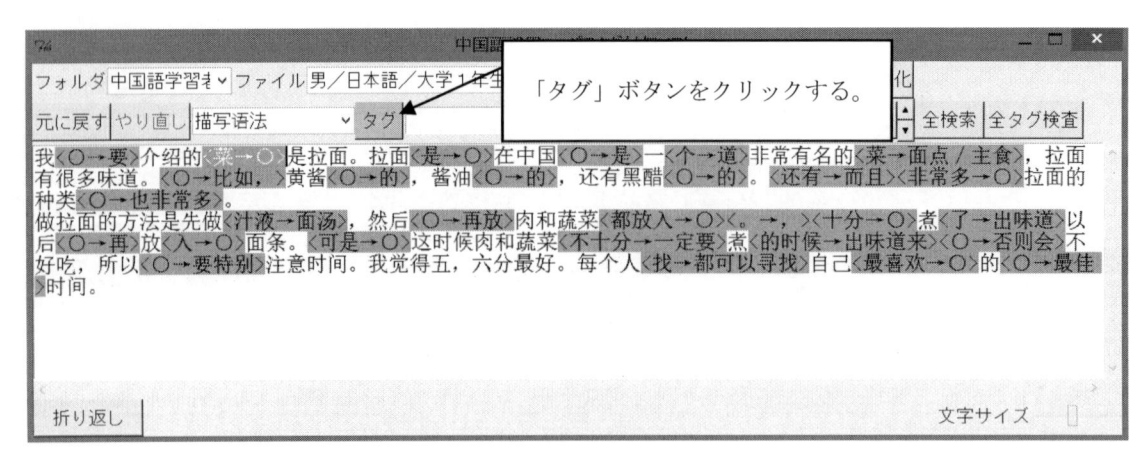

図 6-37

④図 6-38 のように"描写語法"のタグリストが表示される。

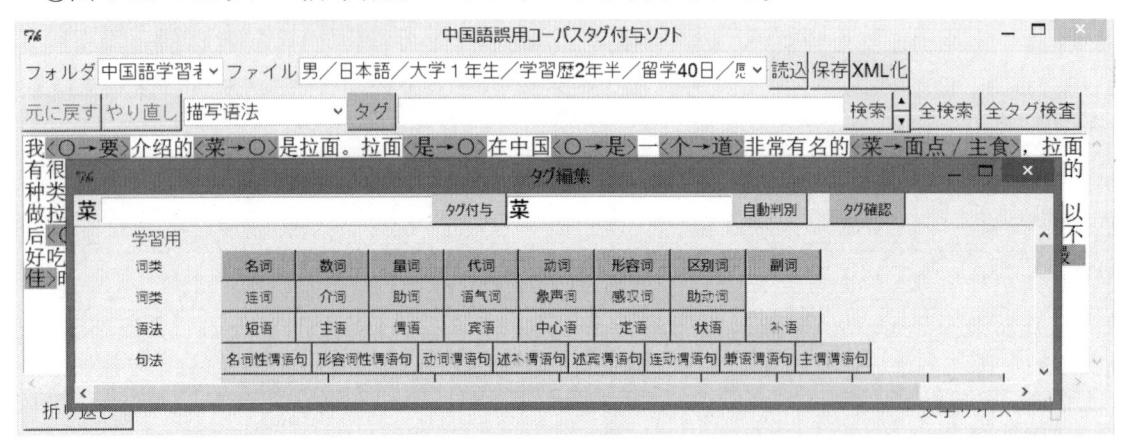

図 6-38

⑤タグリストには"的字主語句"というタグがないため、図 6-39 のように手動で「タグ付与」ボタンの左側のボックスに"的字主語句"と入力する。「タグ付与」ボタンをクリックしてタグ付与を行う。

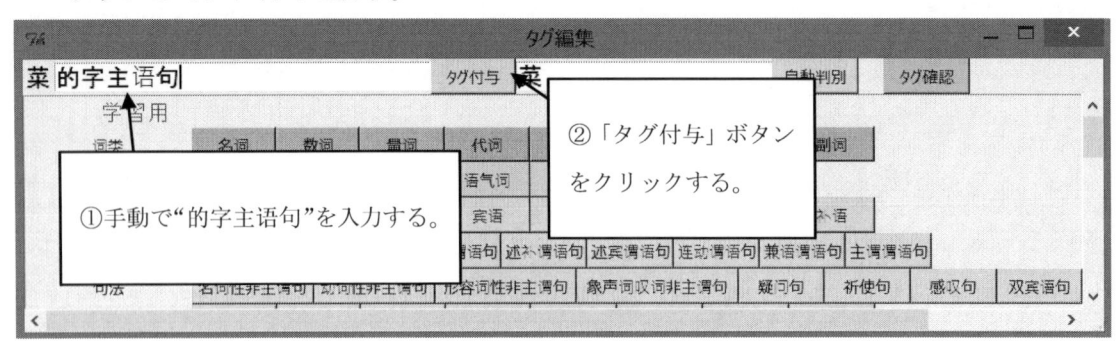

図 6-39

⑥タグリスト"描写語法"を閉じる。タスクバーから TNR_ChineseErrorCorpusTagger3.0

をクリックすれば、図 6-40 の "〈的字主語句／菜→○〉" のように、タグ "的字主語句" が付与されることが確認できる。

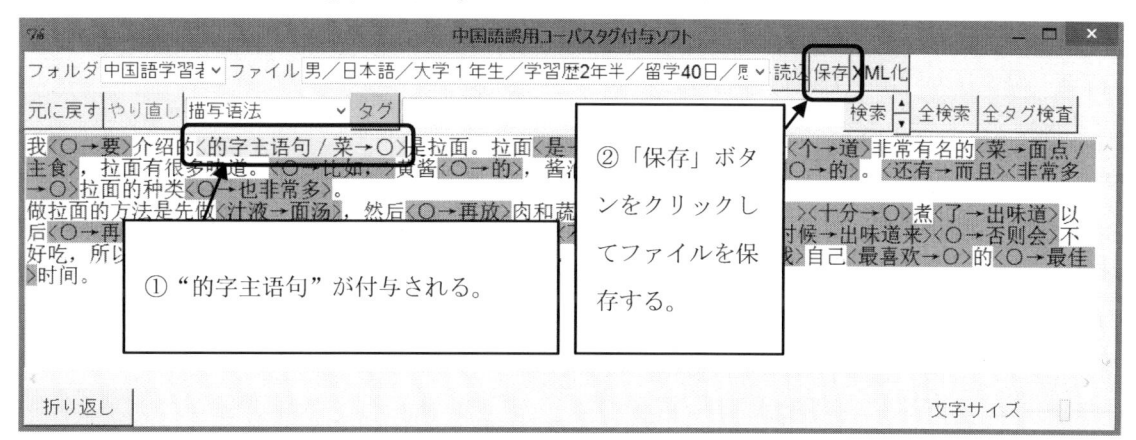

図 6-40

　手動入力でタグリストにないタグを追加する場合は、1つ留意すべきことがある。それは、タグ付与の一貫性である。つまり、"的字主語句" のタグを付与するとすれば、すべての該当の誤用例に "的字主語句" のタグを付与しなければならず、場合によって付与したりしなかったりすると、集計したデータの信憑性に影響を与えてしまうのである。

6.4.2　タグリストに追加してワンクリックでタグを付与する方法

　すべての添削済みの作文の正誤タグにタグリストにない同一のタグを付与しなければならない場合、一々手動で入力するより、むしろタグリストを作成して、ワンクリックで付与した方が効率的であろう。
　タグリストを作成する方法は2つある。

①既成のすべてのタグリストに追加する方法
②新規のタグリストを作成して追加する方法

　「既成のすべてのタグリストに追加する方法」とは、「4.2　新しいタグの追加」で述べた方法に従って既成のすべてのタグリストにおいて指定の行や列に新規タグを追加する方法である。追加するタグは必ずしも既成のタグリストの説に基づくものではないので、既成のタグリストの説と区別するために、「label-分類名」を使って明示する。
　「新規のタグリストを作成して追加する方法」とは、リストに追加するタグの数が多い場合に、「4.3　タグリストの新規作成」や「6.3.2　正誤タグが付いている箇所に複数の分析・集計用のタグを付与する方法」で述べた方法に従って、必要な新規タグをすべて含む新しいタグリストを作成する方法である。この方法は、①の「既成のすべてのタグリストに追加する方法」よりは、追加したいタグが一箇所に集結するため、付与したいタグがす

ぐ見つかるという点においては便利であろうが、別々のタグリストを二度開かなければならないという点においては、すこし手間がかかる。

詳細な追加の方法については、「4.2　新しいタグの追加」、「4.3　タグリストの新規作成」、「6.3.2　正誤タグが付いている箇所に複数の分析・集計用のタグを付与する方法」を参照されたい。

6.5　タグの修正と削除の方法

用例の作文の誤用のところに分析・集計用のタグを付与した結果、図 6-41 のようになる。

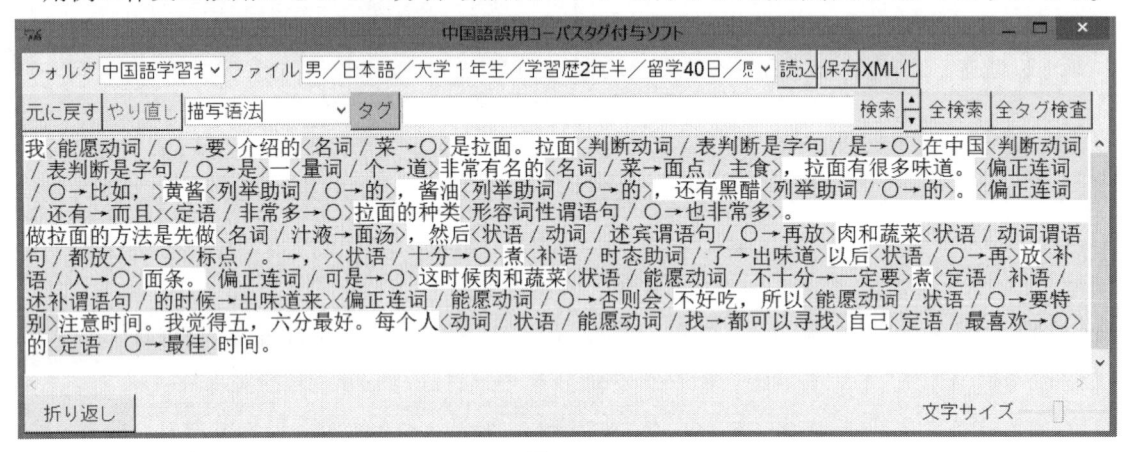

図 6-41

タグ付与をした後、付与したタグを点検しているうちに、付け忘れや付け間違いなどに気づく場合がある。例えば、タグを追加したり、タグを削除した上で新しいタグを付与したり、またはタグを削除したりするという場合である。

タグの修正方法は大きく分けると、次のように3種類ある。

①付与したタグに新しいタグを追加する方法
②付与したタグを削除して新しいタグを付与する方法
③付与したタグを削除する方法

6.5.1　付与したタグに新しいタグを追加する方法

例えば、図 6-40 の"我〈能愿动词／○→要〉介绍的〈名词／菜→○〉是拉面。"における〈名词／菜→○〉に、"的字主语句"というタグを追加付与するとしよう。

主な手順は次の通りである。

①図 6-42 のように「タグ」ボタンの左側の下向き三角をクリックして、"描写语法"を選択する。つまり、既に付与したタグと同じタグリストを使用するのが重要である。

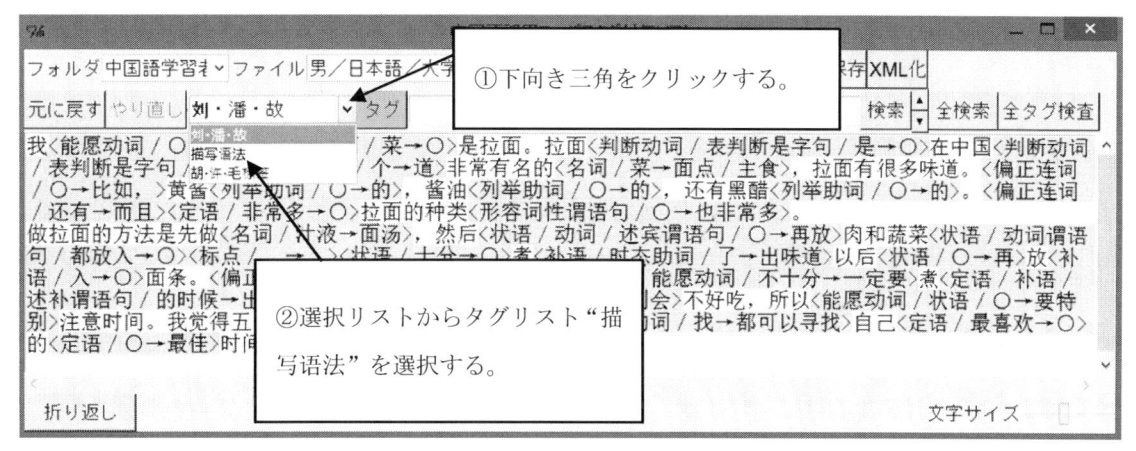

【第6章】正誤タグに分析・集計用のタグの付与　●163●

図 6-42

（図中注記）
①下向き三角をクリックする。
②選択リストからタグリスト"描写語法"を選択する。

②図 6-43 のようにマウスのポインタで "<名词 / 菜→○>" を選択する。

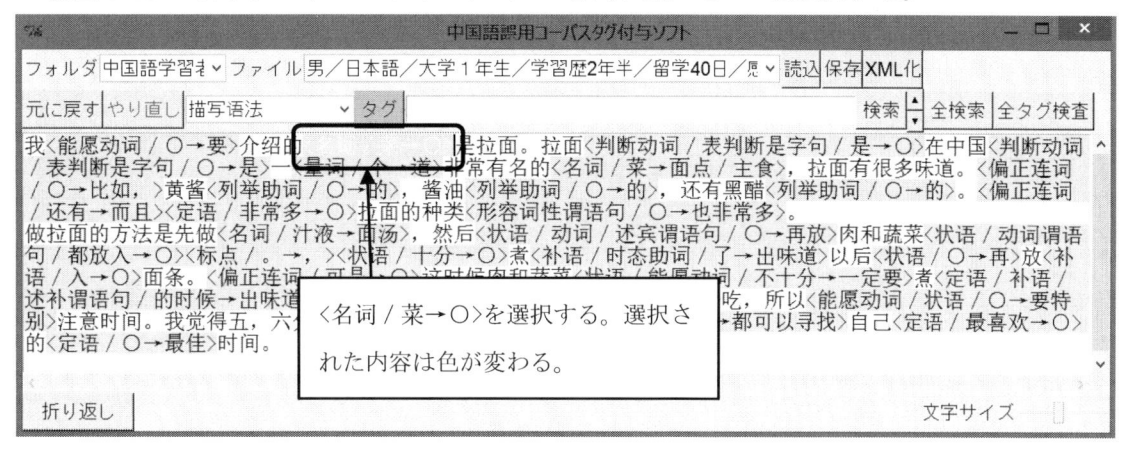

図 6-43

（図中注記）
<名词 / 菜→○>を選択する。選択された内容は色が変わる。

③図 6-44 のように「タグ」ボタンをクリックする。

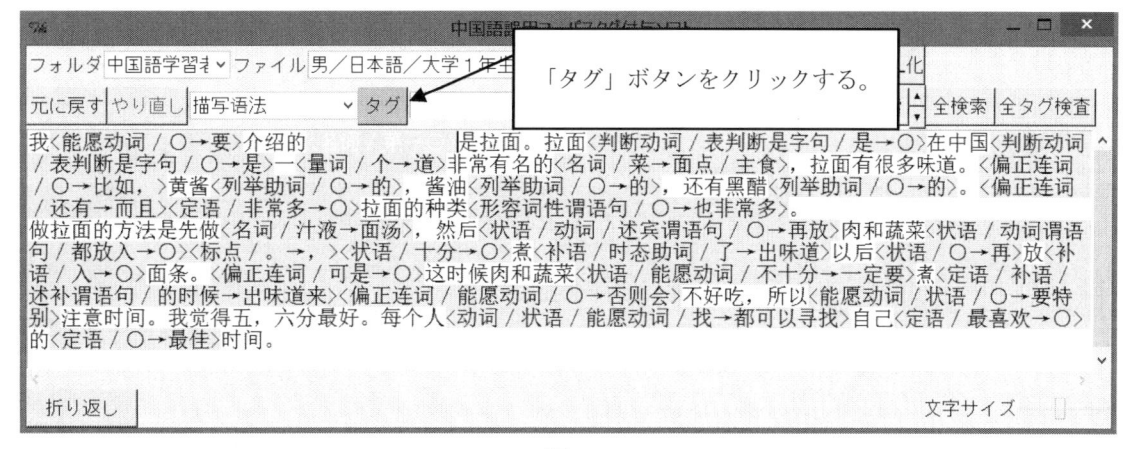

図 6-44

（図中注記）
「タグ」ボタンをクリックする。

④図 6-45 のように "描写語法" のタグリストが表示される。

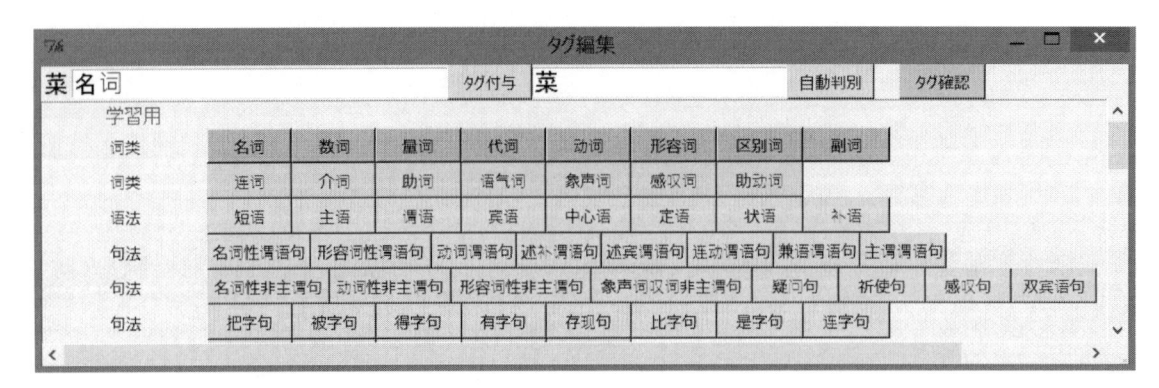

図6-45

⑤タグリストには"的字主语句"というタグがないため、図6-46のように手動で「タグ付与」ボタンの左側のボックスに"/的字主语句"を入力する。"/"は中国語の全角記号を使う。「タグ付与」ボタンをクリックしてタグ付与を行う。

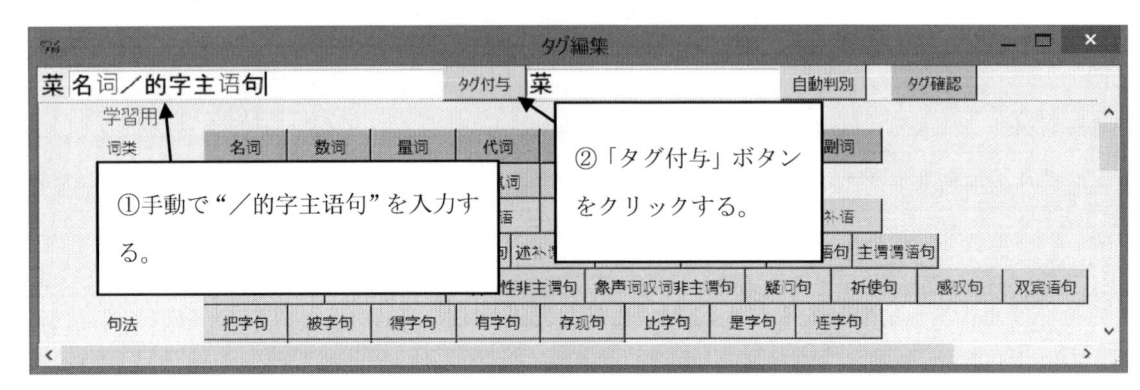

図6-46

⑥タグリスト"描写语法"を閉じる。タスクバーからTNR_ChineseErrorCorpusTagger3.0をクリックすれば、図6-47の"<名词／的字主语句／菜→○>"のように、タグ"的字主语句"が追加される。「保存」ボタンをクリックしてファイルを保存する。

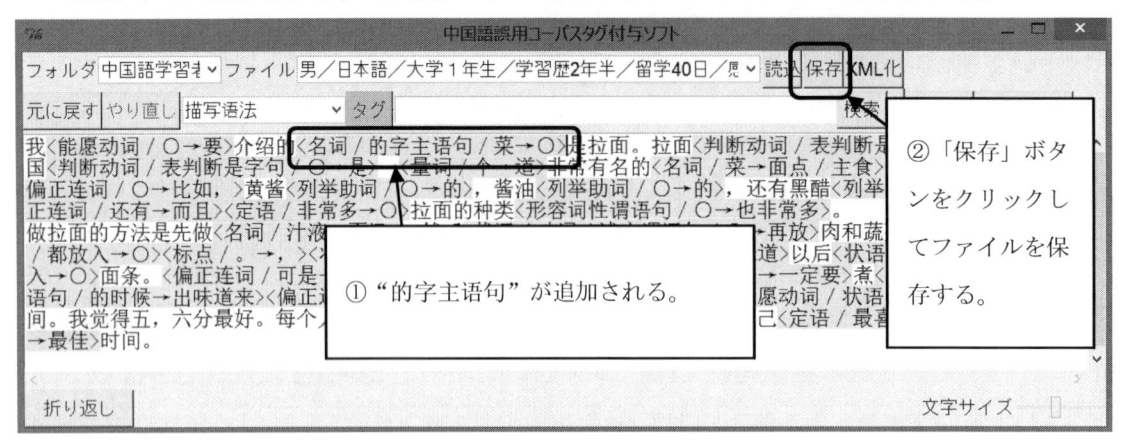

図6-47

6.5.2 付与したタグを削除して新しいタグを付与する方法

例えば、図 6-40 の "我<能愿动词 / ○→要>介绍的<名词 / 菜→○>是拉面。" の "<名词 / 菜→○>" における "名词" というタグを削除して、"的字主语句" というタグを付与するとしよう。

主な手順は次の通りである。

①図 6-48 のように「タグ」ボタンの左側の下向き三角をクリックして、"描写语法" を選択する。

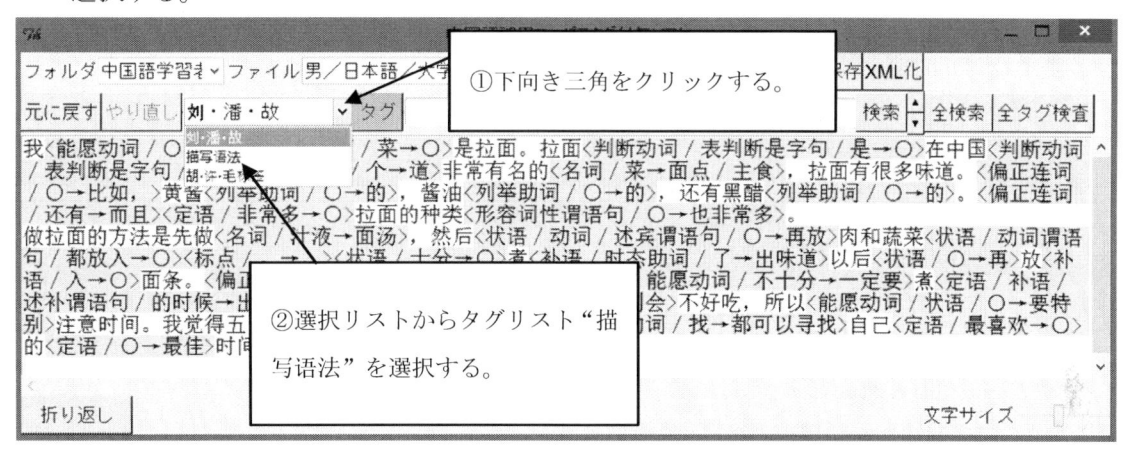

図 6-48

②図 6-49 のようにマウスのポインタで "<名词 / 菜→○>" を選択する。

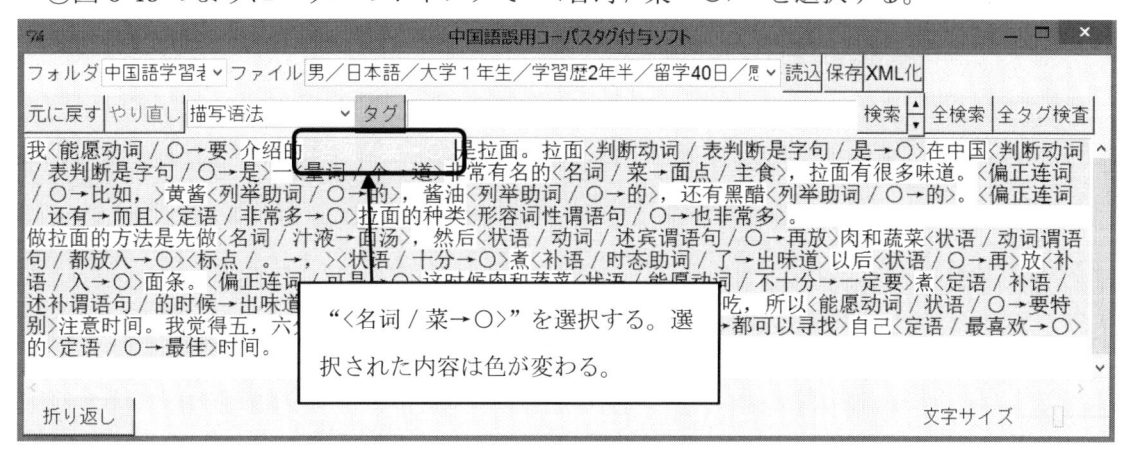

図 6-49

③図 6-50 のように「タグ」ボタンをクリックする。

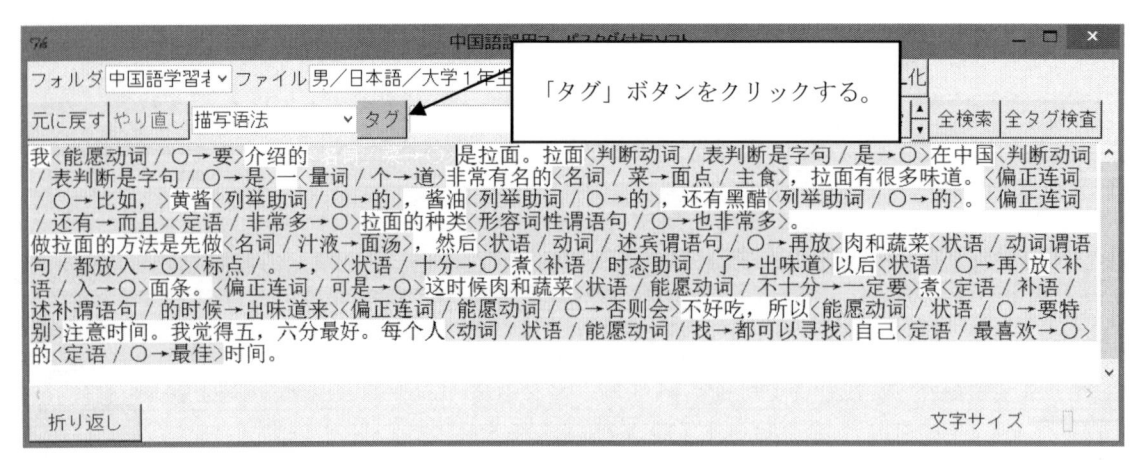

図 6-50

④図 6-51 のように "描写语法" のタグリストが表示される。

図 6-51

⑤「タグ付与」ボタンの左側のボックスに "名词" が表示されている。その "名词" を削除してから、タグリストから必要なタグを選択してクリックする。今回は、"的字主语句" というタグを付与するので、図 6-52 のように手動で "的字主语句" を入力する。「タグ付与」ボタンをクリックしてタグ付与を行う。

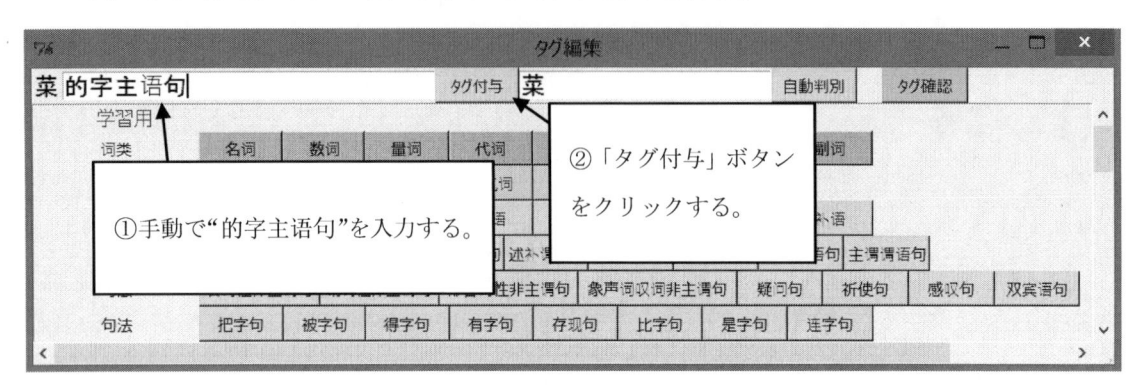

図 6-52

⑥タグリスト"描写语法"を閉じる。タスクバーからTNR_ChineseErrorCorpusTagger3.0をクリックすれば、図6-53のように、付与したタグは、"名词"が削除され、"的字主语句"に置きかえられる。「保存」ボタンをクリックしてファイルを保存する。

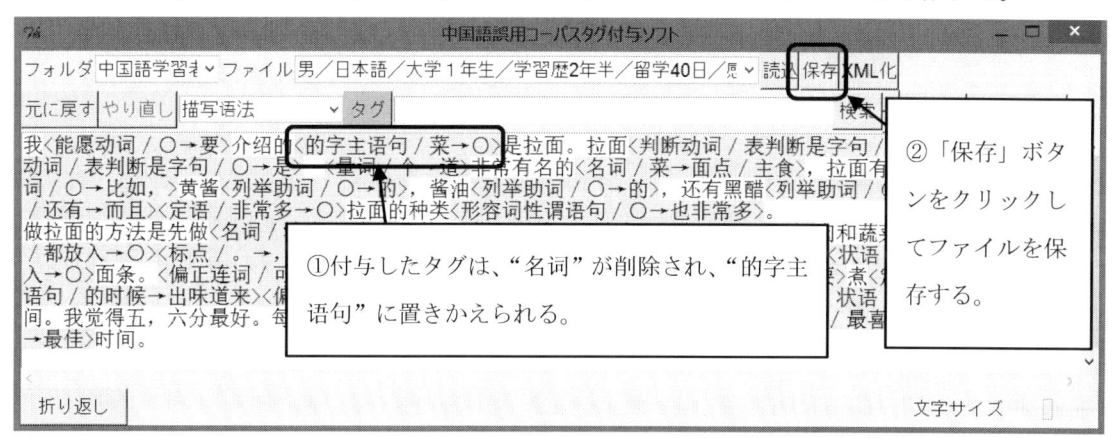

図 6-53

6.5.3　付与したタグを削除する方法

付与したタグを削除する方法は、次のように２種類ある。

①個別のタグを削除する方法
②文章内のすべてのタグを削除する方法

「個別のタグを削除する方法」とは、削除したいタグを選択して１つずつ削除する方法である。「文章内のすべてのタグを削除する方法」とは、文章内に付与されたすべてのタグを一括して削除する方法である。

6.5.3.1　個別のタグを削除する方法

例えば、"我<能愿动词／○→要>介绍的<的字主语句／菜→○>是拉面。"の"<能愿动词／○→要>"における"能愿动词／"を削除するとしよう。

その主な手順は次の通りである。

①図6-54のようにマウスのポインタで"能愿动词／"を選択する。

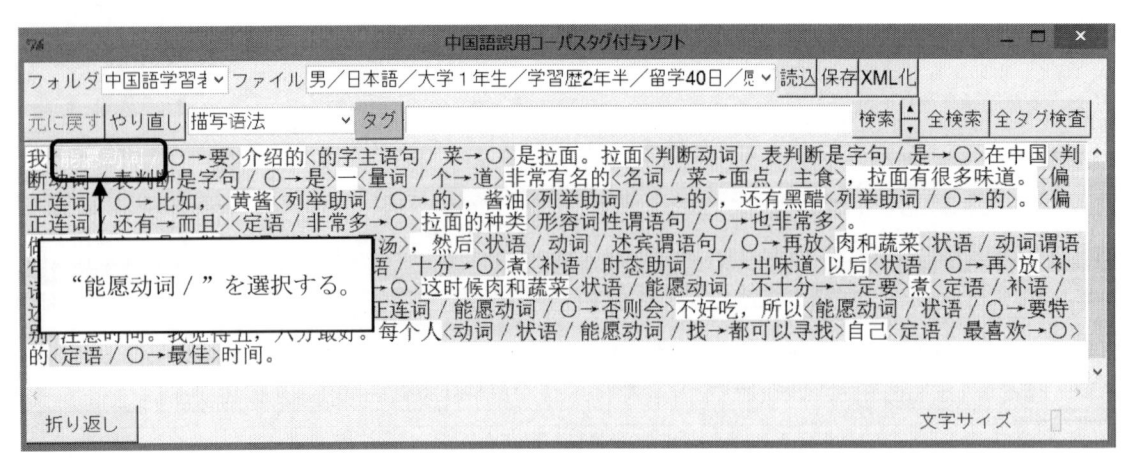

図 6-54

②パソコンのキーボードの Del キーまたは Back キーを押して"能愿动词／"を削除する。タグが削除されると、図 6-55 のように正誤タグはピンク色に戻る。以降、正しいタグをタグ付与の方法に従って付与する。

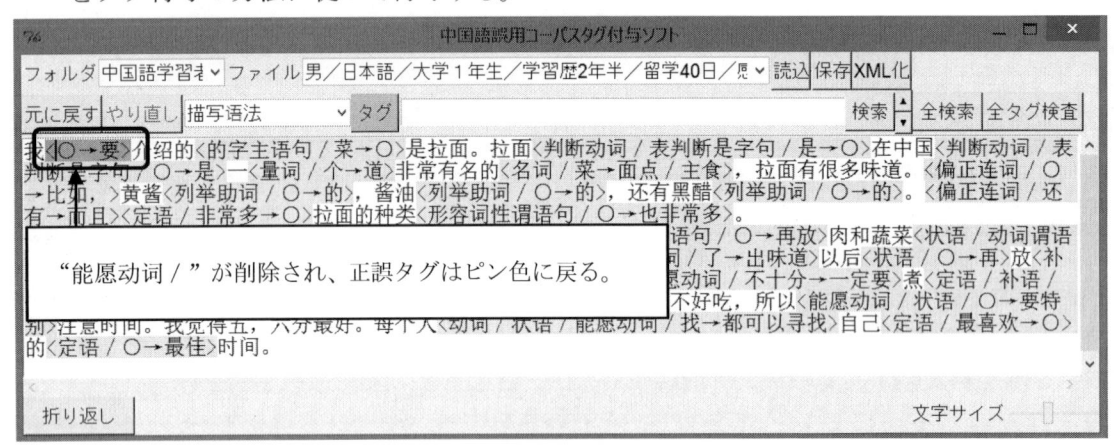

図 6-55

以上の方法の他に、ポインタを"能愿动词／"の"能"の前に置き、"能愿动词／"が削除されるまでパソコンのキーボードの Del キーを押し続けるという方法やポインタを"能愿动词／"の"／"の後に置き、"能愿动词／"が削除されるまでパソコンのキーボードの Back キーを押し続けるという方法もある。どの方法を使っても目的は達成できるので、どれを選択するかは読者のお好み次第である。

6.5.3.2　文章内のすべてのタグを削除する方法

「文章内のすべてのタグを削除する」とは、現在編集している分析・集計用のタグだけをすべて削除するが、正誤タグは削除せずにそのまま残すということである。手順はやや面倒であるが、以下の通りである。

①図 6-56 のようにマウスのポインタで文章の内容をすべて選択する。

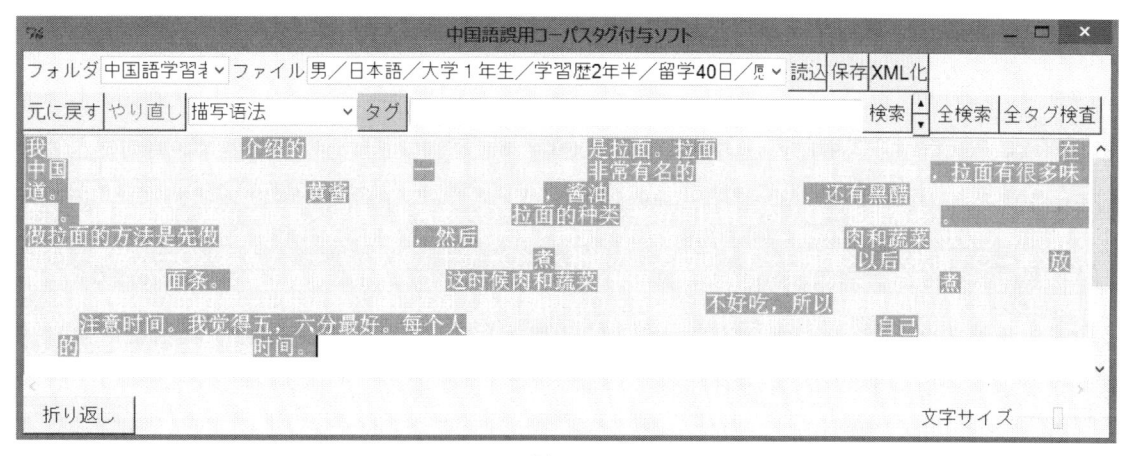

【第6章】正誤タグに分析・集計用のタグの付与　●169●

図 6-56

②マウスのポインタを色が変わった任意の部分に当てて、右ボタンをクリックする。図 6-57 のように選択リストが表示される。「タグ削除」を選択してクリックする。

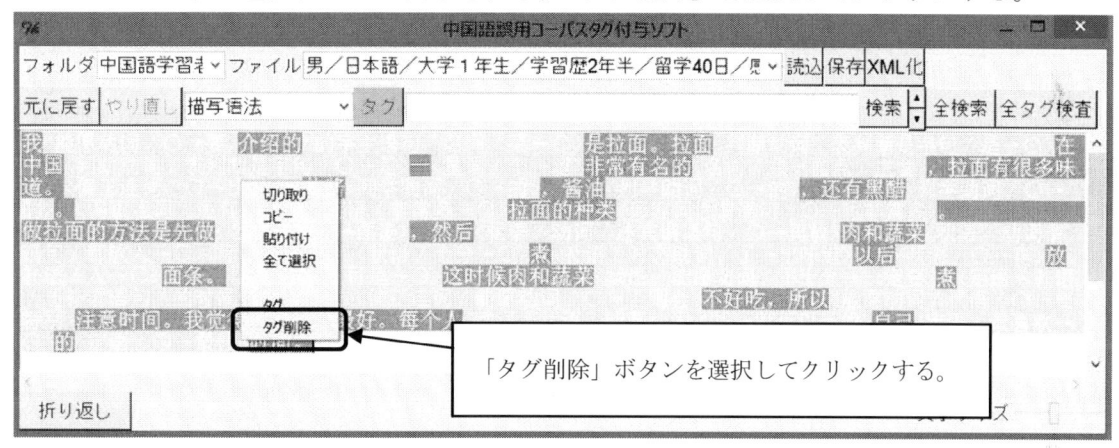

図 6-57

③図 6-58 のように正誤タグを含め、すべてのタグは削除される。つまり、未添削の文章に戻ったのである。「保存」ボタンをクリックしてファイルを保存する。

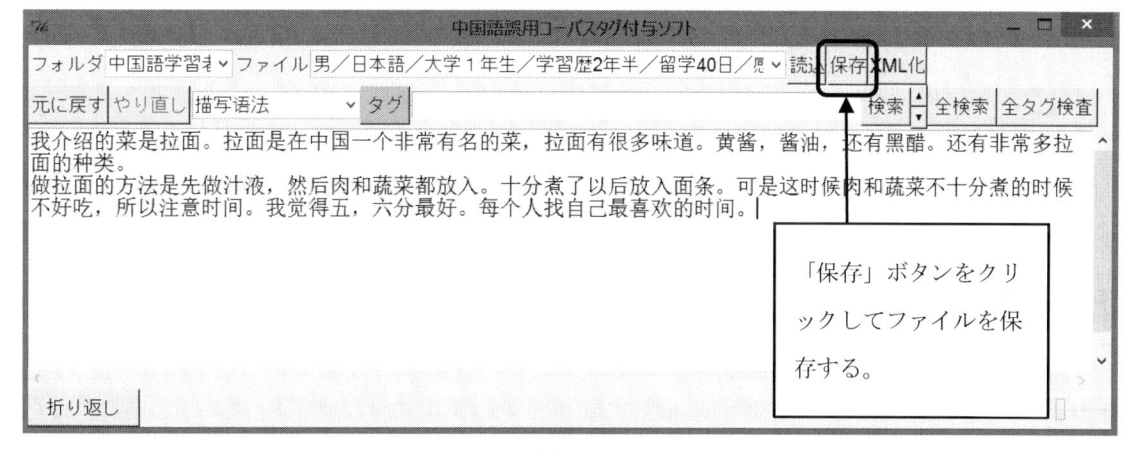

図 6-58

ここで保存したファイルは、分析・集計用のタグを付与したものであるが、正誤タグに変換されたものではない。つまり、分析・集計用のタグを付与したファイルと正誤タグに変換されたファイルはそれぞれ異なるフォルダーに保存されているため、分析・集計用のタグを付与したファイルの内容を削除したとしても、正誤タグに変換されたファイルの内容も削除されることにはならないのである。

④TNR_ChineseErrorCorpusTagger3.0 を閉じる。

⑤TNR_ChineseWritingCorrection をダブルクリックして立ち上げる。

図 6-59 のように、フォルダーを選択してファイルを読み込む。読み込むファイルは図 6-58 の文章を添削し、添削の結果が正誤タグに変換されたファイルでなければならない。

「タグ化」ボタンをクリックして、ソフトを閉じる。

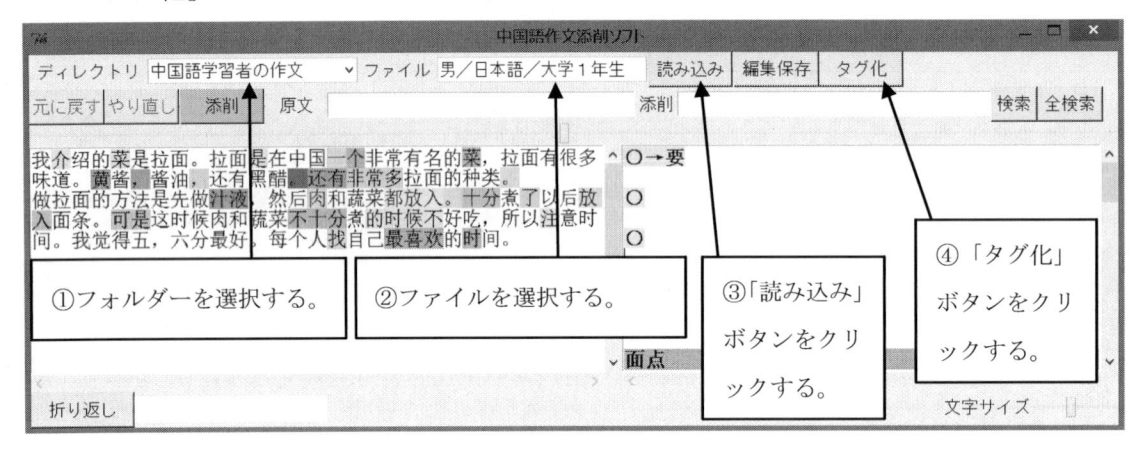

図 6-59

⑥TNR_ChineseErrorCorpusTagger3.0 をダブルクリックして立ち上げる。フォルダーを選択してファイルを読み込む。図 6-60 のように先ほど削除した正誤タグは復活する。次は、タグリストを選択して分析・集計用のタグを付与していく。

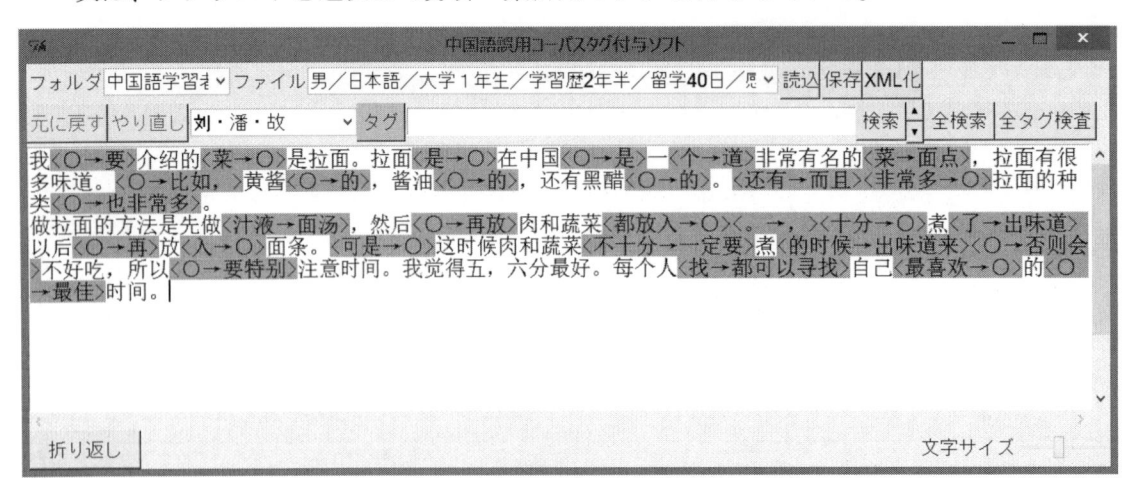

図 6-60

6.6　まとめ

この章において、主に「タグ付与の目的」「分析・集計用のタグ付与の方法」「タグの修正と削除の方法」を中心に述べてきた。それをまとめてみると、次のようになる。

（1）手動で入力する機能がありつつ、タグボタンをワンクリックで、文字表記のタグ付与ができる。これまでのアルファベットでの表記より、直観的に認識できるので、心理的負担が少ない。

（2）分析・集計用のタグを付与する際に、タグ付与の目的を明らかにしなければならない。つまり、「タグの集計からどのような傾向性や規則性を見いだすか」「どのようなタグを付与すれば研究の目的が達成できるか」を念頭に置きつつ、タグ付与を考えなければならないのである。

（3）分析・集計用のタグを付与する際に、複数のタグリストを活用してタグを付与することができる。自作のタグリストを含め、すこし工夫をすればより研究の目的の達成につながる方法が見いだされるだろう。ただし、集計の結果に信憑性を持たせるために、タグ付与の一貫性を保たなければならない。Aというタグリストを使ってタグ付与を行うとすれば、すべての文章にAというタグリストのタグを付与しなければならないのである。

（4）付与したタグを削除する方法は、「個別のタグを削除する方法」と「文章内のすべてのタグを削除する方法」がある。特に文章内のすべてのタグを削除する場合は、正誤タグも削除されるので、正誤タグを復活させるには再度正誤タグを含むファイルを読み込み「タグ化」する必要があるので、やや面倒であるが、省略できない手続きである。

第 7 章

オープンソフトを使った タグ付きの誤用コーパスの制作

主な内容：

    7.1   必要なソフト
    7.2   『えだまめ』でテキスト形式のファイルを変換する方法
       7.2.1   形式変換に使用するファイル
       7.2.2   形式変換の手順
    7.3   『ひまわり』でタグ付きの誤用コーパスを作成する方法
    7.4   検索の方法
    7.5   検索結果の保存
       7.5.1   検索結果を選択して保存する方法
       7.5.2   検索結果を一括して保存する方法
    7.6   TNR_ChineseErrorCorpusConc2.0 への道
       7.6.1   検索方法に関するニーズ
       7.6.2   検索結果表示に関するニーズ
       7.6.3   TNR_ChineseErrorCorpusConc2.0 へ

【重要なポイント】

1. 必要なソフトは 2 つある。1 つは、変換ソフト『えだまめ』であり、もう 1 つは全文検索システム『ひまわり』である。
2. テキスト形式で保存したファイルは、そのまま全文検索システム『ひまわり』のフォルダーにドラッグ＆ドロップしても認識されないため、『えだまめ』を使って専用ファイルへの形式へ変換しなければならない。
3. MS-Excel を活用して検索結果を一括して保存することができる。
4. 多種多様な検索や集計のニーズに応えるためには、そのための開発したコンコーダンサー TNR_ChineseErrorCorpusConc2.0 が必要になる。

作文添削ソフト **TNR_ChineseWritingCorrection** は、学習者の中国語の作文（文も含む）を添削し、その添削の結果を正誤タグに自動的に変換するソフトである。それに対し、タグ付与ソフト **TNR_ChineseErrorCorpusTagger3.0** は、**TNR_ChineseWritingCorrection** で変換された正誤タグの箇所に分析・集計用のタグを付与するソフトである。前者は、中国語の誤用の観察もできるが、主に中国語の学習や教育に活用できるものである。後者は、中国語の誤用研究のための基盤作りのものであり、主に誤用の分析や集計のためのものである。

　誤用の傾向性や規則性を見いだして、中国語の学習者の誤用表現のメカニズムを明らかにすることを誤用研究の目的とするならば、分析・集計用のタグが付与されたデータを処理し、その中からデータの処理のためのソフトが必要になってくる。

　誤用のデータを総合的に処理できるように、私共は、**TNR_ChineseErrorCorpusConc2.0** というコンコーダンサーを開発した。**TNR_ChineseErrorCorpusConc2.0** は、多種多様な機能を持つため、本書だけではなかなか説明しきれないため、本書の姉妹編として次に刊行することとする。

　それまでには、つなぎとしては、国立国語研究所の全文検索システム『ひまわり』を使ってタグ付きの誤用コーパスの使用方法を述べていく。

7.1　必要なソフト

　全文検索システム『ひまわり』を使ってタグ付きの誤用コーパスを作成する際には、次のソフトが必要である。

①えだまめ
②ひまわり

　『えだまめ』と『ひまわり』については、第 2 章の「2.2.2.4　ひまわり用データ作成ツール『えだまめ』」と「2.2.2.5　全文検索システム『ひまわり』」で詳しく述べているので、詳細なことはそれを参照されたい。

　『えだまめ』と『ひまわり』との関係は図 7-1 のようになる。

```
┌─────────────────────────────────────────────────┐
│ CorpusFilesの中のフォルダーに自動生成されたテキストファイル │
└─────────────────────────────────────────────────┘
                              ↓
┌─────────────────────────────────────────────────┐
│     edamame_v21を使ってファイル形式の変換を行う      │
└─────────────────────────────────────────────────┘
                              ↓
┌─────────────────────────────────────────────────┐
│     変換後のファイルをHimawari_1_3に取り込む        │
└─────────────────────────────────────────────────┘
```

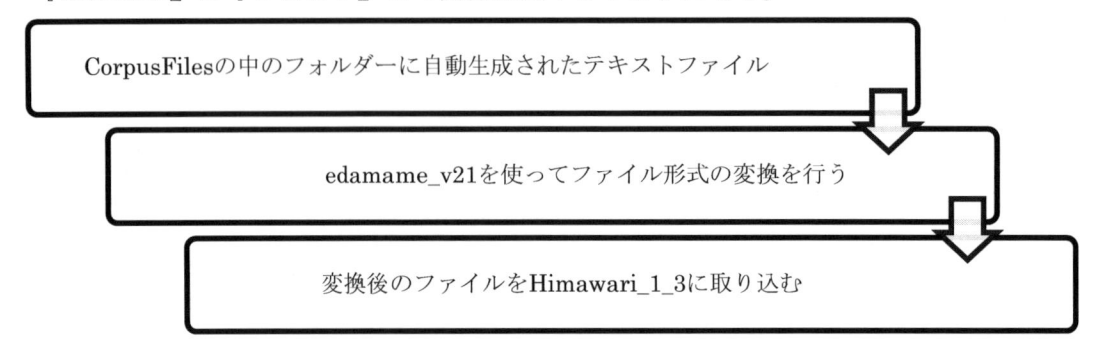

図 7-1

『ひまわり』で扱えるファイルの形式は特殊なもののため、『ひまわり』ではテキスト形式のファイルはそのままでは利用できない。つまり、テキスト形式のファイルを『ひまわり』に使えるファイルに変換しなければならないのである。ファイルの形式を変換するソフトが『えだまめ』である。換言すれば、テキストファイルは、『えだまめ』で変換してはじめて『ひまわり』に受け入れられるようになるのである。

7.2　『えだまめ』でテキスト形式のファイルを変換する方法
7.2.1　形式変換に使用するファイル

TNR_ChineseErrorCorpus.WT において、ファイルを保存する場所は図 7-2 のように2つある。

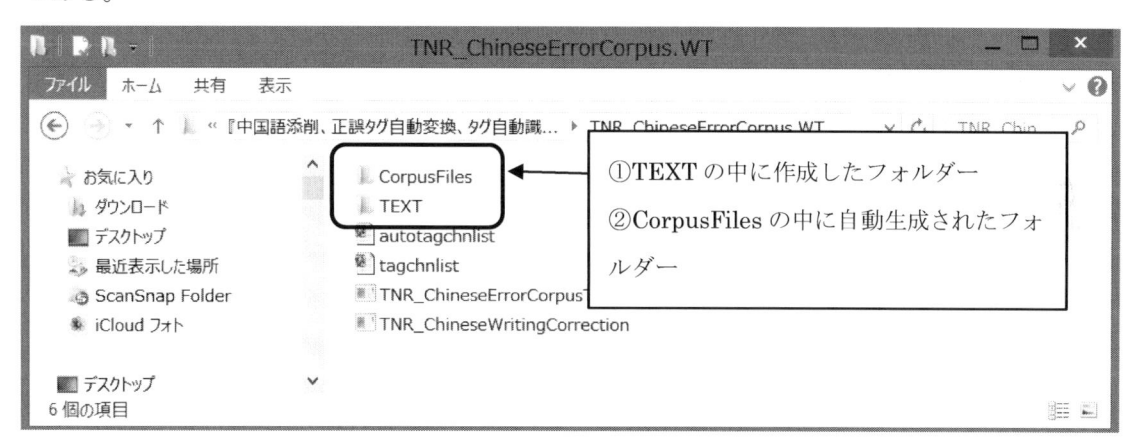

図 7-2

TEXT の中に作成したフォルダーに保存されるファイルは、添削用のファイルである。つまり、作文添削ソフト TNR_ChineseWritingCorrection を使って作文の添削を行う際に使うファイルのことである。

CorpusFiles の中に自動生成されたフォルダーにあるファイルは、正誤タグを含む分析・集計用のタグを付与するためのファイルのことである。ここのファイルは、保存されたものではなく、作文の添削が行われた後、TNR_ChineseWritingCorrection の「タグ化」ボタンをクリックすると、自動的に生成されるものである。つまり、CorpusFiles の中にあるフォルダーやそのフォルダーの中のファイルは、第5章で述べたように、いずれも TEXT の中に作成したフォルダーとそのフォルダーに保存されたファイルと同名のものである。

形式変換に使用するファイルは、TEXT の中に作成したフォルダーに保存されるファイルではなく、CorpusFiles の中に自動生成されたフォルダーに自動生成されたファイルである。

7.2.2　形式変換の手順

『えだまめ』でテキスト形式のファイルを変換する手順は次の通りである。

①フォルダーedamame_v21をクリックする。図7-3のようにedamameというフォルダーが表示されたら、それをクリックする。

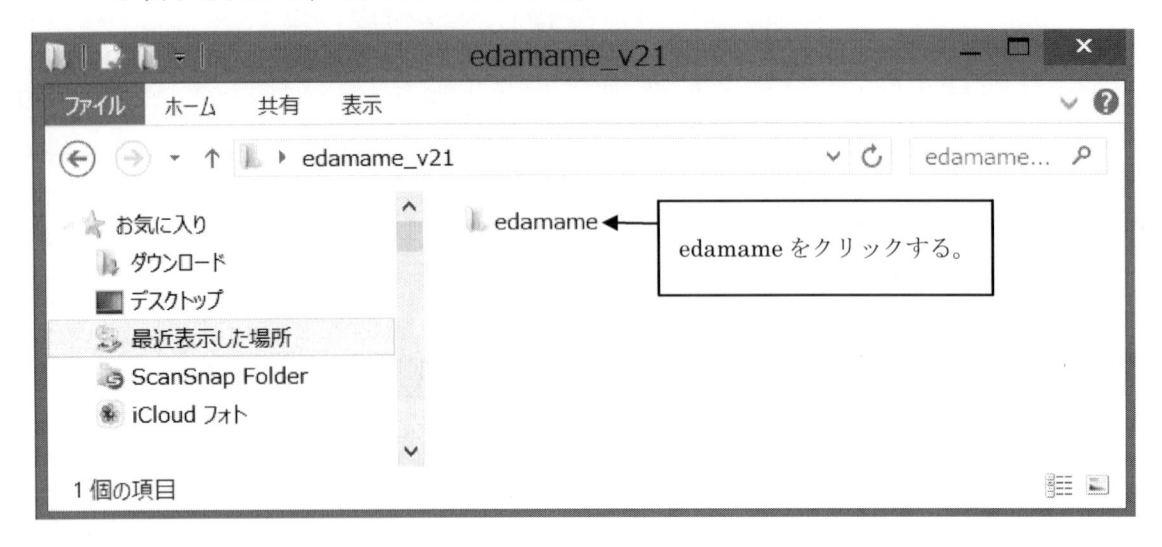

図7-3

②図7-4のように □edamame_v21 をクリックする。

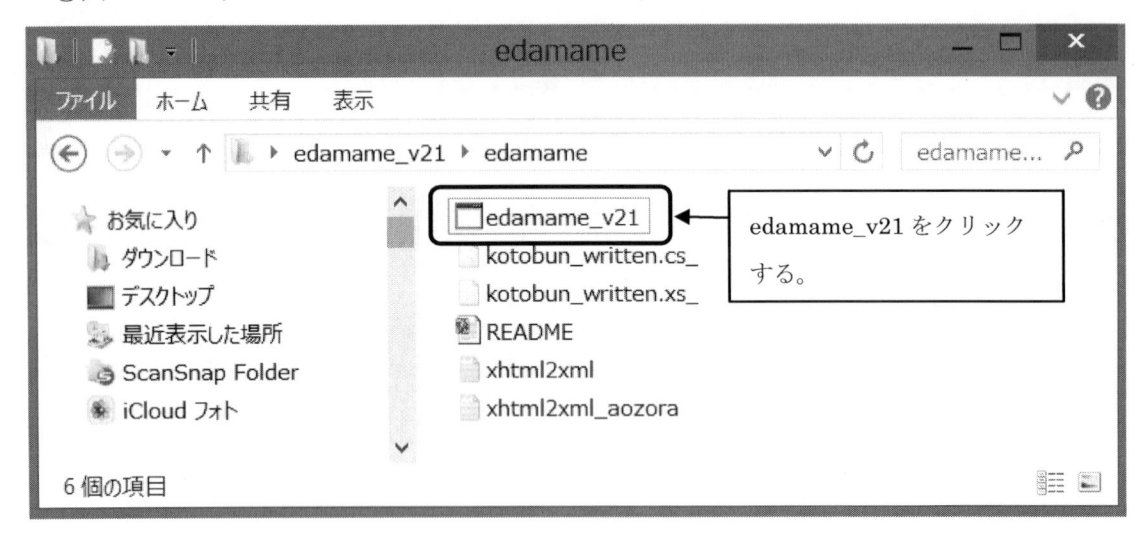

図7-4

③『えだまめ』のメイン画面が表示される。図7-5のように「参照」ボタンをクリックして、変換用のファイルを読み込む。

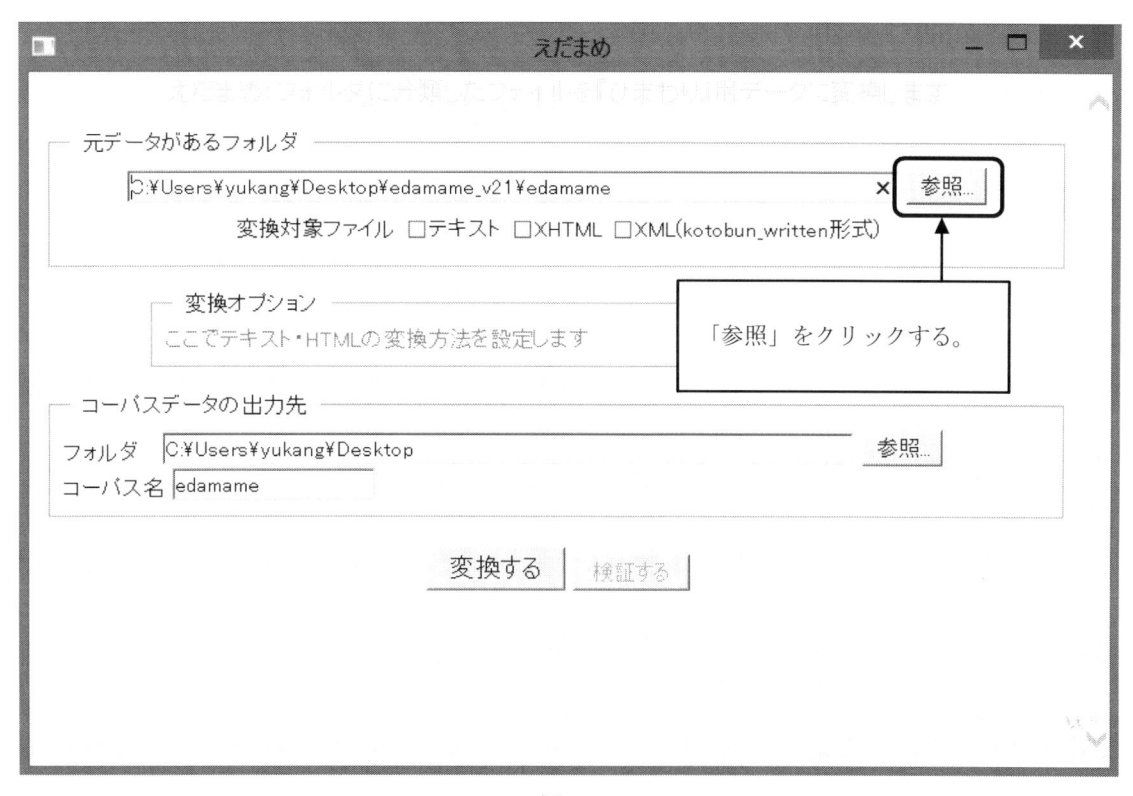

図 7-5

④CorpusFiles のフォルダーを選択してクリックする。『えだまめ』はファイルではなく、フォルダーでの選択になるので、フォルダー内に存在するすべてのファイルが変換の対象になる。ここでフォルダー「中国語学習者の作文」を選択して、「OK」ボタンをクリックする。

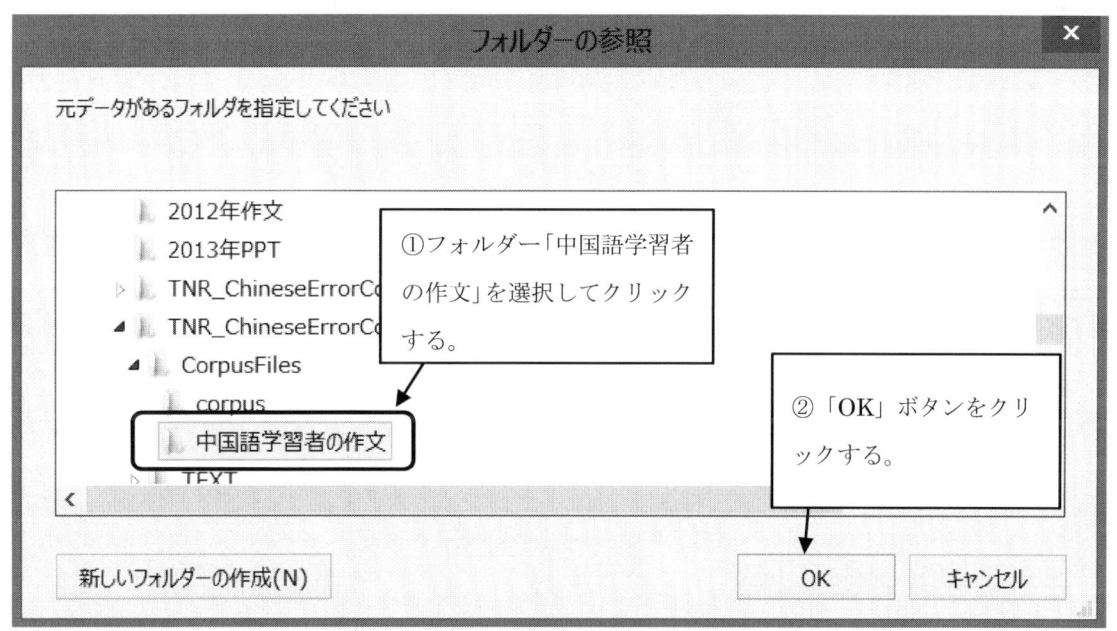

図 7-6

⑤図 7-7 のように、「元データがあるフォルダ」のボックスに選択されたフォルダーが表示される。

「変換対象ファイル」のところに、「テキスト」「XHTML」「XML」の３つの選択肢が表示される。「テキスト」の前の□にチェックを入れる。

「変換する」ボタンをクリックしてファイルの形式の変換を行う。

最終行に「「中国語学習者の作文」コーパスのデータが出力されました。」と表示されたら、変換は成功である。

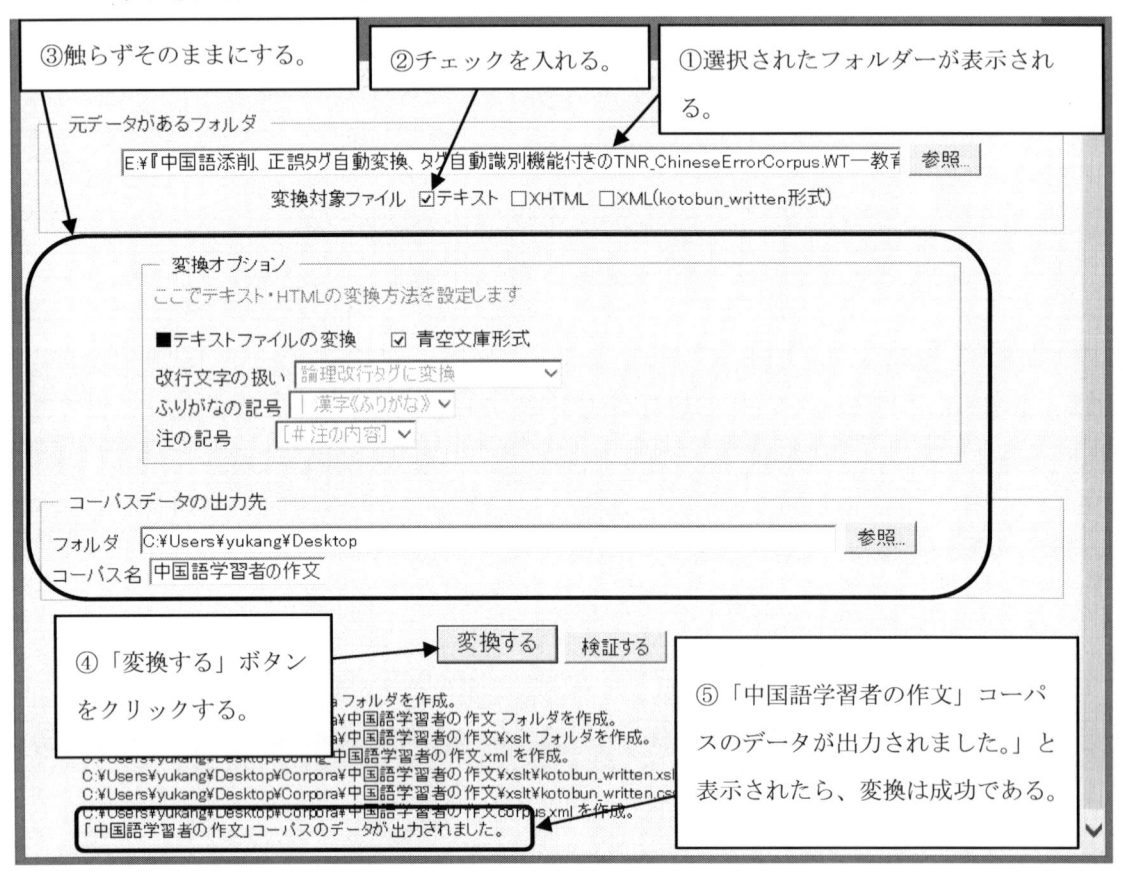

図 7-7

⑥出力されるものは、２つある。１つは、Corpora であり、もう１つは「config_中国語学習者の作文」である。この２つのものは、図 7-8 のようにいずれもパソコンの Desktop に出力される。

図 7-8

これで『えだまめ』でテキスト形式のファイルを変換する手順はすべて終了である。『えだまめ』を閉じ、『ひまわり』を立ち上げてタグ付きの誤用コーパスを作成する。

7.3　『ひまわり』でタグ付きの誤用コーパスを作成する方法
　『ひまわり』でタグ付きの誤用コーパスを作成する際に、最初に『ひまわり』に取り込まなければならないものは、パソコンの Desktop に出力されている Corpora と「config_中国語学習者の作文」である。次に検索機能を活性化させたらタグ付きの誤用コーパスの作成が完成である。
　その主な手順は次の通りである。
　①Himawari_1_3_1 というフォルダーをクリックする。図 7-9 のようにフォルダーの内容が表示される。

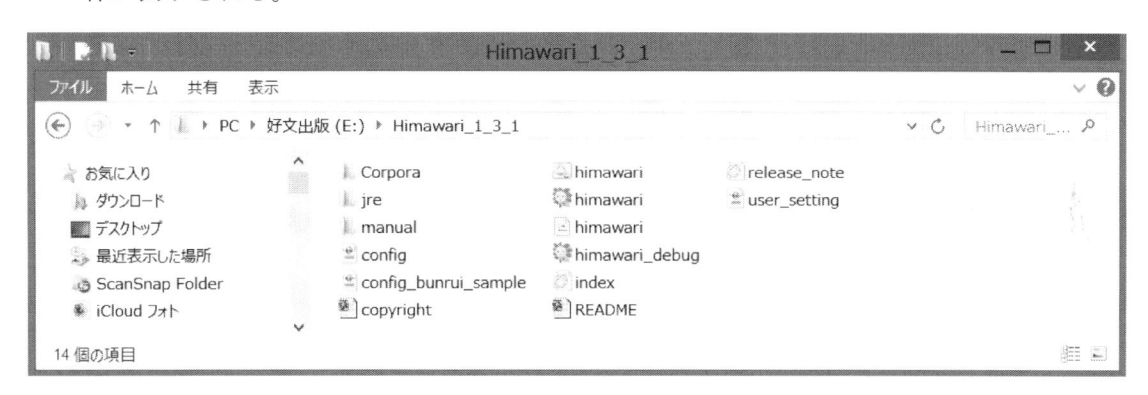

図 7-9

　②マウスのポインタをパソコンの Desktop に出力されている Corpora に当て、マウスの左側ボタンを押したまま、図 7-10 のようにフォルダーの中にドラッグして移動させる。そして、マウスの左側ボタンを離してドロップする。
　OS が Windows 8 以上ならそのままフォルダーの中にすでに存在しているフォルダー Corpora に統合される。Windows 8 以下なら統合するかどうかという確認のための画面が表示される。「はい」をクリックして統合を行う。

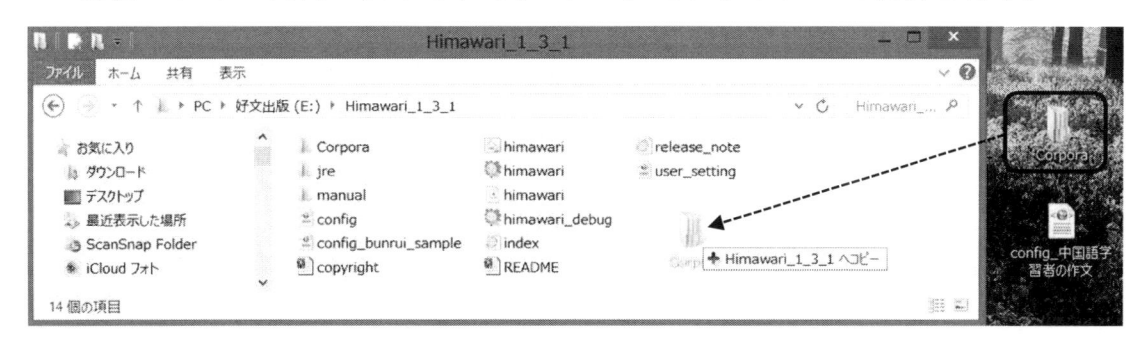

図 7-10

③マウスのポインタをパソコンのDesktopに出力されている「config_中国語学習者の作文」に当て、マウスの左側ボタンを押したまま、図7-11のようにフォルダーの中にドラッグする。そして、マウスの左側ボタンを離してドロップする。

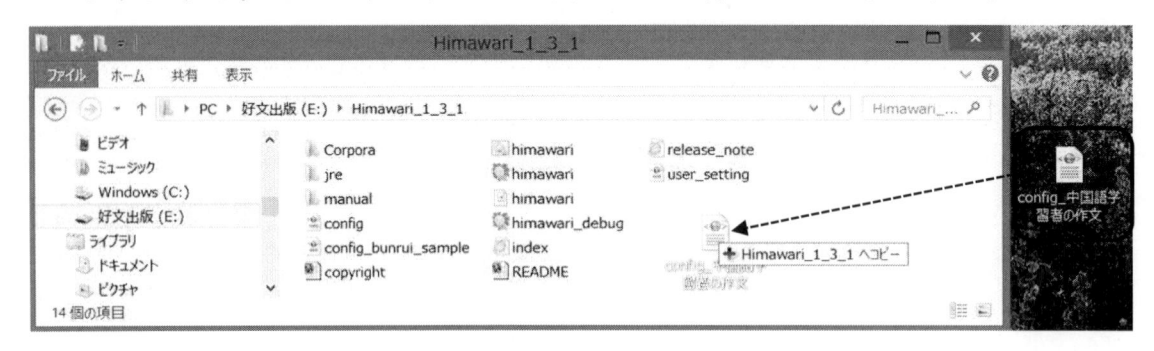

図7-11

④ドロップしたら、図7-12のように「config_中国語学習者の作文」はフォルダー内に移動される。

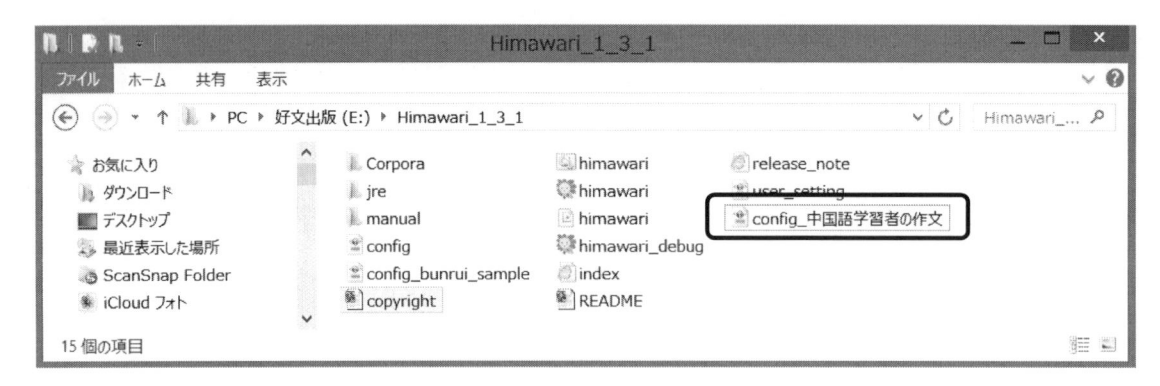

図7-12

⑤図7-13のように 🌼himawari をダブルクリックする。

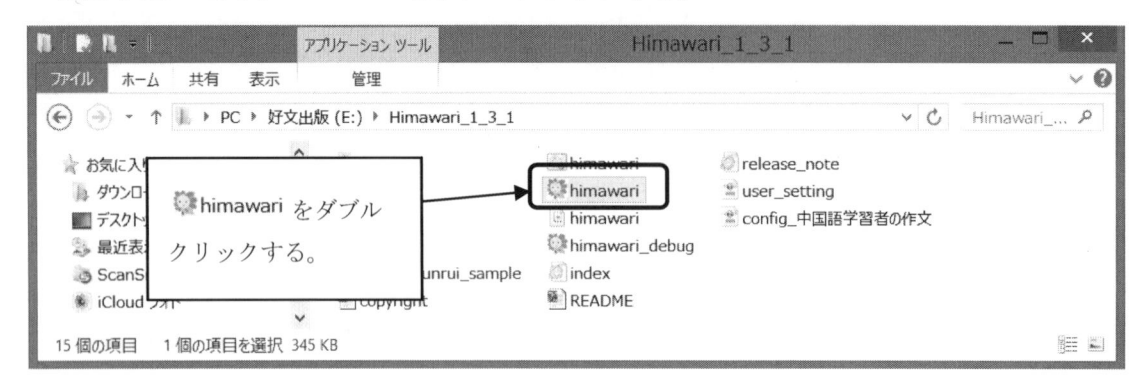

図7-13

⑥全文検索システム『ひまわり』が開かれる。図7-14のように「ファイル」をクリック

する。選択リストの中から「新規」を選択してクリックする。

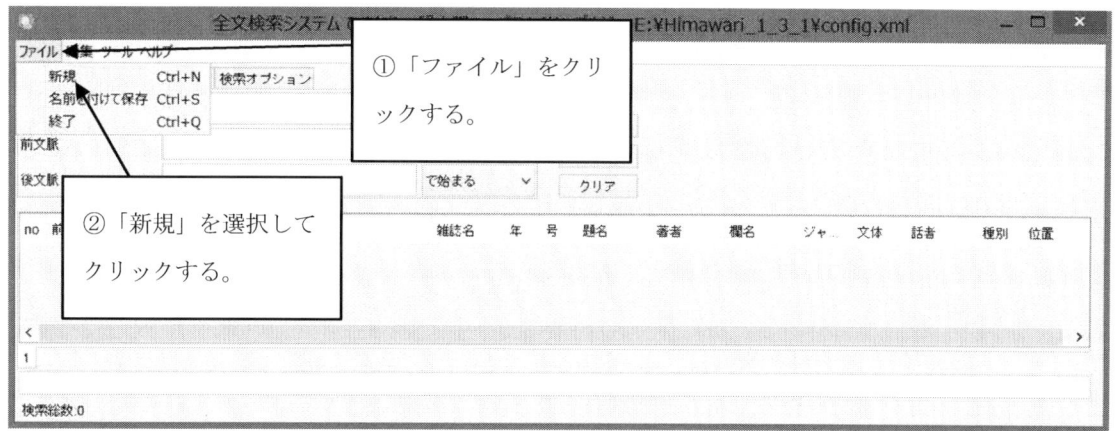

図 7-14

⑦「config_中国語学習者の作文」を選択してダブルクリックする。または、1回クリックして、「ファイル名」のところに「config_中国語学習者の作文」が表示されたら「設定ファイルの選択」をクリックする。

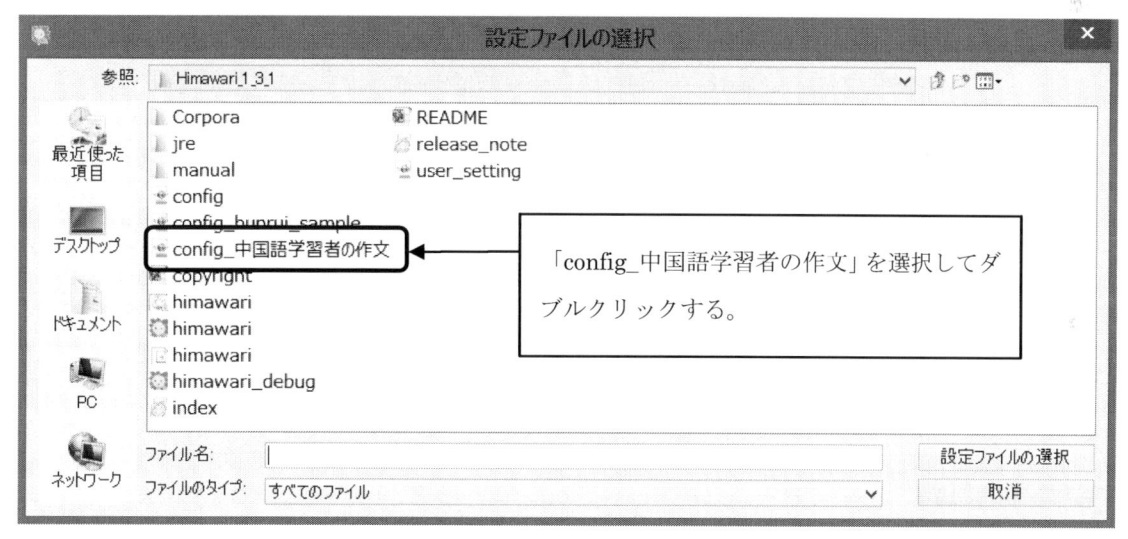

図 7-15

⑧全文検索システム『ひまわり』のメイン画面に戻る。図 7-16 のように、タイトルバーに「全文検索システムひまわり-[中国語学習者の作文]」と表示される。

「ツール」をクリックする。選択リストが表示されたら、その中から「インデックス生成」を選択してクリックする。

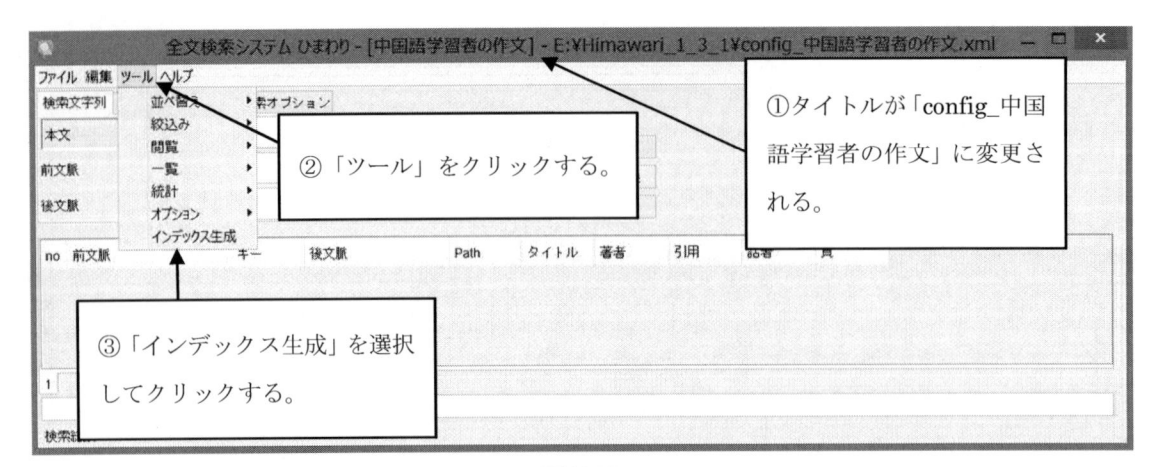

図 7-16

⑨図 7-17 のように「実行」をクリックしてインデックスの生成を行う。

図 7-17

⑩図 7-18 のように「インデックス生成処理が正常に終了しました。」と表示されたら「OK」をクリックする。

図 7-18

　これで『ひまわり』でタグ付きの誤用コーパスを作成する手順はすべて終了である。次は、検索語を入力して検索してみる。

7.4 検索の方法

検索を行う前に、表示の文字数の設定を行う必要がある。表示の文字数の設定とは、「前文脈」と「後文脈」のところに表示される文字の数のことである。デフォルトの文字数は10文字になっているため、例えば30文字にするには、次のように設定を行う。

①「検索オプション」をクリックする。「前後文脈長」のところの数字10を削除して、30を入力する。「検索文字列」をクリックしてメイン画面に戻る。

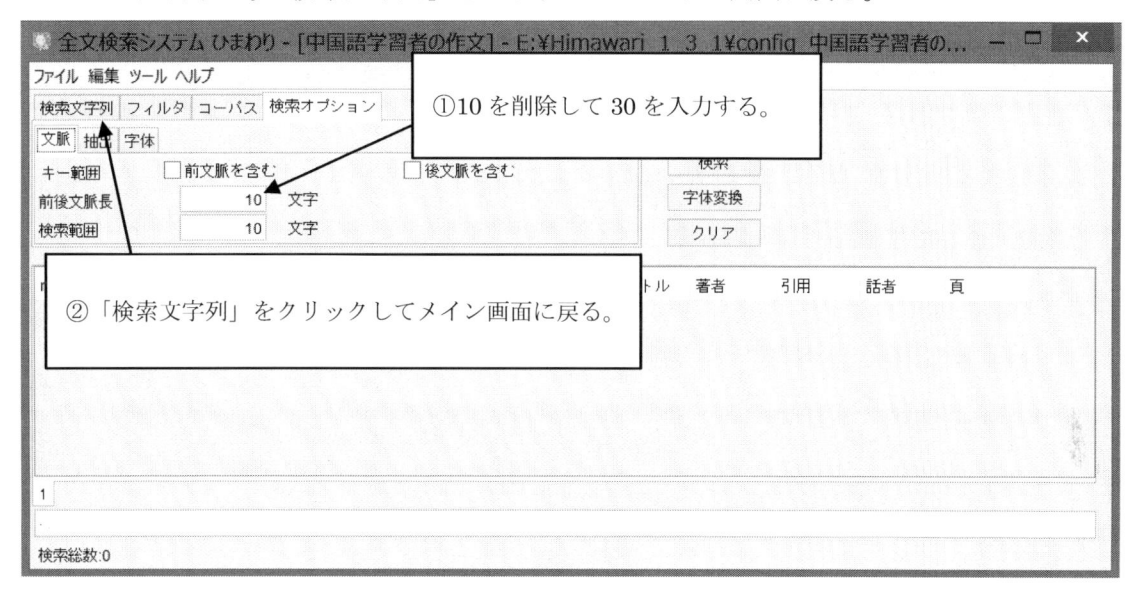

図 7-19

②メイン画面において、図7-20のように「本文」のボックスに検索語を入力して検索を行う。

図 7-20

③例えば、「不使用」の正誤タグの表記は、「○→X」である。「○→」を検索語として入力して検索すれば、「不使用」誤用例が表示される。

「本文」のボックスに「○→」と入力して、「検索」ボタンをクリックする。図 7-21 のように「不使用」の誤用例が表示される。

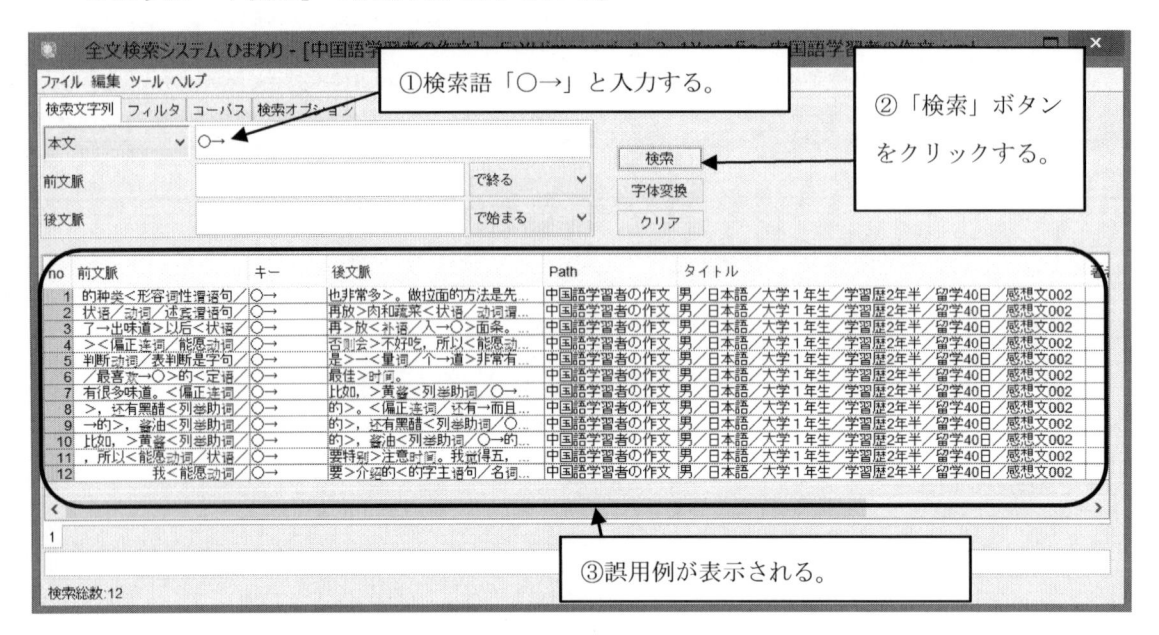

図 7-21

④ "能愿动词"の誤用例を調べるなら、「本文」のボックスに "能愿动词" と入力して、「検索」ボタンをクリックする。図 7-22 のように "能愿动词" の誤用例が表示される。

図 7-22

⑤誤用の文章を確認する場合は、ターゲットの用例をダブルクリックすれば、全文が表示される。例えば、図 7-23 のように第 2 行の "我<能愿动词" における "能愿动词" をクリックすれば、全文が表示される。第 2 行ならどれをクリックしても全文表示に

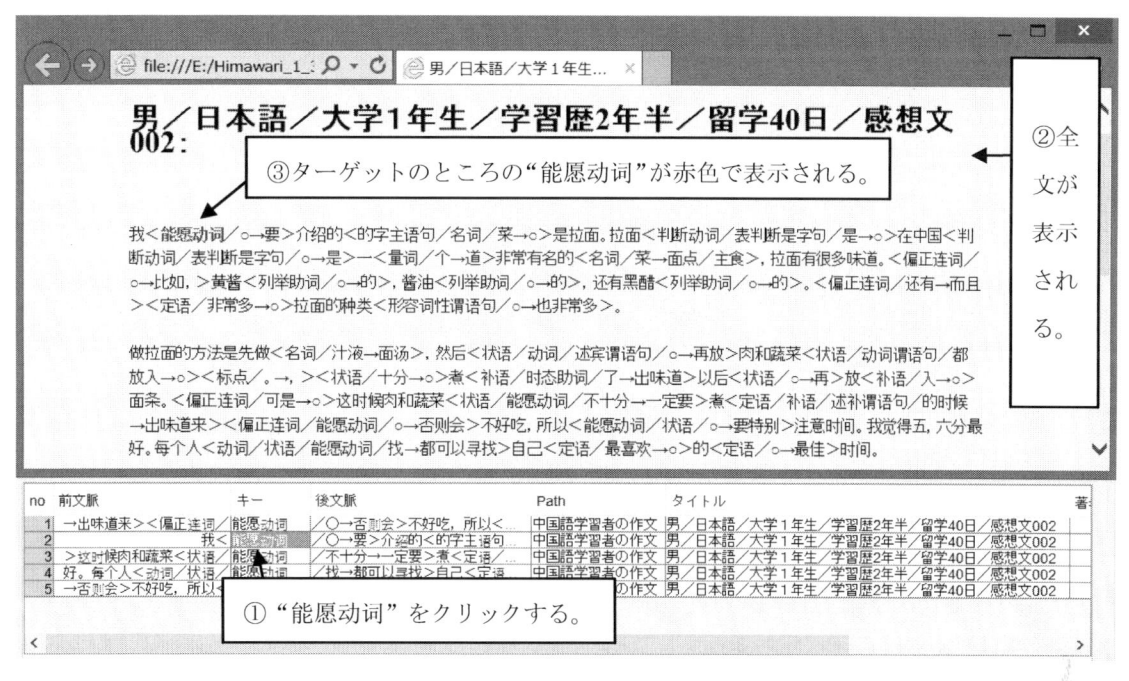

なる。ターゲットのところの"能愿动词"が赤色で表示される。

図 7-23

　この段階ではサンプルとしてのファイルは１つしかないため、誤用の傾向性や規則性の観察はできないが、データがある程度蓄積されれば、誤用の傾向性や規則性の観察が容易になる。

7.5　検索結果の保存
　検索結果の保存の方法は２種類ある。

　①検索結果を選択して保存する方法
　②検索結果を一括して保存する方法

　「検索結果を選択して保存する方法」とは、必要な用例を切り取って MS-Word に貼り付けて保存する方法である。それに対し、「検索結果を一括して保存する方法」とは、検索結果をまとめて１つのファイルとして保存する方法である。

7.5.1　検索結果を選択して保存する方法
　例えば、図 7-24 において、第１行の用例を保存するとしよう。
　その主な手順は次の通りである。
① マウスのポインタで第１行の用例を選択する。

図 7-24

②マウスの右側ボタンをクリックして、図 7-25 のように選択リストの中から「コピー」を選択して、選択した内容をコピーする。

図 7-25

② MS-Word を立ち上げ、図 7-26 のようにコピーした内容を貼り付ける。

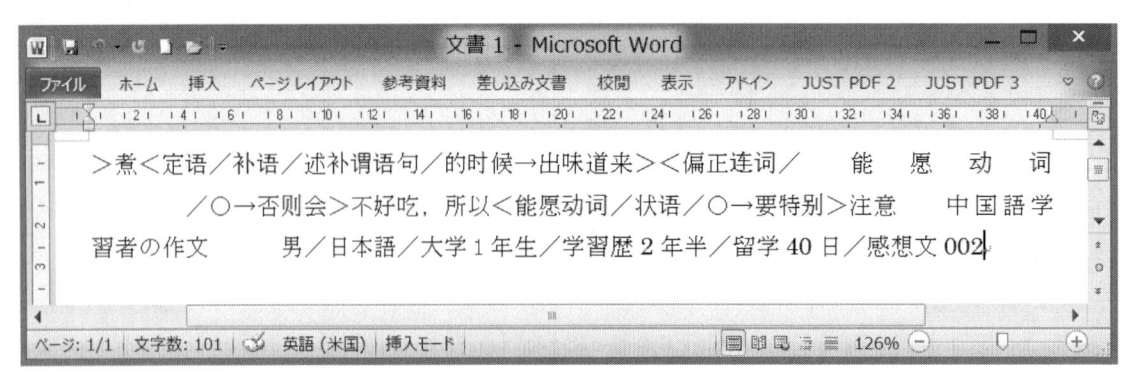

図 7-26

⑥名前を付けて保存する。または、執筆中の文章にコピーした場合は、上書きボタンをクリックして上書き保存を行う。

7.5.2 検索結果を一括して保存する方法

例えば、図 7-27 に表示されている用例を一括して保存するとしよう。

その主な手順は次の通りである。

①「ファイル」をクリックする。選択リストの中から「名前を付けて保存」を選択してクリックする。

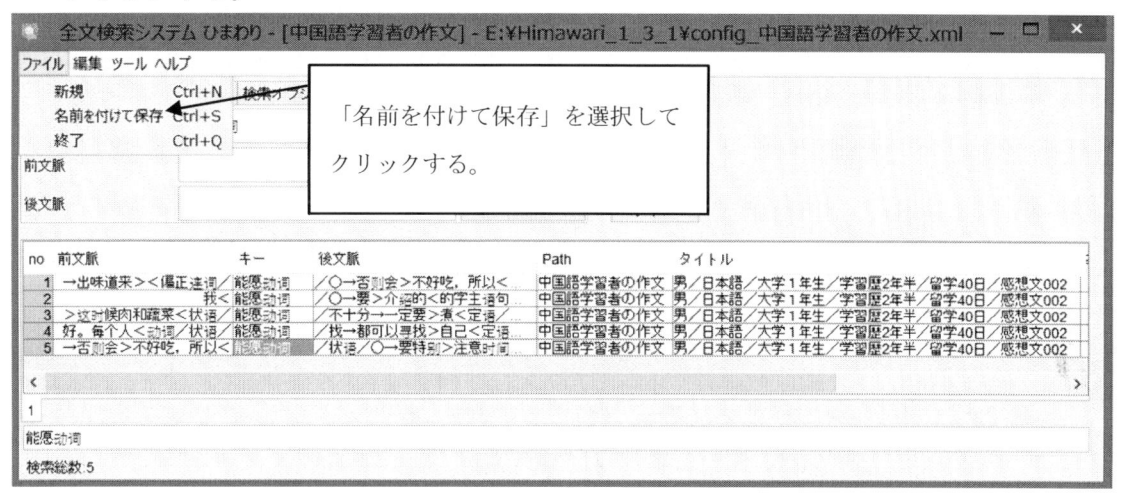

図 7-27

②用例を保存するフォルダーを選択してクリックし、名前を付け保存する。

例えば、図 7-28 のように「中国語学習者の作文の誤用例（能愿动词）」というフォルダーを選択してクリックし、「ファイル名」に"能愿动词偏误例句"というファイル名を付けた上で、「ファイルのタイプ」を「テキストファイル」に指定して「名前を付けて保存する」をクリックする。

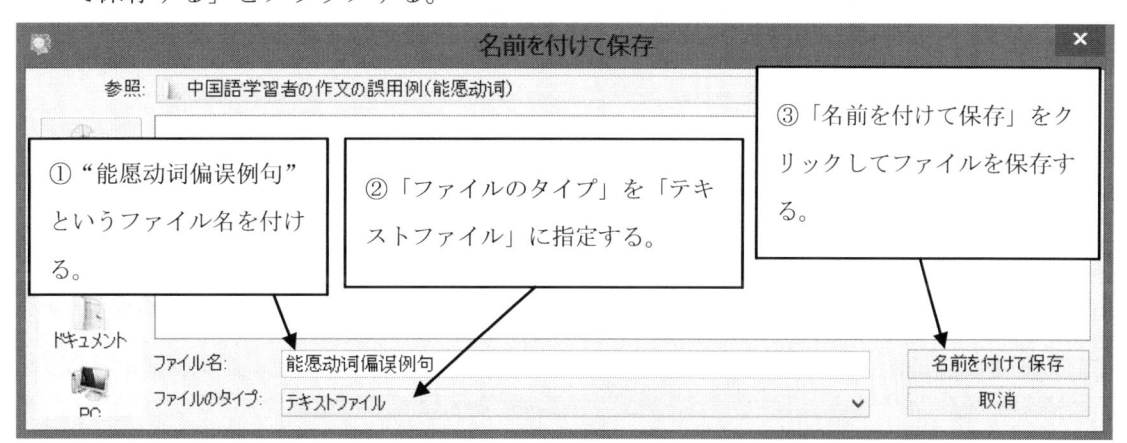

図 7-28

③「中国語学習者の作文の誤用例（能愿动词）」というフォルダーを開く。図 7-29 のように"能愿动词偏误例句"というテキストファイルが表示される。

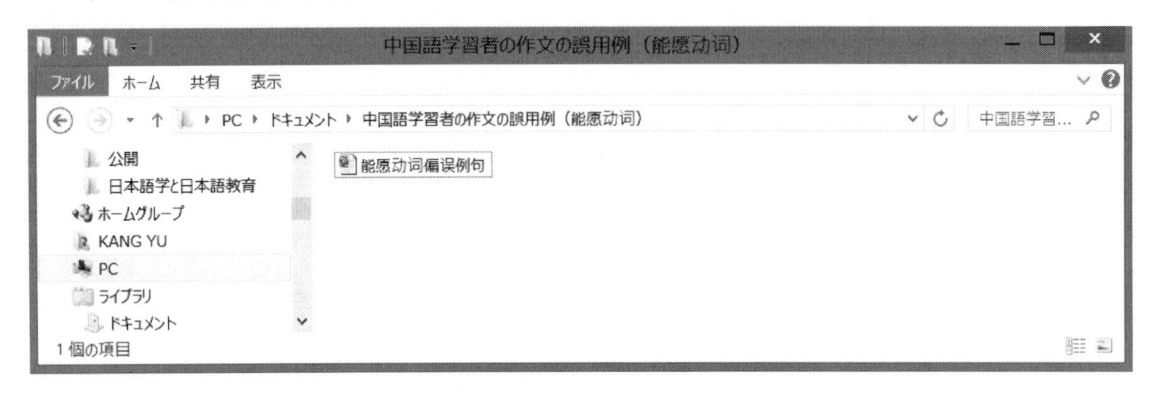

図 7-29

④"能愿动词偏误例句"をダブルクリックすれば、図 7-30 のように『秀丸』が立ち上げられ、保存した内容が表示される。

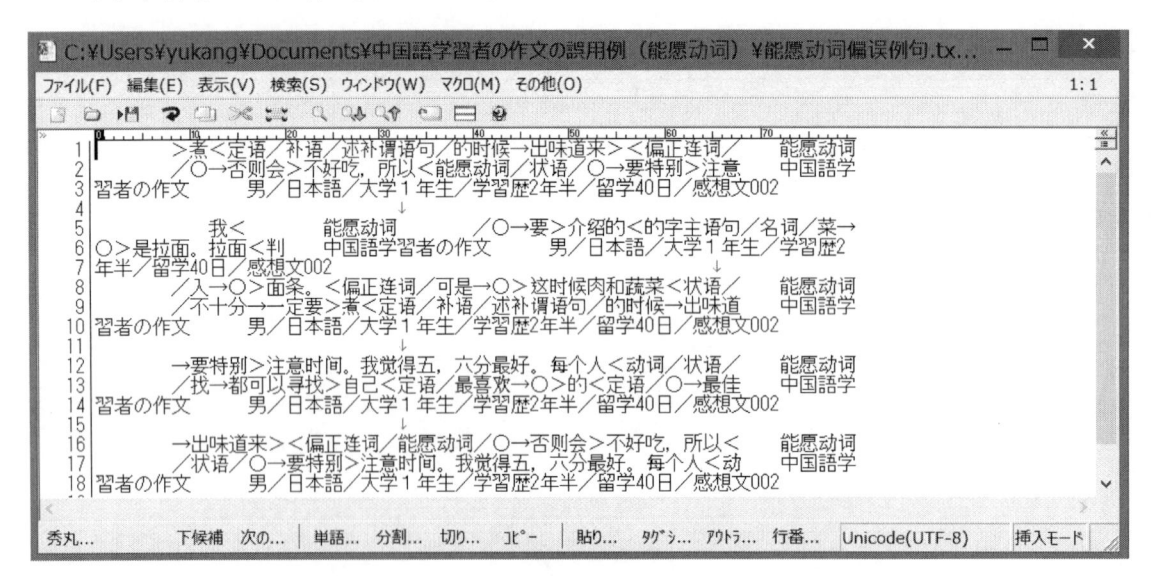

図 7-30

⑤MS-Excel を使って表示させることもできる。

主な手順は次の通りである。

 a.図 7-31 のように MS-Excel を立ち上げ、「ファイル」をクリックする。表示された選択リストの中から「開く」を選択してクリックする。

 フォルダーを見つけ、保存したファイルを選択する。

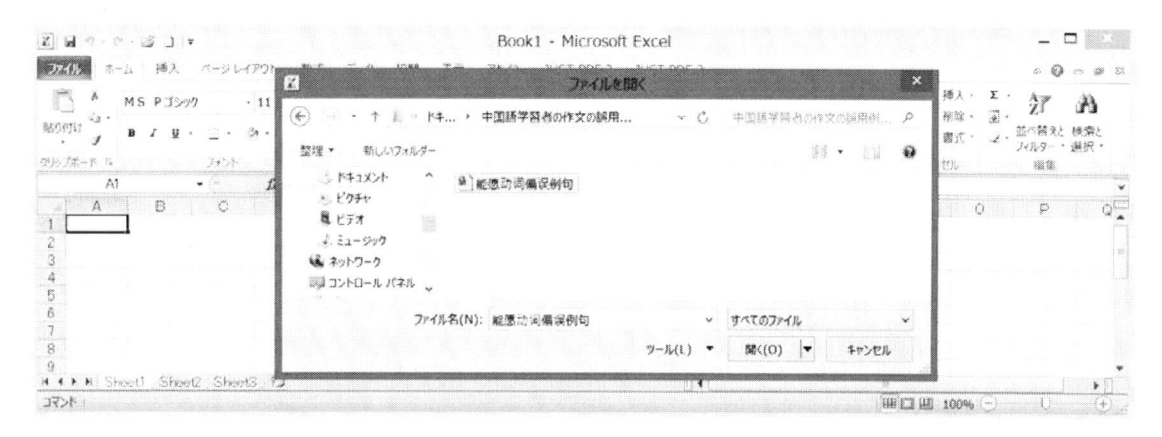

【第7章】オープンソフトを使ったタグ付きの誤用コーパスの制作

図 7-31

b. 図 7-32 の画面が表示されたら、画面の指示通り「次へ」をクリックしていく。

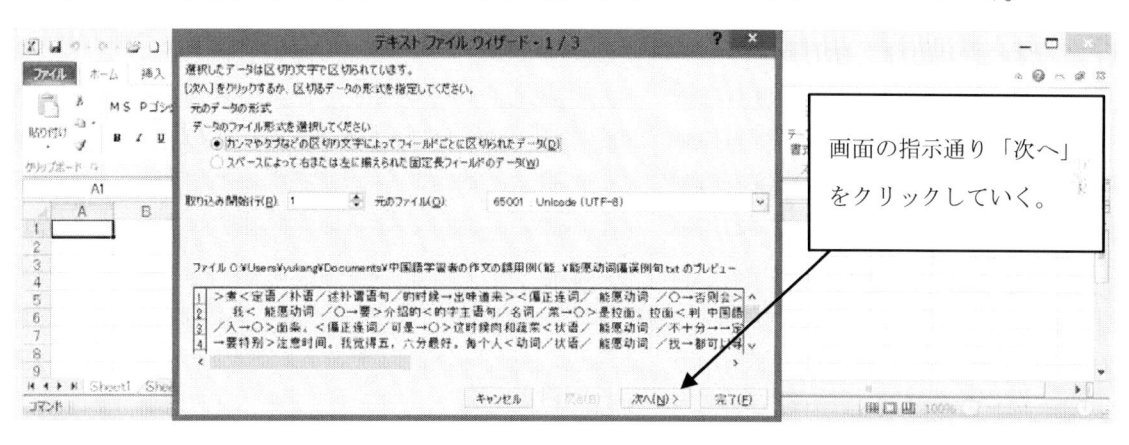

図 7-32

c. 図 7-33 は MS-Excel で表示された画面である。MS-Excel 形式で保存する。『ひまわり』と同じ表示なので、『秀丸』で表示されたものよりは読みやすい。

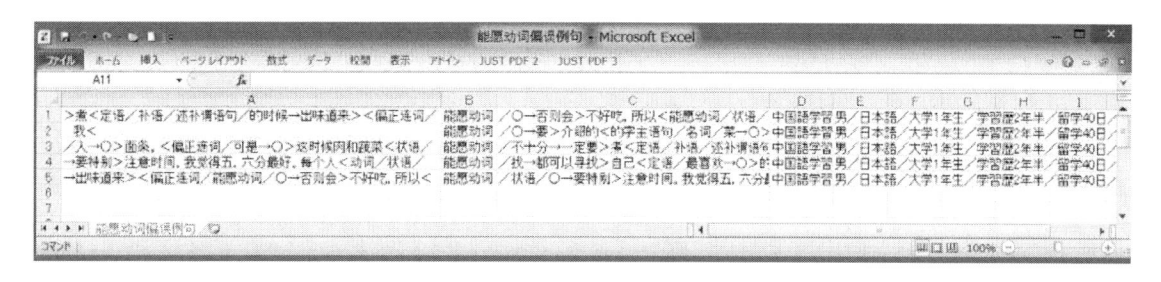

図 7-33

7.6　TNR_ChineseErrorCorpusConc2.0 への道

　全文検索システム『ひまわり』は、基本的に日本語のデータを対象としているので、中国語のデータについては、表示や検索はできるが、検索を行う際に、一部の記号や文字が

検索語として認識されないことがある。

　誤用例の検索や集計については、少なくとも次のように2つのニーズがあるであろう。

　①検索方法に関するニーズ
　②検索結果表示に関するニーズ

7.6.1　検索方法に関するニーズ

　検索は、単なる検索語を入力して誤用例を集めるのではなく、集まった誤用例の中から誤用例の間に見られる共通性、つまり傾向性や規則性を見いだすためのものである。従って、研究の目的によって、多種多様な検索の方法が求められるであろう。換言すれば、検索の方法によっては、これまで見えてこなかったものが見えてくるかもしれないということである。

　検索方法に関するニーズはいろいろあるが、主に次のようなものがあるであろう。
　①正誤タグにおける「誤用表現」だけを検索したい。できれば、「誤用表現」はすべてリスト化され、図7-34のように「誤用表現」の空白のボックスをダブルクリックすると、「誤用表現」のリストが表示され、必要な「誤用表現」をクリックすれば検索ができるようにしたい。

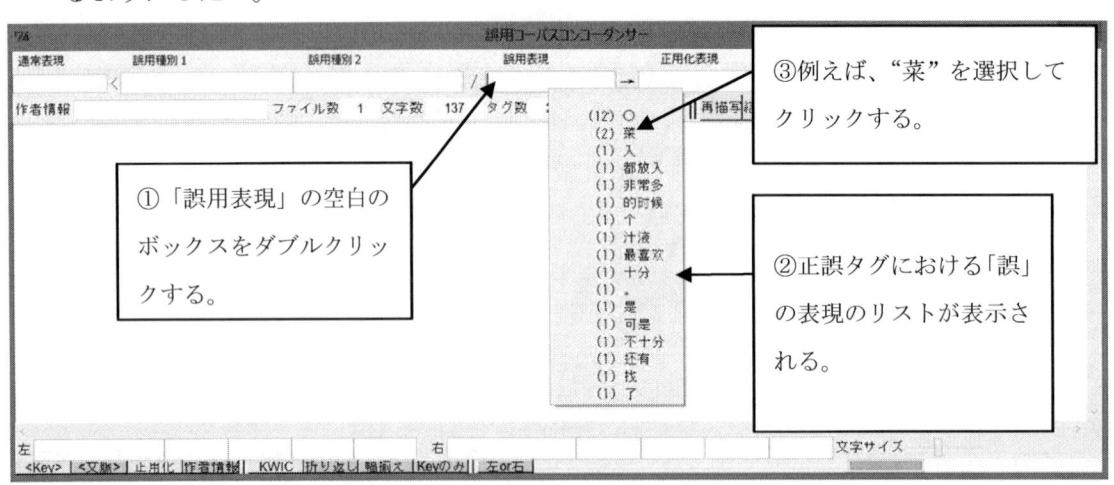

図 7-34

　図7-35のように作文の中に"菜"に関する誤用表現がすべて表示される。これで一々手動で入力する手間が省かれる。

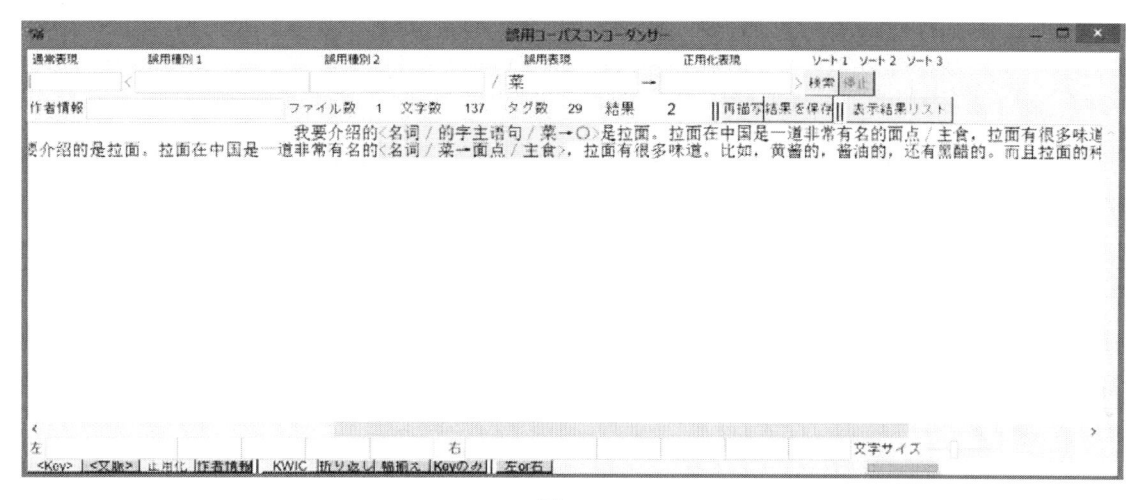

図 7-35

②正誤タグにおける「正用化表現」だけを検索したい。できれば、「正用化表現」はすべてリスト化され、図 7-36 のようにダブルクリックするだけで「正用化表現」のリストが表示され、必要な「正用化表現」をクリックして検索ができるようにしたい。

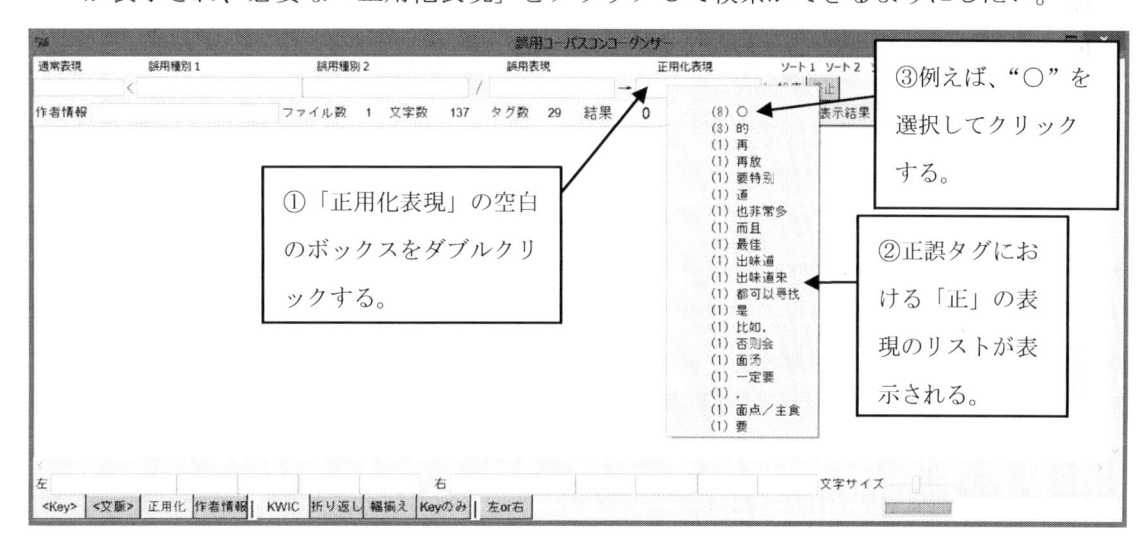

図 7-36

図 7-37 のように作文の中に正用化表現が"〇"の用例がすべて表示される。

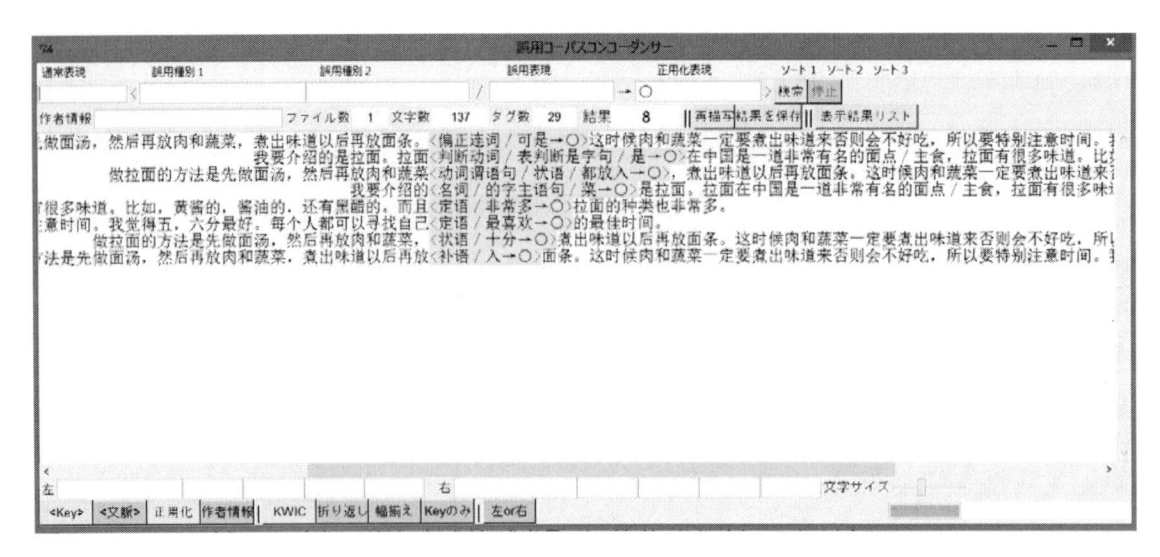

図 7-37

③分析・集計用のタグを検索したい。できれば、付与された分析・集計用のタグはすべてリスト化され、図 7-38 のようにダブルクリックするだけで分析・集計用のタグのリストが表示され、必要な分析・集計用のタグをクリックして検索ができるようにしたい。

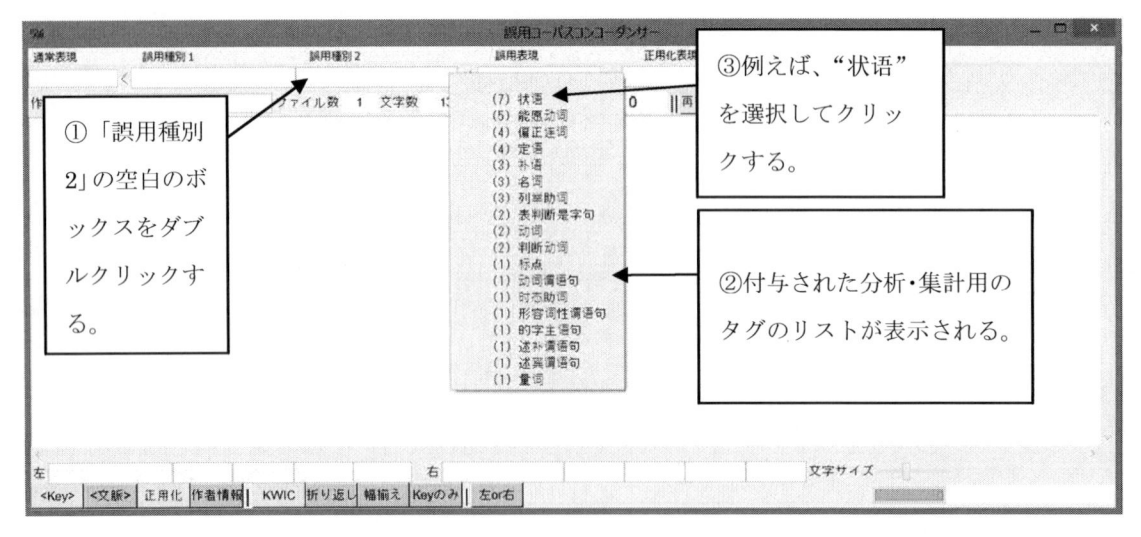

図 7-38

図 7-39 のように作文の中に分析・集計用のタグ "状语" が付与された用例がすべて表示される。

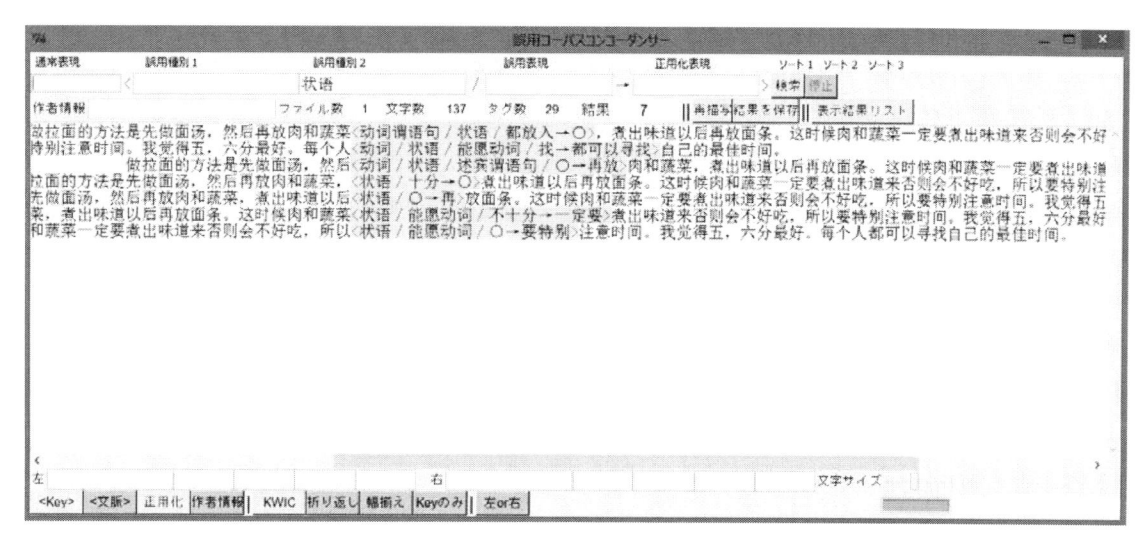

【第 7 章】オープンソフトを使ったタグ付きの誤用コーパスの制作　●193●

図 7-39

④ 2 つの分析・集計用のタグを併用して検索したい。

　例えば、「誤用種別 1」の空白のボックスをダブルクリックして表示された、付与された分析・集計用のタグのリストの中から、第 1 に検索したいタグを選択してクリックする。

　次に、「誤用種別 2」の空白のボックスをダブルクリックして表示された、第 1 に検索したいタグと一緒に付与された分析・集計用のタグのリストの中から必要なタグを選択してクリックする。

　例えば、図 7-40 のように「誤用種別 1」の空白のボックスをダブルクリックして表示された、付与された分析・集計用のタグのリストの中から "判断动词" を選択してクリックする。

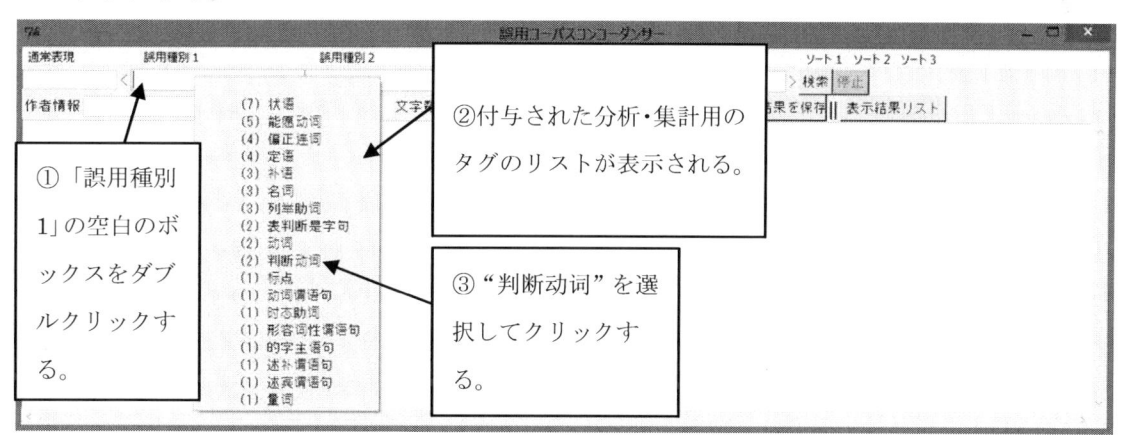

図 7-40

　図 7-41 のように「誤用種別 2」の空白のボックスをダブルクリックすると、付与された分析・集計用のタグのリストが表示される。"判断动词" と一緒に付与したタグは "表

判断是字句"だけなので、"表判断是字句"しか表示されない。それを選択してクリックする。「検索」ボタンをクリックする。

①「誤用種別2」の空白のボックスをダブルクリックする。

②"判断动词"と一緒に付与したタグは"表判断是字句"だけなので、"表判断是字句"しか表示されない。選択してクリックする。

③「検索」ボタンをクリックする。

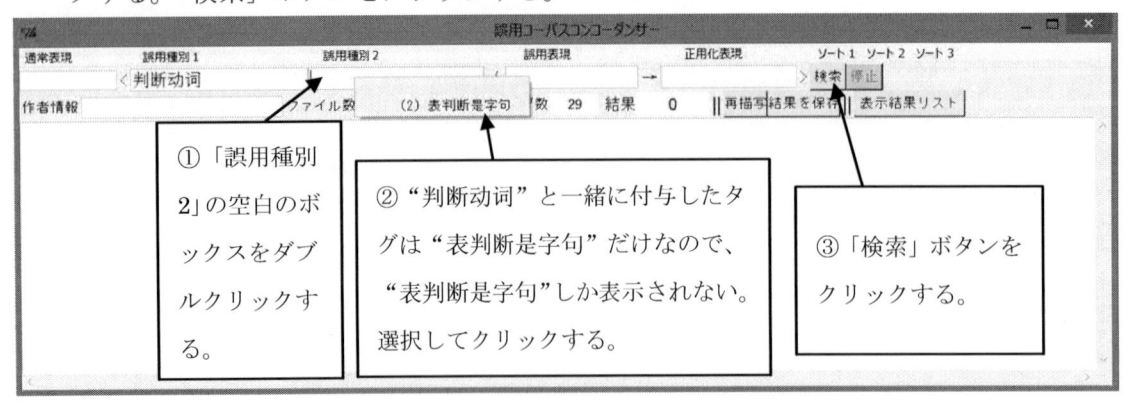

図 7-41

図 7-42 のように"判断动词"と"表判断是字句"とが一緒に付与された用例だけが表示される。

図 7-42

⑤ 2つの分析・集計用のタグを併用するだけではなく、同時に正誤タグをも併用して検索したい。

例えば、"判断动词"と"表判断是字句"のタグが付与された箇所での、不使用の表現も検索することができるようにしたい。

「誤用種別1」の空白のボックスに"判断动词"を、「誤用種別2」の空白のボックスに"表判断是字句"を、「誤用表現」の空白のボックスに"○"を入れて、図 7-43 のような検索結果が得られるようにしたい。

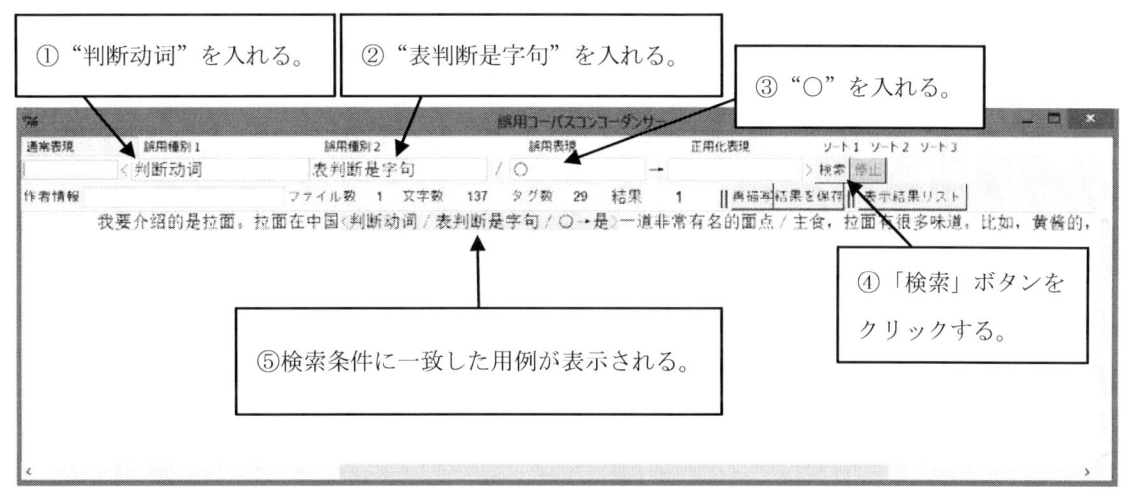

【第7章】オープンソフトを使ったタグ付きの誤用コーパスの制作

図 7-43

7.6.2　検索結果表示に関するニーズ

検索結果の表示とは、ヒットした用例をどのような形で示すかということである。特に誤用例の表示の仕方は、誤用現象の観察に大きく影響するので、添削情報の表示の仕方やキーワードの並べ方などが非常に重要になってくる。

検索結果の表示方法に関するニーズもいろいろあるが、少なくとも次のようなものがあるであろう。

①すべてのタグを表示させた上で、用例のキーワードの部分だけは色付けで表示させたい。

例えば、不使用の用例を検索する。図 7-44 のように該当の用例は、すべて表示されると同時に、文中に付与された正誤タグや分析・集計用のタグもすべて表示され、なおかつ、キーワードに当たる部分（分析・集計用のタグと正誤タグ）が黄色になっている。

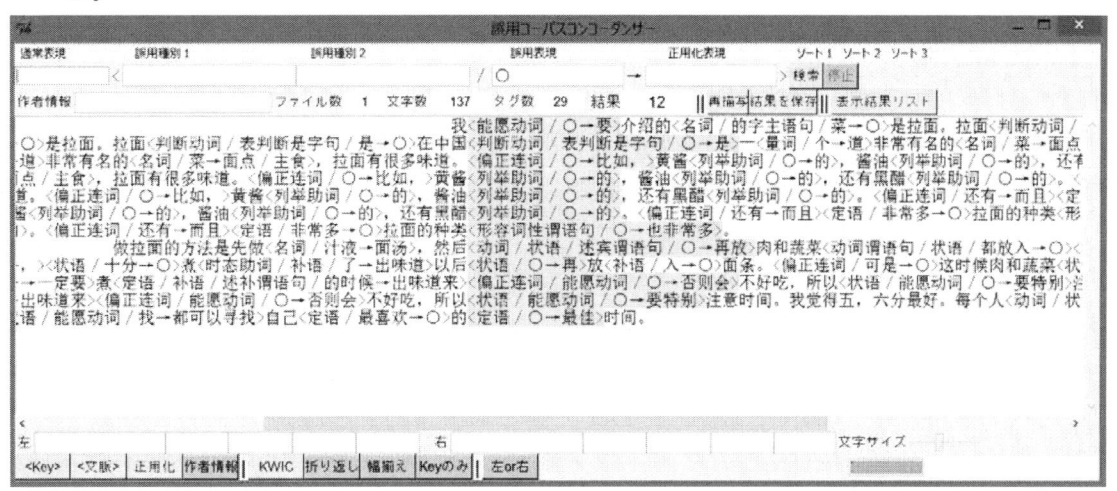

図 7-44

②検索のキーワードの部分だけは、正誤タグや分析・集計用のタグを表示させるが、左右文脈中の他の誤用例は、正誤タグや分析・集計用のタグを表示させず、添削後の正用表現だけを表示させたい。

例えば、図 7-45 のように、中央の、不使用の誤用例の部分だけは正誤タグや分析・集計用のタグが表示されるが、左右文脈中の他の部分は添削正用の表現になっている。

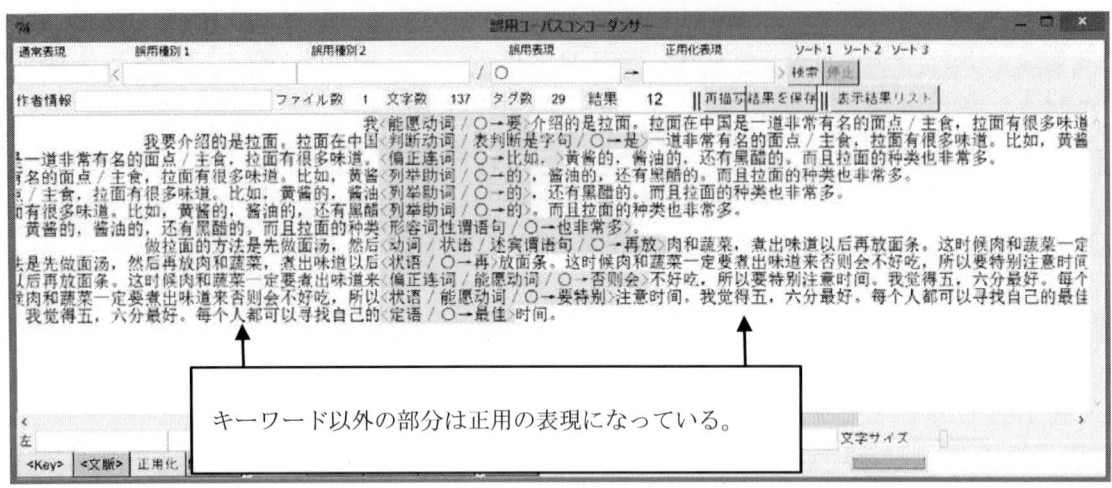

図 7-45

③添削後の正用表現という文脈の中で、検索のキーワードの部分の誤用現象を考察するのではなく、添削前の状況下で検索のキーワードの部分の誤用現象を考察したい。

例えば、図 7-46 のように不使用の誤用例の部分だけは正誤タグや分析・集計用のタグが表示されるが、左右文脈中の他の部分は添削前の状態になっている。

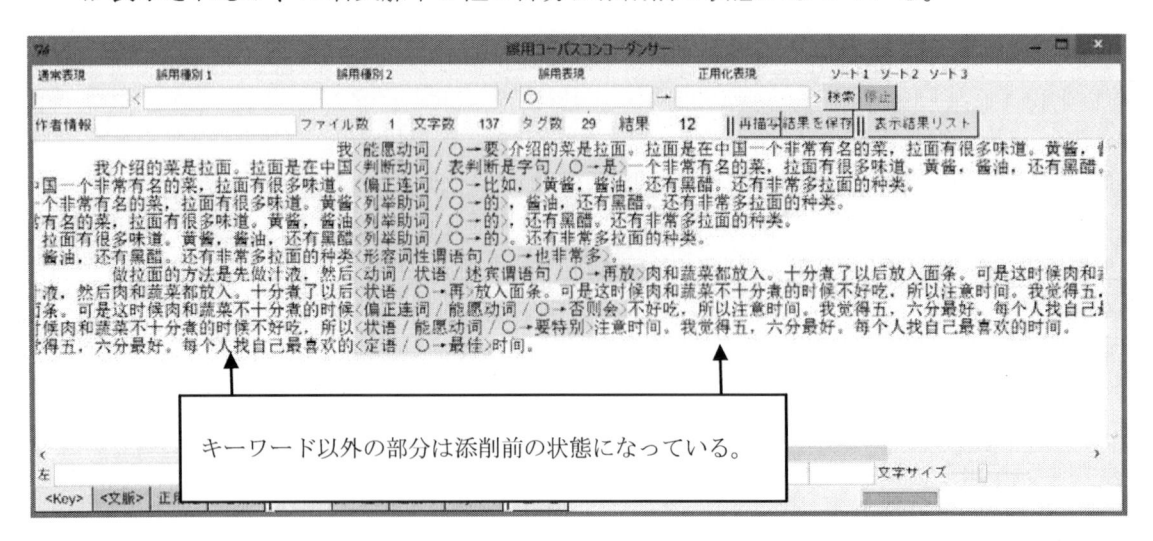

図 7-46

④正誤タグや分析・集計用のタグの幅を揃えて表示させたい。

例えば、図 7-47 のように分析・集計用のタグと正誤タグはそれぞれ幅を揃えて表示す

【第7章】オープンソフトを使ったタグ付きの誤用コーパスの制作 ●197●

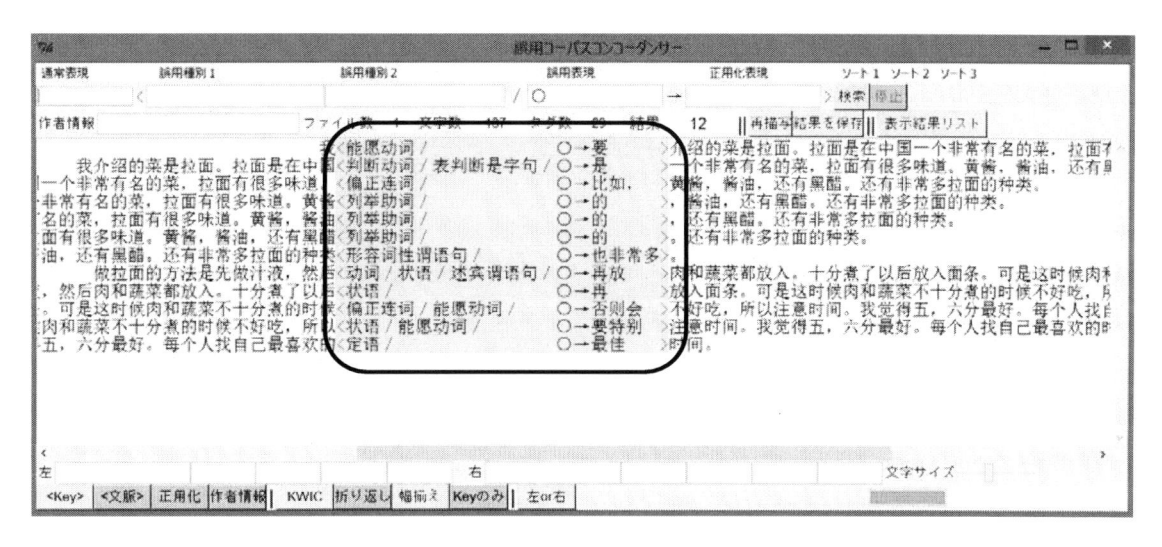

る。

図 7-47

⑤文章の情報はすべて隠し、正誤タグや分析・集計用のタグだけを表示させて観察したい。

例えば、図 7-48 のように不使用の誤用例について、正誤タグや分析・集計用のタグだけが表示されるが、文章の情報はいずれも隠れている。

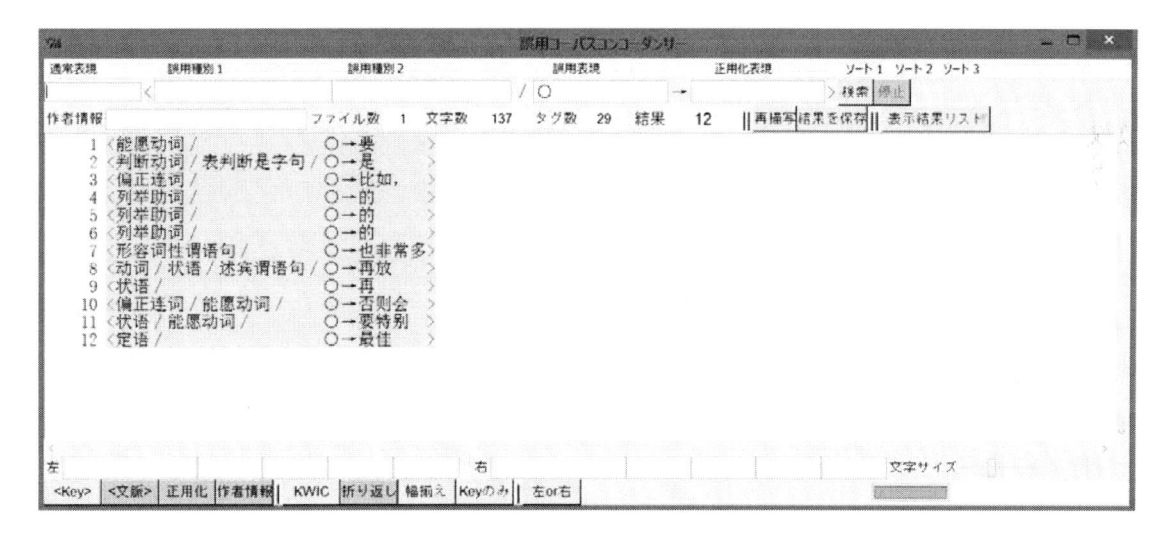

図 7-48

⑥分析・集計用のタグの集計を行いたい。

例えば、図 7-49 のように不使用の誤用例における分析・集計用のタグの集計を行う。

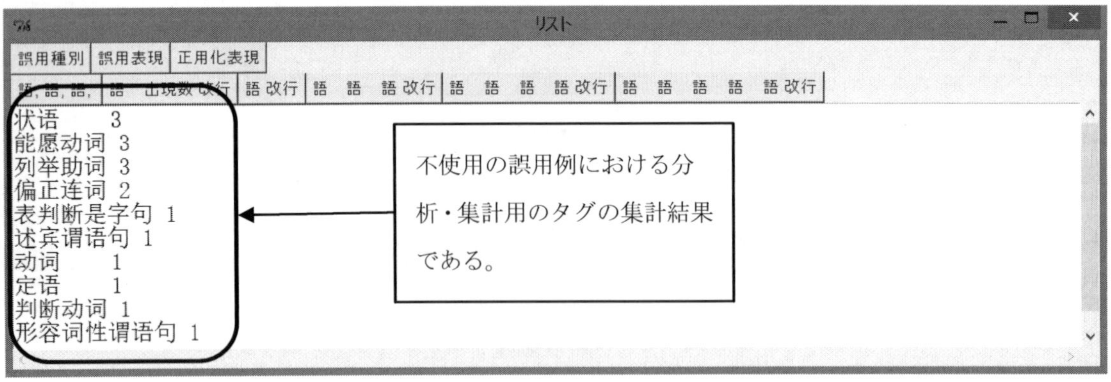
リスト
誤用種別
誤用表現
正用化表現
状语 3
能愿动词 3
列举助词 3
偏正连词 2
表判断是字句 1
述宾谓语句 1
动词 1
定语 1
判断动词 1
形容词性谓语句 1
不使用の誤用例における分析・集計用のタグの集計結果である。

図 7-49

⑦正誤タグにおける正用の表現を集計したい。

例えば、図 7-50 のように不使用の誤用例において、添削後の正用表現とされるものはどのようなものがあるかを集計する。

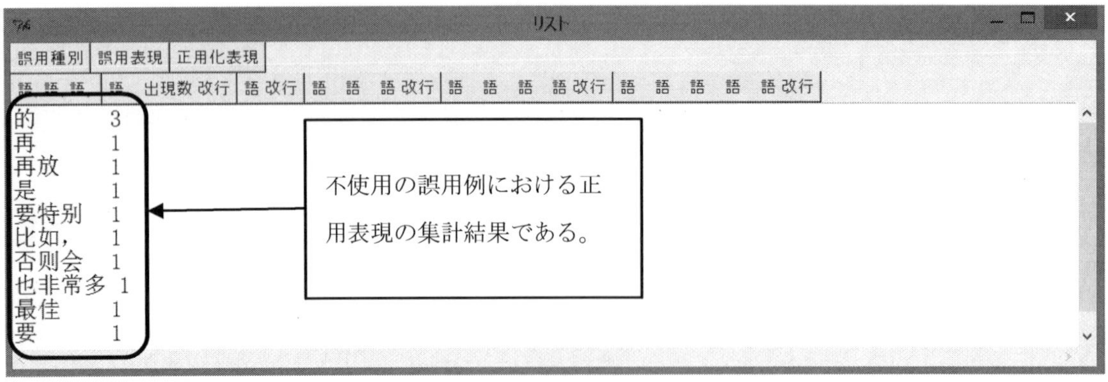
リスト
誤用種別
誤用表現
正用化表現
的 3
再 1
再放 1
是 1
要特别 1
比如， 1
否则会 1
也非常多 1
最佳 1
要 1
不使用の誤用例における正用表現の集計結果である。

図 7-50

⑧正誤タグにおける誤用の表現を集計したい。

例えば、図 7-51 のように過剰使用の誤用例において、誤用表現とされるものはどのようなものがあるかを集計する。

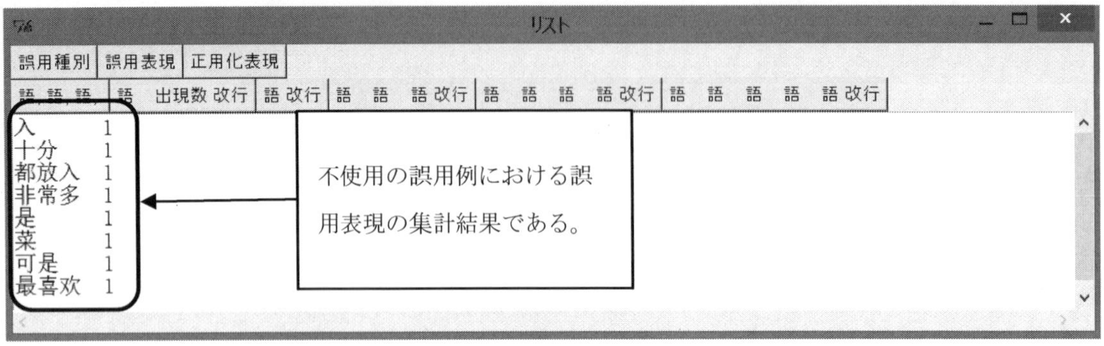
リスト
誤用種別
誤用表現
正用化表現
入 1
十分 1
都放入 1
非常多 1
是 1
菜 1
可是 1
最喜欢 1
不使用の誤用例における誤用表現の集計結果である。

図 7-51

7.6.3　TNR_ChineseErrorCorpusConc2.0 へ

以上述べてきた検索方法や検索結果の表示に関するものはニーズのすべてではなく、その一部だけである。多種多様な検索や集計のニーズに応えるためには、多機能のコンコーダンサーが必要になってくる。

　コンコーダンサーTNR_ChineseErrorCorpusConc2.0 は検索や集計ニーズをリサーチしそれを踏まえた上で開発したものである。以上において取りあげたサンプルは、TNR_ChineseErrorCorpusConc2.0 を使って検索して集計したものである。

7.7　まとめ

　この章において、主に形式変換ソフト『えだまめ』と全文検索システム『ひまわり』を使って、タグ付きの誤用コーパスを作成する方法について述べてきた。それをまとめてみると、次のようになる。

（1）必要なソフトは2つある。1つは、変換ソフト『えだまめ』であり、もう1つは全文検索システム『ひまわり』である。この2つのソフトはオープンソフトなので、無料でダウンロードすることができる。

（2）全文検索システム『ひまわり』は、テキスト形式で保存したファイルを読み込むことができないため、形式変換ソフト『えだまめ』を使って、テキスト形式のファイルを全文検索システム『ひまわり』が認識できるファイルの形式に変換しなければならない。つまり、テキスト形式で保存したファイルは、そのまま全文検索システム『ひまわり』のフォルダーにドラッグ＆ドロップしても認識されないのである。

（3）全文検索システム『ひまわり』で検索した結果を保存する場合、2つの方法がある。1つは必要な用例をコピーしてMS-Word に貼り付ける方法である。もう1つはMS-Excel を活用して一括して保存する方法である。

（4）多種多様な検索や集計のニーズに応えるためなら、そのために開発したコンコーダンサーTNR_ChineseErrorCorpusConc2.0 が必要になる。

後書き

　十数年前から、研究を進める傍ら、日本語のコーパスと中国語のコーパスの作成を進めてきました。日本語のコーパスは3億字以上になりましたが、著作権の問題がクリアできていないため、公開することもできなければ、他の方に使っていただくこともできません。一方、ネット上で公開されているコーパスは、ネットの接続が条件になっているため、使い勝手がよくありません。これらの問題を解決するため、コーパスの制作の方法とノウハウを主な内容とする《方法工具与日語教学研究叢書　語料庫的制作与日語研究》を書き下ろし、去年の3月に中国の浙江工商大学出版社によって刊行されました。

　コーパスを使っている時に、常に頭を悩まされるのがデータから規則性を見いだす方法です。集めてきたデータにタグを付与しなければ、規則性はなかなか容易に見いだすことができません。数年前から、タグ付与の方法を模索し始めました。いろいろな方法を試していましたが、どれもうまく行きませんでした。タグ付与は、一々手動で入力しながら行う方法であるとすれば、長く広く使ってもらうことはできません。最もいい方法としては、ワンクリックでタグ付与を行う方法です。

　途方に暮れていた時に、田中良くんが我がゼミに入学されました。田中良くんは、コーパスの作成に非常に詳しく、プログラムの作成にも長じています。私が作ったタグ付きのコーパスを見て、もっと省エネの方法があると教えてくれ、試作品も見せてくれました。それ以来、私がアイディアと要望を出して、田中良くんがそれを踏まえた上でこれまで作成してきたコンコーダンサーのノウハウを生かして解決するという役割分担で、二人三脚でいろいろなソフトを開発してきました。田中良くんのご尽力がなければ、本書で紹介したTNR_ChineseErrorCorpus.WTはこんなに使いやすいものにはならなかったはずです。田中良くんの功績を讃えるため、ChineseErrorCorpus.WTの前に田中良くんのローマ字の頭文字TNRを付けました。

　本書の刊行に当たって、好文出版の尾方敏裕社長に大変お世話になりました。草稿の段階から上梓するまで辛抱強く付き合っていただき、書名や内容についてもいろいろアドバイスをいただきました。ここにて厚く御礼申し上げます。初稿完成後、野村登美子さんにチェックしていただき、いろいろな貴重なアドバイスをいただきました。初校の段階から蘇州大学の陳小英先生とゼミ生の朴麗華さん、王倩さんにも大変お世話になりました。心から感謝の意を表します。

于　康

2014年8月

【著者】
于康　　関西学院大学　国際学部教授
田中良　関西学院大学　大学院言語コミュニケーション文化研究科
　　　　博士課程後期課程

中国語作文添削と指導　―タグ付けプログラム TN R

2014 年　10 月　1 日　初版発行

著　　　于康　田中良

発行者　尾方敏裕

発行所　株式会社 好文出版
　　　　〒 162-0041　東京都新宿区早稲田鶴巻町 540　林ビル 3 F
　　　　Tel.03-5273-2739　Fax.03-5273-2740
　　　　http://www.kohbun.co.jp

印刷／製本　株式会社 栄光

Ⓒ2014　Yu Kang, Ryo Tanaka
printed in Japan　ISBN978-4-87220-181-9

本書の一部または全部を著作権法の定める範囲を超えて、無断で複製・転載することを禁じます
乱丁落丁の際はお取替えいたしますので直接弊社宛お送りください
定価は表紙に表示されています